Aprendizes com autismo

Dados Internacionais de Catalogação na Publicação (CIP)
(Câmara Brasileira do Livro, SP, Brasil)

Orrú, Sílvia Ester
   Aprendizes com autismo : aprendizagem por eixos de interesse em espaços não excludentes / Sílvia Ester Orrú ; prefácio de Maria Teresa Eglér Mantoan. 3ª edição atualizada e ampliada – Petrópolis, RJ : Vozes, 2023.

   Bibliografia.

   2ª reimpressão, 2025.

   SBN 978-85-326-5259-1

   1. Aprendizagem 2. Alunos com autismo 3. Autismo 4. Educação – Finalidades e objetivos 5. Educação especial 6. Educação inclusiva 7. Prática pedagógica 8. Síndrome de Asperger I. Mantoan, Maria Teresa Eglér. II. Título.

16-03152   CDD-371.94

Índices para catálogo sistemático:
1. Autismo : Educação especial   371.94

Sílvia Ester Orrú

Aprendizes com autismo

Aprendizagem por eixos de interesse em
espaços não excludentes

Prefácio de Maria Teresa Eglér Mantoan

EDITORA
VOZES

Petrópolis

© 2016, 2019, 2023 Editora Vozes Ltda.
Rua Frei Luís, 100
25689-900 Petrópolis, RJ
www.vozes.com.br
Brasil

CONSELHO EDITORIAL

PRODUÇÃO EDITORIAL

Diretor
Volney J. Berkenbrock

Editores
Aline dos Santos Carneiro
Edrian Josué Pasini
Marilac Loraine Oleniki
Welder Lancieri Marchini

Conselheiros
Elói Dionísio Piva
Francisco Morás
Teobaldo Heidemann
Thiago Alexandre Hayaka

Secretário executivo
Leonardo A.R.T. dos Santos

Anna Catharina Miranda
Bianca Gribel
Eric Parrot
Jailson Scota
Marcelo Telles
Mirela de Oliveira
Natália França
Priscilla A.F. Alves
Rafael de Oliveira
Samuel Rezende
Verônica M. Guedes
Vitória Firmino

Editoração: Fernando Sergio Olivetti da Rocha
Diagramação: Sheilandre Desenv. Gráfico
Capa: Cumbuca Studio
Ilustrações – capa: da esquerda para a direita: Carly Fleischmann (Toronto); Stephen Wiltshire (Londres); Derek Paravicini (Londres).

– contracapa: da esquerda para a direita: Matthew Savage (Estados Unidos); Jacob Barnett (Indiana); Daniel Paul Tammet (Londres)

ISBN 978-85-326-5259-1

Este livro foi composto e impresso pela Editora Vozes Ltda.

Nada em nossa vida é por acaso! *Agradeço a Deus pelo tempo provido para o nascer desta obra. Tempo de existência e vivência.*

Dedico cada linha gerada:

Aos meus pais, Marlene e Gervásio F. Orrú — (in memoriam) — *por terem sido semeadores em minha vida;*

Para meu companheiro de amores e lutas, Ricardo Leyva, por sua paciência, incentivo, presença nas discussões teóricas; e por ter inúmeras vezes saído a passear com nosso filho para que eu pudesse me dedicar à reflexão e à escrita destas linhas;

Para Jean Ricardo, nosso menino, a quem eu desejo que sentimentos de amor e solidariedade para com os outros brotem sempre em seu coração e se materializem em suas atitudes;

Aos professores virtuosos, profissionais pouco valorizados, mas com o desafio de transcender suas práticas com vistas a uma educação de qualidade que acolha a turma toda;

Para as crianças com autismo e seus familiares, o motivo deste trabalho amoroso.

Sílvia Ester Orrú

Sumário

Prefácio

Acreditar na capacidade de aprender de todos os alunos, sem exceções, é o que está por detrás de toda ação educacional que se propõe alcançar resultados legítimos, autênticos, em qualquer nível de ensino. Felizes os professores que estão, de fato, convencidos disso.

Os pais, por questões afetivas, entre outras, são mais afeitos a notar, confiar e a investir nessa capacidade e a dar valor às suas mínimas manifestações.

Nestes anos em que tenho me dedicado a ensinar, concluí que nossa profissão é surpreendente quando nos apercebemos que o verdadeiro ato de ensinar não exige contrapartida do aluno. O aprender não é imediato, restrito e repetição do ensinado. A generosidade do ensinar está em disponibilizar o nosso conhecimento da melhor maneira que possamos fazê-lo, pelo fato de ser esta a nossa atribuição. E crer que o aluno sempre conseguirá tirar proveito e mesmo rejeitar o conteúdo ensinado, pois a liberdade de aprender testemunha a nobreza do ato de ensinar.

Este livro se propõe a apresentar o que acontece quando nos dispomos a enfrentar o desafio de ensinar, tendo como alunos pessoas que nos surpreendem, que elevam à condição máxima a nossa confiança na capacidade de todos aprenderem, reagindo ao que lhes é ensinado ou não, de forma inusitada, singular, inesperada!

Somos seres diferentes, que nos diferenciamos interna e externamente, a partir das experiências que vivemos e dos ambientes em que elas acontecem. As pessoas com quem compartilhamos sentimentos, ideias, assim como aqueles momentos em que nos voltamos para o íntimo de nós mesmos nos movem, nos transformam. Marcam a nossa existência para além de toda e qualquer identidade que nos for atribuída, para nos fixar em modelos preexistentes. Ser uma pessoa autista não é o mesmo que ser uma pessoa com autismo, e o autismo não se define pelo fechamento de um diagnóstico prescritivo, fechado, porque em cada ser em que ele se instala adquire formas mutantes e características que vão além da definição e das consequências do seu quadro original.

Chegar ao professor e ao aluno prontos, acabados, definidos não é o que se busca como solução, mas o problema educacional que temos de resolver, pesquisar para dar conta de uma educação de qualidade.

Em vista dessas ponderações, o conteúdo deste livro traz sugestões que não podem ser confundidas com saídas milagrosas para se ensinar um aluno que nos chega com uma identificação generalizante – o aluno autista. A autora está se referindo a pessoas com autismo, a casos que não se repetem, gerando diferenças infinitas e que estão em processo de mudança, conforme caminham pelo tempo de suas existências.

Esta consideração propõe uma mudança de perspectiva do leitor deste trabalho, que considero fundamental para que dele se retirem importantes implicações educacionais sobre o seu conteúdo.

Neste preâmbulo, fica, então, a minha contribuição para que a leitura e compreensão do livro não se reduzam ao discurso pedagógico comum, que celebra o diferente, que resolve e especializa o ensino para alguns alunos. Certamente não foi essa a intenção que moveu sua autora ao escrevê-lo, pois eu a conheço muito bem. Mas nunca é demais esse lembrete!

Profa. Dra. Maria Teresa Eglér Mantoan
Faculdade de Educação
Universidade Estadual de Campinas (Unicamp), Brasil

Apresentação

Nos últimos anos tenho ficado angustiada com a proporção desmedida que a crença e a supervalorização do diagnóstico clínico tomaram na sociedade no que diz respeito a criança com autismo e na forma como a sociedade, a escola aderiram a essa lógica excludente sem muitos questionamentos.

O ato de nomear algo em alguém é uma das características poderosas do diagnóstico clínico. Critérios fundamentados no déficit, na doença, naquilo que falta ao indivíduo são elementos que classificam, rotulam, estigmatizam e promovem à marginalização, de modo que a criança já não é mais Ana ou Mateus, mas sim, a/o autista, de modo que o quadro sintomático passa a se materializar na criança, ocultando sua identidade. Tristemente, essa tem sido uma realidade presente dentro de muitas escolas brasileiras que se expropriam de sua responsabilidade de promover a educação para toda turma com justificativas pautadas em critérios diagnósticos que anunciam quem é que não será capaz de acompanhar o ensino dos conteúdos numa classe regular, sendo-lhe atribuído um espaço à parte, onde a segregação se faz presente.

Este livro tem o propósito de discutir as consequências dessa supervalorização do diagnóstico clínico para quem o recebe e da forma como o recebe. Nesta terceira edição trazemos a revisão dos critérios para o diagnóstico do Transtorno do Espectro Autista (TEA) considerando a nova versão da Classificação Internacional de Doenças (CID-11) publicada pela Organização Mundial da Saúde (OMS) que entrou em vigor em janeiro de 2022 e que se equipara à nomenclatura publicada no DSM-V pela Associação Americana de Psiquiatria (APA) em 2013. Finalmente, após uma década de discussões e revisões, a comunidade médica e científica se conciliou sobre a lógica dos níveis de comprometimento presentes na complexidade e amplitude do espectro autista de maneira a garantir que em todo o planeta as pessoas com autismo tenham acesso ao diagnóstico e tratamento amparado nos mesmos princípios conceituais. Acrescentamos também um tópico destinado ao Transtorno do Espectro Autista em mulheres como ponto de relevância crucial a ser cada vez mais conhecido, estudado, debatido e popularizado para o combate à discriminação, ignorância, preconceito e negligência quanto às demandas do público feminino que se encontra no espectro.

Entretanto, o livro também apresenta algo maior do que a generalização do diagnóstico. Casos de pessoas com autismo que descobriram caminhos diversos para se expressarem e dizerem ao mundo o que são capazes de realizar e como se sentem frente à marginalização, ao preconceito, à discriminação. Dizerem com sua própria "voz" como se sentem perante o próprio autismo.

Penso que já é hora de ouvirmos sobre o autismo a partir das pessoas que apresentam em sua subjetividade essa singularidade a mais. Ouvir do "outro" que vivencia essa realidade dá uma conotação diferente à concepção que construímos sobre a pessoa, sobre a criança com autismo.

Compreender que a criança com autismo é um sujeito aprendente faz toda a diferença no processo de ensinar e na qualidade das relações sociais dialógicas favorecidas nos diversos espaços de aprendizagem.

Essa compreensão possibilita uma desconstrução do discurso em vigência sobre as práticas pedagógicas em sala de aula, em geral, homogêneas, reducionistas do potencial daquele que apresenta o autismo. E nos chama à reflexão sobre as possibilidades de construirmos novas práticas que não tenham em si a marca da exclusão, mas sim o entendimento que todos nós somos aprendizes eternos.

A aprendizagem com a turma toda a partir de eixos de interesse em espaços não excludentes é a reflexão e o desafio que as próximas linhas trarão. Talvez por muitos possa ser considerada como uma obra utópica, mas imagino que também tenham aqueles que experimentarão ir além do que a tradição que perpetua a exclusão tem deixado de legado às pessoas com autismo.

Por fim, penso que os eixos de interesse são caminhos possíveis para todos os aprendizes, de maneira a trazer para os espaços de aprendizagem aquilo que dá alegria em aprender, que desperta curiosidades sem fim, que pode ser infinitamente mais útil para aquele que se constitui um aprendiz, e aqui estão o aluno com seu professor, ambos aprendizes. Julgo que seja uma alternativa ao ensino massificado, apostilado, aos conteúdos impostos por uma escola que precisa repensar sua prática, que precisa pensar nas demandas de seus aprendizes e romper com as tradições de ensino fundamentadas na repetição, na memorização, na competitividade, na lógica de mercado, na mensuração do que não pode ser mensurável, pois o saber e a inteligência não se mensuram.

Tão certo as próximas páginas expressam meu pensamento sobre a pessoa com autismo como um sujeito que aprende em espaços não excludentes; igualmente, não tem a intenção de generalizar casos ou propor fórmulas e padrões de ensino, pois isto seria contraditório ao que defendo e proponho.

Finalizo com um trecho do poema de Tito Mukhopadhyay (2000b, poema 1), com o mais sincero desejo que a incerteza e a tradição não sejam fatores delimitadores para o surgir de novas práticas pedagógicas que acolham a turma toda em espaços não excludentes.

> *Com a ajuda da minha imaginação*
> *Eu posso ir a lugares que não existem*
> *E eles são como belos sonhos.*
> *Mas é um mundo cheio de improbabilidades*
> *Correndo em direção à incerteza.*

Meu agradecimento ao Conselho Nacional de Desenvolvimento Científico e Tecnológico (CNPq) pelo apoio na realização da pesquisa que originou esta obra.

Sílvia Ester Orrú

Universidade de Brasília / Universidade Federal de Alfenas

Laboratório de Estudos e Pesquisas em Aprendizagem e Inclusão (LEPAI)

PARTE 1
A gênese do autismo segundo a literatura científica

1 O DESENVOLVIMENTO DO CONCEITO DE AUTISMO

> *Eu sonho que um dia poderemos crescer em uma sociedade amadurecida onde ninguém seria "normal ou anormal", mas apenas seres humanos, aceitando qualquer outro ser humano, pronto para crescerem juntos.*
> Tito Mukhopadhyay, 2003.

Autismo é um termo empregado pela psiquiatria para nomear comportamentos humanos reunidos ao redor de si mesmos, replicados para a própria pessoa. Esse termo tem sua origem na palavra grega *autós*, que quer dizer por si mesmo (ORRÚ, 2007).

Na década de 1940, Léo Kanner (1943), um psiquiatra austríaco que residiu nos Estados Unidos, dedicou-se aos estudos e à investigação sobre comportamentos que eram considerados estranhos e muito particulares em algumas crianças. Esses comportamentos assinalavam estereotipias por meio de gestos amaneirados e posições estranhas, além de certa dificuldade no modo de se relacionar com as pessoas que ele percebeu como sendo próprias de um quadro de sintomas apresentados por aquelas crianças.

A partir de seus estudos ele publicou em 1943 um artigo no qual descreveu o caso de 11 crianças que apresentavam características pertinentes ao distúrbio de desenvolvimento por ele investigado, o qual denominou um quadro de "Distúrbios autísticos do contato afetivo" com a prevalência de comportamentos estereotipados, além de obsessividade e ecolalia, sendo esta última a tendência de repetir sons e palavras de modo mecânico e inconsciente com relação aos seus sentidos e significados.

Kanner descreveu como características desse grupo de crianças a incapacidade para estabelecer relações com as pessoas, uma série de atrasos e alterações na aquisição e no uso da linguagem e certa obsessão em manter o ambiente intacto junto à tendência de repetir uma sequência limitada de atividades ritualizadas. Segundo suas descrições o alheamento em que viviam era extremo, desde os primeiros anos de vida, como se não estivessem no mundo, sem responder a nenhum estímulo externo, mantendo-se em um isolamento rígido e peculiar. Contudo, as crianças apresentavam uma aparência agradável e inteligente, além de possuírem habilidades especiais e uma memória excepcional (ORRÚ, 2007).

Kanner diferenciava o distúrbio caracterizado como autístico do grupo das esquizofrenias por acreditar não se tratar de uma doença independente, porém, mais um dos sintomas encontrados na esquizofrenia. Para ele, enquanto a pessoa com esquizofrenia tinha como característica isolar-se do mundo, a pessoa com autismo, diferentemente, em tempo algum conseguiu, ao menos, penetrar nesse mundo.

Durante suas pesquisas ele constatou que muitas das crianças que chegaram até ele eram netos ou filhos de médicos, jornalistas, cientistas e estudiosos diversos que apresentavam uma inteligência superior à média e com certa obsessão no ambiente familiar. Como resultado, em 1955 ele considerou que a conduta dos pais e suas crises de personalidade deveriam ser o fator principal para o desenvolvimento do autismo na criança desde sua vida intrauterina. Segundo ele, a gestação deveria ter sido conturbada ou não aceita, de modo que o feto ficasse sem se relacionar com a mãe, sendo esse fato o desencadeador de sua perda da possibilidade de comunicar-se após o nascimento com quem quer que fosse.

Kanner (1948) revisou seu conceito sobre autismo por diversas vezes, mas sempre destacando como características as dificuldades no relacionamento com as pessoas, a obsessão por objetos, o apego à rotina, as alterações no desenvolvimento da linguagem, o mutismo. Salientava que era possível perceber essas particularidades durante os dois primeiros anos de vida da criança. Também chegou a considerar que o autismo poderia ser uma manifestação precoce da esquizofrenia infantil.

Na década de 1950 Kanner enfocou o autismo como sendo uma psicose em razão da ausência de comprovação dos laboratórios pelos exames que foram realizados junto às crianças, contudo, procurou insistir na consolidação conceitual da síndrome. Em 1968 considerou a necessidade de haver um diagnóstico diferenciado com deficientes mentais e afásicos, sugeriu que novas expectativas fossem estudadas por meio da bioquímica e em 1973 ponderou a pertinência da Síndrome do autismo como parte do quadro das psicoses infantis.

Kanner foi o precursor da descoberta e da construção do conceito de autismo no século XX. Depois dele surgiram vários outros pesquisadores que foram registrando seus estudos e hipóteses sobre a origem da síndrome.

Em 1944, Bruno Bettelheim[1], psicanalista, formulou sua hipótese sobre o autismo, tal como é comentada por Amy:

> A criança encontra no isolamento autístico (como os prisioneiros de Dachau) o único recurso possível a uma experiência intolerável do mundo exterior, experiência negativa vivida muito precocemente em sua relação com a mãe e seu ambiente familiar. É por isso que fala de "crianças vítimas de graves perturbações afetivas" (o que por sinal é totalmente verdadeiro para certas crianças que ele acolheu, mas que não eram necessariamente autistas). [...] Bettelheim abriu as portas a teorias extremamente culpabilizantes para os pais, que se viram como a causa primeira do atraso de seus filhos (AMY, 2001, p. 35-36).

Frances Tustin (1984), psicanalista, referia-se aos autistas como "crianças encapsuladas" a partir da hipótese de que o desenvolvimento psicológico teria paralisado em um estágio prematuro da vida do bebê, em razão de um trauma proveniente da percepção sobre a separação do corpo da criança do corpo de sua mãe, provocando uma experiência psíquica fantasmática.

Em uma de suas conferências realizadas em Paris, ela destacou a criança autista como uma criança tomada de pânico, apesar de, muitas vezes, parecer passiva e indiferente, evidenciando que a criança autista luta contra suas angústias por meio de asseguramento com o auxílio de formas ou objetos. Enfatizava a importância de uma abordagem educativa para os autistas, referindo-se a Montessori, Rudolf Steiner e Walden, que haviam estabelecido um método educativo para os "portadores"[2] da síndrome (ORRÚ, 2007).

Em seu livro publicado a respeito do autismo, Ritvo (1976) descreveu que existiam déficits cognitivos nessas crianças desde o nascimento e defendeu a possibilidade de haver comorbidade da síndrome com outras patologias específicas, em que o autismo derivaria de uma patologia exclusiva do sistema nervoso central.

---

1. Bettelheim esteve preso nos campos de concentração de Dachau e Buchenwald, onde observou fenômenos de isolamento vividos por certos prisioneiros.

2. O termo "portador" não é adequado para se referir a pessoas com deficiência. Uma pessoa não "porta" autismo ou outra deficiência. Na verdade, a condição de ter uma deficiência faz parte da singularidade da pessoa.

2 Dúvidas e contestações sobre a origem do autismo

Nesse cenário apresentado, surgem dúvidas e contestações sobre a real origem do autismo. Na verdade, não é difícil perceber que até os dias atuais esses questionamentos continuam efervescendo muitos estudiosos e pesquisadores em muitos países.

A psicogenicidade, influenciada pela escola francesa, concebe o autismo como decorrente de uma desorganização da personalidade no quadro das psicoses, ou seja, o autismo estaria relacionado às doenças causadas por transtornos psíquicos, segundo a Classificação Internacional das Doenças Mentais (CID-9).

Em controvérsia, os estudiosos partidários da visão de organicidade, entendem o autismo como decorrente dos Transtornos Globais de Desenvolvimento das habilidades de comunicação verbal e não verbal e da atividade imaginativa. É identificado por sinais e sintomas comportamentais, conforme a American Psychiatric Association (DSM-III-R, 1989).

Dentre outros pesquisadores, numa tentativa cronológica de conceituação ou definição, em 1978, Rutter apresentou uma definição do autismo fundamentada em quatro critérios: "1) atraso e desvio sociais não só como função de retardo mental; 2) problemas de comunicação, novamente, não só em função de retardo mental associado; 3) comportamentos incomuns, tais como movimentos estereotipados e maneirismos; e 4) início antes dos 30 meses de idade" (KLIN, 2006). Esta definição de Rutter somada aos muitos estudos trouxeram grande influência à determinação do autismo no DSM-III na década de 1980, quando, inicialmente, foi identificado e posto na categoria de Transtornos Invasivos do Desenvolvimento.

Christian Gauderer (1986) concebeu a Síndrome do Autismo como uma inadequação do indivíduo ao meio social ou uma doença crônica como se fosse um mal incurável e inabilitável, de origem orgânica, com fatores neurológicos de deterioração interacional.

Em 1990, Gilberg, a partir de seus estudos sobre o diagnóstico e o tratamento do autismo infantil, o definiu como sendo uma "síndrome comportamental com etiologias múltiplas e curso de um distúrbio de desenvolvimento".

Rutter e Shopler (1992) colocaram que o "autismo não é uma doença única, mas sim um distúrbio de desenvolvimento complexo de nível comportamental, com etiologias múltiplas e graus variados de severidade". Nesta vertente é percebível certa semelhança entre essa definição e a realizada por Gilberg (1990).

Oliver Sacks (1995) em sua visão fenomenológica coloca sua oposição do autismo à ligação com a esquizofrenia, tal como proposto no início das investigações na década de 1940. Em concordância com Kanner, afirma que a pessoa com autismo sofre a ausência de influências externas, vive em total isolamento e seus sintomas se apresentam bem mais precocemente do que surgem nos casos de esquizofrenia. Entende que o autismo pode ser adquirido e que essa possibilidade foi notada pela primeira vez durante os anos de 1960, com a epidemia da rubéola provocando o desenvolvimento da síndrome durante a gestação. Sustenta que tanto o autismo como outras síndromes com características autísticas podem aparecer durante a vida adulta, apesar de ser um fato mais raro que ocorreria, mais especificamente, depois de determinadas formas de encefalite.

E ainda, segundo a ASA – Autism Society of America (1999), "o autismo é um distúrbio de desenvolvimento, permanente e severamente incapacitante".

Já para Azevedo (2009), numa concepção psicanalítica, o autismo é tido como um desvio do curso habitual do desenvolvimento devido a um "fracasso" na relação do bebê com a mãe, geralmente implicando a compreensão de que esta não cumpriu adequadamente a função de "maternagem".

Sob esse cenário histórico, nota-se que há a presença de pelo menos duas vertentes sobre o conceito de autismo. A primeira se fundamenta sobre as origens do autismo baseado na abordagem psicanalítica em seus diversos autores (MAHLER, 1952; MANNONI, 1967; BETTELHEIM, 1987; LEFORT, 1991; LAZNIK, 1991; JERUSALINSKY, 1993a; RASSIAL, 1997a), sempre com o objetivo do avanço quanto ao diagnóstico, possibilidades de tratamento e prognóstico.

Atualmente, grande parte dos autores adeptos à psicanálise não convergem com o antigo pensamento de seus antecessores baseados na culpabilização dos pais; essas concepções e crenças foram deixadas de lado, embora ainda possam ser encontradas em algumas partes da Europa e da América Latina. Na década de 1980, a psicanálise influenciada pelos estudos de Lacan (1960) se fundamenta em um olhar estrutural da constituição de sujeito e, no que se refere ao autismo, baseia-se numa relação onde o sujeito deve ser analisado dentro de uma coerência em que exista a articulação entre linguagem e corpo.

No âmbito da psicanálise encontramos três aspectos que têm se perpetuado com relação aos estudos sobre o autismo:

1) uma tentativa de se diferenciar as psicoses desenvolvidas na infância das psicoses da idade adulta;

2) a relutância quanto ao diagnóstico "fechado" de psicose na infância;

3) a concepção da abordagem psicanalítica como uma alternativa terapêutica.

A segunda vertente, fortemente desenvolvida a partir da década de 1970, se apoia na pesquisa genética e se mostra como dominante na produção de conhecimentos sobre o autismo em muitos países ocidentais, concebendo o autismo como um distúrbio complexo do desenvolvimento neuropsicológico da infância, uma patologia determinada biologicamente que apresenta déficits cognitivos, heterogênea tanto em suas manifestações clínicas quanto etiológicas (RITVO, 1976; GAUDERER, 1986; GILLBERG, 1988; RUTTER, 1988; RAPIN, 1991; CIARANELLO & CIARANELLO, 1995; BAILEY; LE COUTER; GOTTESMAN et al., 1995; STEINER, 2002).

Outra abordagem mais recente se fundamenta em pesquisas neurocientíficas sobre o autismo, indicando a existência de um mal funcionamento em "neurônios-espelho" (RIZZOLATTI, 1988), uma vez que esses parecem estar envolvidos na interação social, e havendo disfunções deste sistema neural poderiam ser explicados alguns dos sintomas observados em pessoas com autismo. Estudos demonstram que indivíduos com autismo manifestam uma ausência de atividade nos neurônios-espelho em diversas áreas do cérebro. Embora seja consenso de que o autismo apresenta causas multifatoriais, a linha de pensamento sobre os "neurônios-espelho" estarem ligados ao autismo é motivo para o desenrolar de novos estudos e pesquisas.

Por fim, resta-nos dizer que o que temos até o presente momento são hipóteses sobre a origem do autismo e estas variam de acordo com o segmento teórico e investigativo desenvolvido. Inclusive, há aqueles que defendem um posicionamento sobre "autismos", no plural. Portanto, as concepções sobre a origem e possíveis causas do autismo se encontram em construção devido à complexidade das controvérsias envolvidas no entendimento e sobre sua concepção.

3 Sobre os critérios para diagnóstico

No ano de 1993 a Organização Mundial de Saúde (OMS) publicou sua décima versão do Código Internacional de Doenças (CID-10), pela qual se enquadrou o autismo na categoria "Transtornos Invasivos do Desenvolvimento", sendo estas suas características: anormalidades qualitativas na interação social recíproca e nos padrões de comunicação, por repertório de interesses e atividades restritas, repetitivas e estereotipadas, sob o código de F84. Essas anormalidades qualitativas, referentes ao funcionamento global do indivíduo em quaisquer circunstâncias, caracterizam-se por prejuízo severo e incapacitante em diversas áreas do desenvolvimento humano, podendo variar em grau de extensão. O Brasil passou a adotar essa versão da CID-10 sobre o autismo em 1996.

O DSM – Manual Diagnóstico e Estatístico de Transtornos Mentais (Diagnostic and Statistical Manual of Mental Disorders – DSM), da Associação Psiquiátrica Americana (APA), tem sido amplamente difundido e aplicado em muitos países pelos sistemas de saúde, pelos núcleos de pesquisas da psiquiatria e da indústria farmacêutica (MAYES & HORWITZ, 2005).

A primeira vez que o autismo foi citado no DSM ocorreu em 1952 na versão DSM-I como um indício da "reação esquizofrênica tipo infantil", incorporado como uma manifestação autística em crianças com psicose (APA, 1952).

Em 1968 a APA publicou sua segunda edição do DSM e retirou o termo "reação", passando à classificação do autismo como "esquizofrenia tipo infantil", compreendendo-o como um comportamento sintomático próprio de esquizofrenia na idade infantil, demonstrando a presença da concepção psicanalítica nesta versão do Manual.

Já em 1980 foi publicada a terceira edição do DSM, em que critérios diagnósticos mais particularizados foram colocados em prática. O conceito psicanalítico de neurose, em razão da ausência de cientificidade, passou a ser substituído por um modelo regulamentar, passando o autismo a ser considerado como uma entidade nosográfica, ou seja, descrito como uma doença. O "autismo infantil", portanto, passou a ser classificado dentro da categoria diagnóstica intitulada "Transtornos Globais do Desenvolvimento – TGD". Em 1987 o DSM-III sofreu uma revisão, passando a ser DSM-III-R no qual a síndrome passou a ser chamada de "Transtorno Autístico", eliminando a esquizofrenia infantil, por ser considerada mais rara, e regulamentando formalmente o diagnóstico do autismo na esfera da psiquiatria, o que prevalece até os dias de hoje.

Em 1994, a APA publicou a quarta edição do DSM, mudando o termo "global" para "invasivo" e alterando os critérios diagnósticos. No ano seguinte, realizou-se a tradução brasileira. A expressão "Transtornos Invasivos do Desenvolvimento" foi representada por danos graves e agressivos em várias áreas do desenvolvimento, onde se percebe prejuízo nas habilidades da interação social recíproca, de comunicação, na presença de comportamentos, nos interesses e atividades estereotipadas. A APA ainda acrescentou as subcategorias: "Transtorno de Rett", "Transtorno Desintegrativo da Infância" e o "Transtorno de Asperger". Sob este panorama o DSM se opõe às concepções psicanalíticas e distante de embasamentos teóricos se converte o influxo dos redutos das neurociências e da farmacologia.

Após nove anos de sua quarta edição, no mês de maio de 2013, é apresentada oficialmente no congresso anual da Associação Americana de Psiquiatria (APA), a quinta edição do DSM. Nesta versão são introduzidas alterações que substituem os TGDs por uma única categoria denominada "Transtorno do Espectro Autista" (TEA), independendo de suas várias maneiras de se apresentar. O autismo é convertido num transtorno do neurodesenvolvimento, portanto, o DSM-V encerra a antiga contradição de caráter ateórico para se posicionar conforme as teorias dentro do campo das neurociências (LAIA, 2012). O diagnóstico é efetuado somente pela observação do comportamento e a percepção de "espectro" como um contínuo autista se apresenta como sendo uma verdade absoluta. Esta modificação efetuada pela APA converterá o autismo em um dos principais diagnósticos estabelecidos pela psiquiatria para a criança.

A nomenclatura "Transtorno do Espectro Autista" (DSM-V, 2013) para o diagnóstico do autismo apresenta que devem ser preenchidos três dos critérios abaixo:

1) Déficits clinicamente significativos e persistentes na comunicação social e nas interações sociais, manifestadas de todas as maneiras seguintes:

a) déficits expressivos na comunicação não verbal e verbal usadas para interação social;

b) falta de reciprocidade social;

c) incapacidade para desenvolver e manter relacionamentos de amizade apropriados para o estágio de desenvolvimento.

2) Padrões restritos e repetitivos de comportamento, interesses e atividades, manifestados por pelo menos duas das maneiras abaixo:

a) comportamentos motores ou verbais estereotipados, ou comportamentos sensoriais incomuns;

b) excessiva adesão/aderência a rotinas e padrões ritualizados de comportamento;

c) interesses restritos, fixos e intensos.

3) Os sintomas devem estar presentes no início da infância, mas podem não se manifestar completamente até que as demandas sociais excedam o limite de suas capacidades.

O DSM-V (APA, 2013) classifica o TEA por níveis de comprometimento da seguinte forma: autismo leve (N1), autismo moderado (N2) e autismo grave ou severo (N3). Conforme o nível de comprometimento, maiores são as demandas de apoio para a pessoa com TEA.

Nível de comprometimento e apoio	Linguagem e comunicação	Comportamento social
N1 (leve) Necessidade de apoio para o favorecimento da comunicação, interação social e autonomia.	Há dificuldades para iniciar e manter comunicação e interação social. São percebidas respostas inadequadas em situações de interação social. Observa-se dificuldades na construção social de relacionamentos.	Presença de alguns comportamentos inflexíveis e apego a determinadas rotinas ou padrões estabelecidos de conduta. São percebidas dificuldades de organização e autonomia que podem comprometer a capacidade de planejamento.
N2 (moderado) Necessidade de apoio terapêutico substancial para o favorecimento da comunicação, interação social e autonomia. Recursos para comunicação alternativa no auxílio à comunicação podem se mostrar eficazes.	Presença de déficits mais acentuados na comunicação social oral e não oral. São percebidas maiores dificuldades para iniciar e manter situações de interação social. Comunicação prejudicada para a emissão de mensagens. No caso de comunicação não oral, costuma se apresentar de modo mais incomum e inadequado aos padrões sociais estabelecidos.	Presença de comportamentos inflexíveis, apego a determinadas rotinas ou padrões estabelecidos de conduta. Resistência a mudanças. Presença de sentimentos de angústia ao necessitar alterar rotinas ou pontos de interesse e apego. Dificuldades acentuadas de organização e autonomia que comprometem a capacidade de planejamento.
N3 (severo) Necessidade de considerável apoio terapêutico para o favorecimento da comunicação, interação social e autonomia. Recursos para comunicação alternativa no auxílio à comunicação podem se mostrar eficazes. Costuma haver presença de apoio médico com prescrição de medicamentos.	Graves prejuízos na habilidade e na capacidade de comunicação social e oral. Há predominância da condição de ausência total de oralização. Interação social severamente comprometida e limitada. Costuma haver o uso muito limitado e restrito de sinais, gestos, balbucios, sons e palavras na tentativa de comunicar algo ou responder a alguma necessidade muito específica. Os vínculos e referências sociais costumam focar em uma única pessoa; em geral, aquela que passa maior parte do tempo como cuidadora.	Comportamentos notoriamente inflexíveis. Dificuldade excessiva de lidar com mudanças e desapegos a objetos específicos e padrões restritos de comportamento. Comportamento social gravemente transtornado pelo quadro sintomático. Presença comum de sentimentos de angústia que levam às crises acentuadas com ou sem agressividade/autoagressividade.

Fonte: Elaboração própria com dados do DSM-V (APA, 2013).

Em 11 de fevereiro de 2022 a Organização Mundial da Saúde (OMS) publicou sua décima primeira revisão da Classificação Internacional de Doenças (CID-11) que se encontra em vigor com um conjunto de 55 mil códigos para lesões, doenças, condições clínicas e causas de morte. Disponível no formato digital para os idiomas árabe, chinês, francês, inglês e russo, a CID-11 oferece aos profissionais da saúde um banco de dados robusto para a classificação clínica padronizada no âmbito global.

A nomenclatura atual da CID-11 (OMS, 2022)[3] classifica o autismo pelo código 6A02 – Transtorno do Espectro Autista e traz as seguintes subdivisões:

> 6A02   – Transtorno do Espectro Autista
>
> 6A02.0 – Transtorno do Espectro Autista sem Transtorno do Desenvolvimento Intelectual e com comprometimento leve ou ausente da linguagem funcional
>
> 6A02.1 – Transtorno do Espectro Autista com Transtorno do Desenvolvimento Intelectual e com leve ou nenhum comprometimento da linguagem funcional
>
> 6A02.2 – Transtorno do Espectro Autista sem Transtorno do Desenvolvimento Intelectual e com comprometimento da linguagem funcional
>
> 6A02.3 – Transtorno do Espectro Autista com Transtorno do Desenvolvimento Intelectual e com comprometimento da linguagem funcional
>
> 6A02.5 – Transtorno do Espectro Autista com Transtorno do Desenvolvimento Intelectual e com ausência de linguagem funcional
>
> 6A02.Y – Outro Transtorno do Espectro Autista especificado
>
> 6A02.Z – Transtorno do Espectro Autista, não especificado

Equiparada ao DSM-V (APA, 2013), a CID-11 (OMS, 2022) traz a nomenclatura Transtorno do Espectro Autista (TEA), bem como a supressão da Síndrome de Asperger, do transtorno desintegrativo da infância, do autismo infantil e demais subcategorias antes presentes na CID-10 pelo código F84 – Transtornos Globais do Desenvolvimento (OMS, 1993), de modo a reuni-los nesta última versão em um único diagnóstico.

Não obstante, é notável que a CID-11 propõe atenção à presença ou não do Transtorno do Desenvolvimento Intelectual (deficiência intelectual) e do comprometimento (prejuízo) da linguagem funcional junto ao diagnóstico de Transtorno do Espectro Autista. Tais subdivisões têm o propósito de evitar erros e facilitar o diagnóstico a ser realizado pelo médico como forma de oferecer à população um serviço de saúde multidisciplinar com melhor qualidade de atendimento e atenção no tocante ao Transtorno do Espectro Autista, já considerado um

---

3. Tradução nossa realizada a partir da versão oficial da CID-11 disponível no idioma espanhol (OMS, 2022). Na versão final publicada em fevereiro de 2022 não consta o código "6A02.4 – Transtorno do Espectro Autista sem Transtorno do Desenvolvimento Intelectual e com ausência de linguagem funcional", anteriormente disponibilizado na primeira versão do documento.

sério problema de saúde pública que impacta fortemente no contexto mundial econômico, social e familiar.

A conciliação da comunidade médica e científica sobre a lógica dos níveis de comprometimento presentes na complexidade e amplitude do espectro autista é fundamental para a garantia de que em todo o planeta as pessoas com autismo tenham acesso ao diagnóstico e tratamento amparado nos mesmos princípios conceituais. A aproximação entre os critérios diagnósticos para o Transtorno do Espectro Autista explicitados no DSM-V pela Associação Americana de Psiquiatria e descritos na CID-11 pela Organização Mundial da Saúde é mais do que um avanço da medicina em prol das pessoas com autismo; na realidade, é a materialização de um direito humano devido há uma década inteira a essas pessoas e seus familiares. Finalmente, entraram em consenso!

Cabe destacar que o TEA pode se manifestar de maneira semelhante e, ao mesmo tempo, distinta em cada indivíduo. E que cada pessoa é única, sendo que o TEA é uma das singularidades que compõe a subjetividade de cada pessoa. Portanto, o TEA em seu quadro sintomático pode se repetir em sua manifestação por todo o planeta, no entanto, as pessoas não se repetem, elas são únicas, são singulares e, antes de qualquer categoria de diagnóstico, são seres humanos que devem ser respeitados em todas as suas demandas e direitos sociais.

A literatura médico-científica, no que diz respeito ao autismo, traz-nos à existência casos supostamente baseados em condição médica, enquanto há outros caracterizados por anormalidades na interação social mútua e nos padrões de comunicação, como também pelos diferentes aspectos relacionados ao interesse e a ações, diferentemente, realizados.

Segundo Klin (2006) há uma diversidade insigne na expressão de sintomas no autismo. As crianças com autismo comorbitante à deficiência intelectual, também nominados como autistas de baixo funcionamento, têm como característica, na maioria dos casos, a mudez total ou parcial e se mostram à margem das relações sociais. Em um nível considerado por Klin como menos comprometido, as crianças demonstram de maneira passiva aceitar a interação social; embora não sejam sujeitos dessa busca, encontra-se aqui certa linguagem mais espontânea. Já os casos ainda menos comprometidos e conhecidos como sendo de alto funcionamento, as crianças com um pouco mais de idade podem manifestar interesse pela interação social, mas demonstram ter dificuldades para iniciar ou manter esse processo de modo típico. O autor ainda afirma que as características comportamentais presentes no autismo sofrem modificações durante todo o curso do desenvolvimento desta pessoa. Para ele há certa preponderância para diagnósticos equivocados, principalmente em se tratando dos extremos dos níveis de atividade intelectual, ou seja, entre crianças com baixo e alto funcionamento.

O diagnóstico médico de autismo costuma requerer um extenso protocolo de investigação, a partir de anamnese detalhada, exame físico, dando atenção aos sinais comumente associados às cromossopatias e outras afecções de etiologia genética, avaliação neuropsicológica, análise bioquímica para erros do metabolismo, exames de cariótipo, eletroencefalograma, ressonância magnética de crânio, Spect, de exames para a investigação de possíveis condições específicas, geneticamente determinadas ou não, da efetuação de pelo menos um dos exames de neuroimagem, além do uso do agrupamento de alguns dos critérios da CID-10 (OMS, 1993), do DSM-IV (APA, 1995) e agora do DSM-V (APA, 2013) e da CID-11 (OMS, 2022), bem como outros possíveis exames complementares.

No Brasil, em abril de 2013, o Ministério da Saúde (BRASIL, 2013) lançou uma cartilha para o diagnóstico do autismo, a "Diretriz de atenção à reabilitação da pessoa com Transtornos do Espectro Autista (TEA)" será acompanhada de uma tabela com indicadores do desenvolvimento infantil e sinais de alerta para chamarem à atenção dos médicos do Sistema Único de Saúde (SUS) para que o diagnóstico precoce possa ser realizado até no máximo 3 anos de idade.

O objetivo da cartilha é orientar equipes multiprofissionais para o cuidado com a saúde daqueles diagnosticados com TEA e sua família. A cartilha salienta a importância aos inventários de desenvolvimento das competências e habilidades, e de sinais de alerta para problemas como um material de grande utilidade para orientar e instrumentalizar as equipes multiprofissionais da área da saúde para melhor identificar tais casos. Enfoca que não basta observar a presença ou ausência de certa competência e/ou habilidade, mas também a frequência das mesmas nos diversos contextos deste indivíduo.

Em síntese, a tabela, de abordagem comportamental, traz em uma coluna os "Indicadores do desenvolvimento infantil", relacionada às competências e/ou habilidades que uma criança comumente pode fazer na faixa etária entre 0 a 6 meses de idade; dos 6 aos 12 meses de idade; dos 12 aos 18 meses de idade; dos 18 aos 24 meses de idade e dos 24 aos 36 meses de idade. Constam dos indicadores às competências e/ou habilidades referidas à interação social; à linguagem; às brincadeiras e à alimentação. Numa segunda coluna encontram-se os "Sinais de alerta para TEA" com relação às mesmas faixas etárias e as referidas competências e/ou habilidades, advertindo quais seriam as possíveis reações ou atitudes de uma criança com suspeita de TEA (MINISTÉRIO DA SAÚDE, 2013, p. 22-28).

A cartilha (2013, p. 30) também traz instrumentos de uso livre para rastreamento/triagem de indicadores clínicos de alterações de desenvolvimento. Vejamos:

• Irdi (Indicadores Clínicos de Risco para o Desenvolvimento Infantil): é instrumento de observação e inquérito que pode ser usado no rastreamento do desenvolvimento. É de uso livre pelos profissionais da saúde. Constituído por 31 indicadores de bom desenvolvimento do vínculo do bebê com os pais, distribuídos em quatro faixas etárias de 0 a 18 meses, para a observação e perguntas dirigidas à díade mãe-bebê (ou cuidador). O possível risco para desenvolvimento decorre de indicadores estarem ausentes (KUPFER et al., 2009; LERNER, 2011).

• M-Chat (Modified Checklist for Autism in Toddlers): questionário com 23 itens, usado como triagem de TEA. Aplicado por qualquer profissional de saúde. Constituído por 23 perguntas para pais de crianças de 18 a 24 meses, com respostas "sim" ou "não", que indicam a presença de comportamentos conhecidos como sinais precoces de TEA. Há itens relacionados aos interesses da criança no engajamento social; habilidade de manter o contato visual; imitação; brincadeira repetitiva e de "faz de conta"; e o uso do contato visual e de gestos para direcionar atenção social do parceiro ou para pedir ajuda (LOSAPIO & PONDÉ, 2008; CASTRO-SOUZA, 2011; WRIGHT & POULIN-DUBOIS, 2011).

Contudo, conforme nos diz Schmidt (2012) "em última instância, a confirmação ou não da presença de autismo também passa a depender do viés subjetivo e da interpretação desses comportamentos pelo observador, o que pode favorecer a dubiedade entre avaliadores e, consequentemente, confusão para os familiares".

Além dos critérios diagnósticos da CID e do DSM, vivemos um momento em que novas tecnologias têm sido desenvolvidas por meio de pesquisas científicas para auxiliarem no diagnóstico do autismo. Essas tecnologias ainda estão sendo experimentadas e aprimoradas. Muitas dessas pesquisas podem ser encontradas em revistas científicas tanto impressas como online. A maioria dessas investigações está voltada para questões genéticas a partir da hipótese de que por esse meio é possível ter maior compreensão sobre a complexa amplitude do espectro autista e, em algum momento, haver recursos de se promover meios para sua prevenção e/ou cura.

Contudo, importa destacar que o Transtorno do Espectro Autista não é uma doença na qual a pessoa necessita ser curada, mas, sim, uma condição conexa ao neurodesenvolvimento que afeta a maneira pela qual ela percebe, sente, reage e interage com o mundo ao derredor.

Apesar do autismo não ser uma doença e, por isso, não acarretar riscos de morte por perecimento físico, ele é um transtorno permanente e intenso que pode desencadear doenças diversas e afetar gravemente a qualidade de vida do sujeito, tanto no âmbito da saúde física como mental. Logo, faz-se necessário que esta pessoa tenha acesso ao apoio médico, psicológico, pedagógico e terapêutico em geral para acolher suas demandas e tratar o que for necessário primando por seu bem-estar em todas as esferas de seu existir, bem como de suas possibilidades de ser e estar no mundo, com o mundo e com as outras pessoas, sendo quem é.

4 Hipóteses da gênese do autismo

4.1 Aspectos clínicos

Até a década de 1980 o autismo era ponderado como sendo uma perturbação adquirida por influência do ambiente. Certos pesquisadores mais extremistas delegavam sua origem a partir da culpabilidade dos pais, principalmente das mães, durante a gestação.

As hipóteses sobre as causas do autismo são repletas de controvérsias e abordam desde transtornos psicológicos, disfunções cerebrais, modificação de neurotransmissores, aspectos ambientais até alterações genéticas como possíveis definidores da doença, sendo esta última levantada e analisada mais recentemente por diversos cientistas.

A partir da década de 1970 a ciência começou a ter alguns avanços nos estudos sobre o autismo. As pesquisas apontaram que a epilepsia é 60 vezes mais frequente entre os autistas do que na população geral, que a deficiência intelectual se fazia presente em mais de 75% dos casos de autismo, em derivação de possíveis prejuízos neurológicos extensos, desencadeando limitações em uma série de processos cognitivos, sendo, então, atualmente considerado como decorrente de processos neurobiológicos e não mais um distúrbio de ordem psicológica em suas causas (STEINER, 2004).

Segundo os estudos da primeira década dos anos de 2000, há várias circunstâncias atípicas do autismo, percebidas em relatos que abrangem seus aspectos clínicos e neurológicos, alterações eletroencefalográficas, neuroanatômicas, citogenéticas ou bioquímicas. Contudo, essas pesquisas examinam tais temas de maneira fragmentada ou associada somente à parte deles. Em razão dos diversos instrumentos diagnósticos, pela variedade de exames complementares realizados, e pela possibilidade de ligação com outros distúrbios, é preciso cautela no diagnóstico e na diferenciação do autismo sem uma causa definida. A ausência de indícios visuais dificulta o diagnóstico do autismo.

Nos casos de autismo associado à outra patologia, muitas crianças têm recebido atendimento médico insuficiente às suas necessidades. Precisam, além de medicamentos específicos para a doença distinguida, um atendimento e um programa adequado às necessidades inerentes ao autismo.

Segundo o *Jornal de Pediatria* (abril/2004), a prevalência de distúrbios neurológicos a cada 100.000 nascimentos é de 130 para o autismo. Dentre as diversas condições médicas associadas ao autismo, as que mais se destacam são: a Síndrome de Down, epilepsia, X-Frágil e problemas pré e perinatais. Há também infecções que podem ser associadas a possíveis causas do autismo: toxoplasmose (pré-natal), varicela (pré-natal), caxumba (pré-natal), citomegalovírus (pré-natal), sífilis (pré-natal), herpes simples (pós-natal) e rubéola (pré-natal). Há presença de deficiência intelectual em cerca de 60 a 70% dos casos. Não é incomum um indivíduo com mais de uma condição clínica associada ao autismo; pelo contrário, é uma situação frequente (ORRÚ, 2007).

O autismo também é encontrado nos estudos realizados em pares de gêmeos, sendo estes, tanto monozigóticos como dizigóticos, confirmando a participação do genótipo[4] na especificação de características do fenótipo (BAILEY et al., 1995, apud STEINER, 1998, p. 101). As percentagens concluídas foram significantes nas pesquisas diversas, realizadas por vários profissionais da saúde e em localidades distintas.

Atualmente, na trilha da segunda década do século XXI, os pesquisadores indicam que a presença de fatores genéticos para as causas do autismo esteja entre 90%. Também foram relatadas anormalidades cromossômicas como responsáveis pela causa do autismo em torno de 10 a 20% dos casos. Recentemente também apontaram o descobrimento de que variações em um único gene poderiam ser desencadeadoras do autismo e que essas variações indicam a sinapse. Por meio da sinapse é que os neurônios se comunicam para organizar movimentos, percepções relativas ao cérebro, aprendizados e lembranças.

Em 2017, Stessman e outros pesquisadores publicaram, em conjunto, um estudo sobre sequenciamento genético abrangendo 7 países, relacionando 38 novos genes ao autismo ou ao atraso no desenvolvimento e deficiência intelectual (DI). Os autores destacam que o autismo, a DI e o atraso no desenvolvimento compartilham diversos e diferentes genes de risco. Uma das hipóteses que tem sido estudada é que o autismo pode ser, em determinados casos, uma forma de atraso no desenvolvimento. Sugerem também que o autismo é distinto do atraso no desenvolvimento

---

4. Conjunto de genes de um indivíduo ou de indivíduos com a mesma constituição genética.

e também da DI, sendo que alguns genes podem ser significativos em apenas uma condição, de maneira que o autismo e o atraso no desenvolvimento não se configuram a mesma coisa. Segundo os autores, mais de 200 genes foram listados como estando relacionados ao autismo, ao atraso do desenvolvimento ou em ambas as condições (STESSMAN et al., 2017). Estudos atuais realizados na Universidade de São Paulo (USP/Brasil) corroboram para o entendimento do autismo como "um transtorno do neurodesenvolvimento com etiologia pouco clara e causas genéticas imprecisas" (RUSSO et al., 2018).

A descoberta de possíveis genes como causadores do autismo implica cada vez mais aumento de estudos e investigações em vários países, pois esse campo investigativo é muito vasto. Dentre as temáticas mais abordadas durante o ano de 2012 (AUTISMO DIÁRIO, 2013) encontramos:

- Mutações genéticas relacionadas ao autismo.
- Inquietações por que o autismo afeta cinco vezes mais pessoas do sexo masculino.
- Comorbidade entre autismo, epilepsia e deficiência intelectual.
- A idade em que os pais tiveram seu filho com autismo.
- O tratamento do autismo com suplementos nutricionais.
- Genética do autismo.
- Além de pesquisas que tratam de animais (camundongos) que foram "curados" de seu autismo.

Junto a esses temas investigados, também encontramos os avanços de recursos tecnológicos de neuroimagem presentes nos sistemas de radiologia e na medicina nuclear com o propósito de se verificar o funcionamento do cérebro e, desta forma, realizar estudos comparativos sobre as diferenças neuroanatômicas entre as pessoas que têm autismo e aquelas com Transtorno Específico da Linguagem; sobre as diferenças neuroanatômicas no cérebro das pessoas com autismo e também sobre mudanças cerebrais precoces em crianças com autismo.

No Brasil as pesquisas sobre o autismo têm atingido visibilidade internacional, pois 54,8% dos artigos foram publicados em periódicos que estão indexados na base de dados Pubmed. Estas publicações estão mais presentes na área da saúde (psiquiatria, neurologia, psicologia, medicina, fonoaudiologia) e da educação (TEIXEIRA et al., 2010). De acordo com Evangelho et al. (2021, p. 1), entre os anos de "2017 a 2020 foram identificados 225 trabalhos, divididos em 123 artigos científicos, indexados nas bases de dados e 102 trabalhos de pós-graduação. Os critérios de inclusão e exclusão resultaram em 14 pesquisas acerca dos fatores genéticos e neurobiológicos na população brasileira".

Ainda com relação às questões da genética, não existe até o momento um teste genético específico para confirmar o diagnóstico de autismo. Contudo, devido a sua comorbidade com determinadas síndromes ou anomalias cromossômicas, podem ser realizados testes moleculares para a exclusão dessas possibilidades.

No Brasil, o Centro de Estudos do Genoma Humano (Cegh), ligado ao Instituto de Biociências da Universidade de São Paulo (USP), desenvolve pesquisa básica e aplicada relacionada ao estudo do genoma humano, doenças genéticas e pesquisas com células-tronco, além de atividades ligadas à educação e à transferência de tecnologia. Neste Centro são oferecidos testes moleculares que fazem parte do protocolo de pesquisa oferecido a pessoas com autismo.

4.2 Fatores ambientais

Há inúmeras possibilidades descritas de causas do autismo relacionadas a fatores ambientais. A maioria dos estudos está fundamentada na exposição da mãe no período de gestação a certos ambientes ou situações de caráter mais permanente.

A epigenética[5] tem se esforçado para descobrir como os fatores ambientais interferem no funcionamento dos genes e o que ocorre quando alguma coisa provoca alterações. Esses estudos ainda são preliminares, realizados a partir de pequenas amostras. Não obstante, os cientistas apontam os fatores ambientais como aspectos significativos que exercem influências sobre a genética. Desses fatores ambientais encontramos: o uso de antidepressivos durante o primeiro trimestre da gravidez, exposição à intensa poluição ou ambientes com pesticidas, febre intensa e persistente durante a gestação, tabagismo. Aspectos relacionados à contaminação têm sido considerados e estudados, pois podem estrondear mutações em determinados genes que podem ter efeitos diretos no modo como nos comportamentos e em como nosso organismo reage a determinados ambientes.

E ainda, segundo Muotri (2013), há doenças genéticas que podem ser corrigidas pelo ambiente, ou seja, podem ser revertidas, tal como é sugerido por estudos sobre o benefício de dietas alimentares para o tratamento de certas formas de autismo. Contudo, não há uma sequência de estudos publicados que comprove resultados positivos para todos aqueles que se submeteram a esse tratamento.

---

5. Definida como modificações do genoma, herdável durante a divisão celular, que não envolve uma mudança na sequência do DNA.

4.3 A polêmica do mercúrio nas vacinas

Antes de falarmos sobre a questão da presença do mercúrio nas vacinas, abordaremos algumas informações básicas sobre esse elemento e seus efeitos à saúde humana. Embora este livro esteja voltado mais especificamente para educadores e pais, cremos que seja importante o conhecimento dos aspectos médicos-científicos que circundam a história do autismo. Entendermos que a medicina não tem todas as respostas e que há muitas divergências que devem ser ponderadas, observadas e conhecidas dos cidadãos, para que estes possam, com consciência, tomar as decisões que julgarem ser mais convenientes e apropriadas para seus filhos.

O mercúrio, o chumbo e outros metais pesados são extremamente nocivos à saúde, podendo ocasionar distúrbios neurológicos, doenças imunológicas, bronquiolite química aguda, pneumonite, fibrose pulmonar, enfermidades cutâneas. O Sistema Nervoso Central é o escopo principal do metilmercúrio[6], afetando, principalmente, áreas específicas do cérebro, como cerebelo e lobos temporais. O mercúrio é reconhecido como um agente teratogênico, ou seja, produtor de malformações. Quando o metilmercúrio, que é uma forma de mercúrio, é transferido da mãe para a placenta e desta para o feto, é possível causar danos ao seu desenvolvimento, principalmente em nível neurológico, com efeitos maléficos às funções cognitivas, motoras e sensoriais. Esta passagem do metilmercúrio também pode acontecer pelo leite materno. Por isso, segundo os estudiosos sobre esse tema, a gestante deve ter o máximo de cuidado com sua alimentação e os riscos de ingerir alimentos expostos a esse componente. Alguns estudos também apontam os efeitos do mercúrio para problemas reprodutivos. Outro dado é que a redução de função das células linfoides é resultado da citotoxicidade induzida pelo mercúrio. E ainda, os testes genotóxicos demonstram mutações de nível cromossômico e gênico em células expostas ao mercúrio. Essas mutações são responsáveis pelo aparecimento de cânceres e doenças hereditárias. Enfim, o mercúrio tem sido considerado de grande risco à saúde; seus efeitos biológicos são variados, abrangendo desde os efeitos citológicos e reprodutivos (teratogênicos) até os neurológicos (CARDOSO et al., 2002).

Tudo começou quando o médico inglês Andrew Wakefield, especialista em gastroenterologia pediátrica, publicou em uma das mais respeitadas revistas britânicas, a The Lancet (WAKEFIELD, 1999), um estudo confirmando que a vacina tríplice viral aplicada como prevenção ao sarampo, caxumba e rubéola estaria desencadeando o autismo em crianças.

---

6. Dos compostos de mercúrio orgânico, o metilmercúrio é o que se apresenta mais tóxico que as formas metálicas, desencadeando danos severos à saúde, observados em seres humanos.

A polêmica é grande em torno do caso e gerou pelo menos duas versões históricas. A primeira versão considera Wakefield um impostor e responsável pela diminuição de vacinações e o retorno de casos de sarampo na população inglesa como também em outros países. A segunda versão apoia os estudos de Wakefield e acusa a indústria farmacêutica de vitimá-lo, pois a partir desse acontecimento haveria uma queda considerável na venda de vacinas.

O estudo do médico inglês desperta um olhar diferenciado para uma possível causa do autismo. Segundo ele, há algumas crianças geneticamente predispostas ao desencadeamento do autismo, sendo necessário apenas um determinado fator ambiental que motivasse esse acontecimento. Esse fator motivador, de acordo com o estudo realizado, seria o mercúrio, como um agente químico presente em diversas vacinas aplicadas em crianças. No caso da vacina tríplice viral, segundo Wakefield, há 49% de mercúrio em sua composição em razão do conservante denominado "Timerosal" (mercúrio na forma inorgânica).

Muitos pais afirmaram que, após a primeira dose ou do reforço desta vacina, seus filhos começaram a mostrar sintomas próprios do autismo, o que legitimaria o estudo de Wakefield. No entanto, muitos médicos disseram ser apenas uma coincidência e acusam o estudo feito de apresentar falhas e dúvidas diversas, de modo a refutar essa hipótese causal da síndrome. Por conseguinte, muitos pais tomaram a decisão de não vacinar seus filhos, elevando, deste modo, o índice de surtos de sarampo no Reino Unido.

De impostor à vítima, a verdade é que Wakefield conseguiu provocar a sociedade para pensar e estudar mais sobre os possíveis efeitos indesejáveis do índice elevado de mercúrio nas vacinas infantis. Segundo os apoiadores do médico, a indústria farmacêutica estaria dando sustentáculo oculto às imputações de charlatanismo ao estudo para descredibilizar seu autor. Mas tal fato também não foi confirmado.

Em 2001, as autoras Redwood e Bernad e colaboradores tiveram seus estudos publicados na revista *Medical Hypotheses*. Elas analisaram os sintomas do autismo e relataram que havia uma semelhança com os sintomas provenientes de intoxicação por mercúrio, tais como transtornos do movimento, alterações da linguagem e alterações psiquiátricas. Entretanto, o artigo não teve na época grande repercussão.

No ano de 2003, Geier e Geier publicaram seus estudos sobre a relação entre o timerosal e os transtornos do neurodesenvolvimento, fundamentados em uma revisão estatística dos efeitos contrários das vacinas aplicadas conforme o banco de dados oficial sobre este aspecto. Os resultados colocaram em evidência que a incidência do autismo, dos transtornos de linguagem e atraso mental foram significativamente superior depois da aplicação de vacinas com timerosal do que se comparadas à administração das vacinas sem o timerosal.

De acordo com um estudo feito por M. Holland, L. Conte, R. Krakow e L. Colin (2011) em torno de 20 anos o governo federal americano repudiou em público a possível relação entre vacinas em crianças e autismo. Não obstante, o Programa de Compensação por Lesões Causadas por Vacinas indenizou por danos de vacinas para crianças que apresentaram quadros de lesão cerebral, convulsão e autismo. Frente a esse estudo o diretor executivo da *SafeMinds*, Lyn Redwood, comentou:

> Este estudo muda dramaticamente o debate sobre autismo e vacinas. A questão não é mais se é possível que as vacinas causem o autismo? A resposta é clara. Agora, temos de perguntar: Quantos casos de autismo as vacinas causaram e como nós podemos prevenir novos casos?

Esse estudo averiguou aproximadamente 1.300 casos de lesão cerebral infantil como produto de vacinas em que o Juizado Especial da Vacina considerou o ganho de causa para os demandantes, em busca de referências ao autismo, sintomas de autismo ou desordens comumente relacionadas ao autismo.

Segundo Gregory Ellis (2011), "O autismo nos assola porque é o resultado do experimento de 50 anos de overdose de substâncias tóxicas, incluindo vacinas em cada ser vivo".

Em contraponto aos estudos de Wakefield (1999), Eric Fombonne (2006) em seu artigo sobre "autismo e vacinação" afirma que "não há timerosal na vacina Tríplice Viral, nem nunca houve" e acrescenta em suas conclusões:

> Nenhum estudo epidemiológico parece confirmar um possível aumento do risco de autismo nas crianças como resultado da exposição ao metilmercúrio utilizado na preparação de certas vacinas. O Comitê para Assuntos Específicos do Instituto de Medicina analisou essa hipótese e concluiu que as evidências apontavam para sua rejeição (p. 6).

Neste mesmo segmento, o Instituto de Medicina (IOM, 2001) dos Estados Unidos, por meio de revisões realizadas pelo Immunization Safety Review Committee, concluiu que não há evidências científicas a respeito da relação causal entre timerosal e autismo.

A Organização Mundial da Saúde (OMS), por meio do Comitê Consultivo Mundial sobre a Segurança das Vacinas (GACVS), tem avaliado a segurança das vacinas e chegado à conclusão de que não há evidências de toxidades em lactentes, crianças ou adultos expostos ao timerosal presente nas vacinas. Uma vez que não há pesquisas que comprovem a existência de toxidade direta do timerosal, o comitê aceita seu uso (ARTIGAS-PALLARÉS, 2010).

Em acordo com esse posicionamento, as agências internacionais: European Agency for the Evaluation of Medicinal Products (Emea), Organização Mundial da Saúde (OMS), Instituto de Medicina e a Food and Drug Administration (FDA) regulam e mantêm a autorização do uso do timerosal (ARTIGAS-PALLARÉS, 2010).

Sánchez[7] (2006), numa carta em resposta contrária ao artigo escrito por Luis Maya e seus colaboradores, afirmou em seu artigo sobre vacinas e timerosal que "[...] não existe associação entre vacinação contra sarampo e autismo, nem existe associação entre as vacinas com timerosal e autismo", e finalmente conclui que "à luz das evidências prévias e atuais, não há uma relação causal entre um tipo de vacinas se estas contêm timerosal e o desenvolvimento do autismo ou uma desordem do espectro autístico" (p. 350).

Ao revés, Maya (2006) se colocou contrário às afirmações de Sánchez, publicando um novo artigo em resposta aos argumentos de seu colega favorável ao timerosal nas vacinas. Acompanhemos:

> Não obstante, estamos convencidos que os aumentos recentes em demanda de serviços educativos especiais, de atenção em centros de terapia e reabilitação, assim como de atenções médicas, psiquiátricas e psicológicas, registradas por este grupo heterogêneo de entidades observadas em nosso país, indiretamente podem refletir os efeitos de múltiplos fatores causais, entre os quais se destaca a contaminação mercurial. [...] Cumprindo precisamente nosso dever como médicos, professores universitários e investigadores, de defender a segurança e inocuidade de nossas imunizações, é que temos recomendado a retirada urgente deste conservante (p. 352, 356).

Mas a discussão não acabou por aqui. Adverso às convicções de Maya (2006), Vlásica[8] (2006) também se manifestou em apoio às ideias de Sánchez (2006) por meio de um artigo na mesma revista, dando continuidade ao caloroso debate e

---

7. Cesar Cabezas Sánchez, professor da Faculdade de Medicina da Universidad Nacional Mayor de São Marcos, Lima, Peru. Escreveu uma carta ao Dr. José Pacheco, diretor da *Revista Anales de la Facultad de Medicina*, opondo-se às conclusões de seu colega, Dr. Luis Maya, publicadas em artigo da referida revista.

8. Alvaro Whittembury Vlásica, médico e professor da Faculdade de Medicina da Universidad Nacional Mayor de São Marcos, Lima, Peru.

reafirmando que Maya se mostra equivocado quanto às discussões sobre o uso de timerosal em vacinas e a relação com o autismo. Inclusive critica severamente o artigo de Maya e seus colaboradores, acusando-os de não críticos quanto às hipóteses por eles mesmos levantadas e quanto aos resultados do trabalho (p. 359).

Contudo, Luis Maya (2006) novamente se posicionou em relação aos duros comentários quanto ao seu artigo gerador de alta polêmica entre seus colegas da Faculdade de Medicina. Em resposta a Vlásica, após seus vários argumentos, finalizou afirmando:

> 1) Que o timerosal, usado como conservante nas vacinas, está relacionado à epidemia de autismo nesse país. 2) Que a epidemia de enfermidades do neurodesenvolvimento infantil norte-americano, como toda probabilidade, poderia ter sido prevenida ou detida se a FDA não tivesse permanecido inerte com respeito à falta de dados sobre a segurança de injeções com timerosal e o incremento significativo da exposição infantil à referida neurotoxina. 3) Que a falha de suas agências públicas de saúde era indicativa de negligência institucional para autoproteger-se e um protecionismo mal-entendido em relação à indústria farmacêutica. [...] Não obstante, e dadas as evidências muito claras entre a associação da exposição ao timerosal e as diversas enfermidades do neurodesenvolvimento infantil, que resumimos em nossa revisão, nós os autores cremos que as palavras do imortal filósofo alemão Arthur Schopenhauer são mais apropriadas: "Toda verdade atravessa três etapas: primeiro é ridicularizada, logo depois é violentamente combatida e, finalmente, é aceita como evidente" (p. 364).

Por fim, alguns estudos foram realizados em outros países, mas até o momento nenhum teve tamanha credibilidade para colocar um fim na polêmica sobre a presença do mercúrio nas vacinas e sua relação causal com o autismo.

Em 2010, o médico inglês Wakefield, protagonista do início dessa grande controvérsia, teve sua licença profissional cassada pelo Conselho Médico Geral do Reino Unido. Mesmo assim, ele prometeu dar continuidade em suas pesquisas para confirmar a relação entre vacinação e autismo. "Esses pais não vão sumir, essas crianças não vão sumir e eu certamente não vou sumir", disse ele em uma entrevista.

Sobre as causas diversas do autismo expostas neste capítulo, há centenas de interrogações e controvérsias provocadas pelos pesquisadores em diversos países. Há um grande interesse da comunidade científica em responder às muitas dúvidas e inquietações existentes. Contudo, por enquanto, todas as possibilidades de causa são conjecturas, hipóteses que vão desde a gênese do autismo como uma doença, uma lesão ou mesmo como uma condição do indivíduo.

Deste complexo debate podemos concluir que uma grande dúvida foi gerada acerca das vacinas em suas relações causais com o autismo. A hipótese de que o autismo pode ser desencadeado na criança após receberem determinadas vacinas é crescente e tem induzido pesquisadores a estudarem cada vez mais sobre o assunto. Efeitos colaterais relacionados com metais pesados como o mercúrio, o chumbo, o alumínio, o cádmio e outros, podem afetar tanto o desenvolvimento como o funcionamento neurológico e a saúde do ser humano (BELLINGER, 2012; GEIER et al., 2013; MOHAMED et al., 2015; SANDERS; HENN; WRIGHT, 2015; MARTINO; GANOS; PRINGSHEIM, 2017). A presença de metais pesados é encontrada em estudos sobre a poluição mundial, produtos químicos, fertilizantes, peixes, amalgamas dentais e vacinas, dentre outros. Este embate tem deixado muitos pais confusos e em difícil situação sobre a decisão de vacinarem ou não seus filhos. Deixamos claro que nossa posição não é apologia para antivacinação, no entanto, cremos que estudos e pesquisas a respeito devam ser de conhecimento de qualquer família.

5 Dados epidemiológicos do autismo

De acordo com as informações presentes na literatura científica, o autismo tem acometido crianças com idade não superior a 3 anos. O diagnóstico clínico costuma ser realizado entre 18 e 36 meses com a utilização do DSM-V (APA, 2013) e da CID-11 (OMS, 2022), além de outros instrumentos complementares. Sendo o TEA uma condição neurológica e não uma doença, não há promessa de cura, mas, sim, uma busca incessante dos pesquisadores por maior conhecimento sobre o autismo e recursos para a garantia de intervenções cada vez mais efetivas.

O primeiro estudo epidemiológico do autismo foi feito em 1966 por Victor Lotter, com a incidência de 4,5 casos para 10.000 nascimentos, ou seja, 0,045% em toda a população de crianças com a idade de 8 a 10 anos em Middlesex, um condado situado ao noroeste de Londres (KLIN, 2006).

Dentro do quadro de autismo 60 a 70% podem apresentar deficiência intelectual. Aproximadamente 20 a 30% dos casos nunca chegam a desenvolver linguagem oral, sendo muito importante a intervenção precoce de profissionais (WILLIAMS, 2006).

Também é descrito na literatura um percentual de 10% de casos conhecidos como *savants*, ou seja, uma pessoa que apresenta uma notável habilidade intelectual combinada com um déficit de inteligência.

Os estudos dizem que até 1989 sua predominância era de quatro crianças a cada 10 mil nascidas, sendo, em sua maioria, quatro para o sexo masculino e uma para o feminino (SCHWARTZMAN, 1995). Segundo o neuropediatra Gaspar (1998), o autismo era identificado em 20 crianças a cada 10 mil nascidos, sem restrições à raça, etnia ou grupo social.

As pesquisas realizadas pelo Centers for Disease Control and Prevencion (2009), nos Estados Unidos, indicam que há um caso para cada 110 crianças nascidas. A ASA (Autism Society of America) estima que, atualmente, deve haver 1,5 milhão de pessoas com autismo. Uma pesquisa no Reino Unido apontou que em 2009 havia um caso para cada 100 crianças nascidas. Já a ONU (Organização das Nações Unidas) acredita existir mais de 70 milhões de pessoas com autismo em todo o planeta. Em outras palavras, o autismo está sendo ponderado como uma epidemia, considerado mais comum do que a Aids, diabetes e o câncer infantil, juntos. Contudo, a prevalência para o sexo masculino continua de quatro crianças para uma do sexo feminino (MERCADANTE, 2011). Todavia, segundo os dados do Centers for Disease Control and Prevencion (2013), entre 2011 e 2012 o governo dos Estados Unidos divulgou que para cada 50 crianças entre 6 e 17 anos há uma com autismo; portanto, uma incidência de 2,0%. Em 2021, o mesmo Centro divulgou que, segundo dados produzidos em 2018, a prevalência do TEA está para 1 a cada 44 crianças de 8 anos de idade nos Estados Unidos (MAENNER, M.J; SHAW, K.A; BAKIAN, A.V, et al, 2021).

No Brasil há poucos estudos epidemiológicos sobre a incidência do autismo, por isso as informações não são exatas. No entanto, em 2007, o Projeto Autismo, do Instituto de Psiquiatria do Hospital das Clínicas, da Escola Paulista de Medicina (Unifesp), estimou a existência em torno de 2 milhões de casos de autismo, tendo-se em conta uma população de 190 milhões de pessoas (MERCADANTE, 2011). Em nosso país há necessidade de criação de políticas de saúde pública para o atendimento terapêutico e políticas educacionais para o atendimento de pessoas com autismo. Também são necessários investimentos e subsídios às pesquisas sobre o autismo, objetivando a promoção de melhor qualidade de vida para esses indivíduos e seus familiares.

Após anos de luta para o levantamento de informações sobre a incidência do TEA no Brasil, a partir da Lei n. 13.861/19 (BRASIL, 2019), o Instituto Brasileiro de Geografia e Estatística (IBGE) passa a incluir, obrigatoriamente, a questão "Já foi diagnosticado(a) com autismo por algum profissional de saúde?" no Censo Demográfico de 2022. No entanto, a questão consta apenas no questionário ampliado cuja seleção da amostra é aleatória e realizada automaticamente no dispositivo móvel de coleta do recenseador. Isto implica que a população que for responder ao questionário básico, não terá a oportunidade de informar se em sua família há alguma pessoa diagnosticada com o Transtorno do Espectro Autista. Esta decisão do IBGE restringe o levantamento de informações mais concretas sobre a prevalência do TEA no Brasil, o que é lamentável (IBGE, 2022).

No intuito de chamar a atenção da sociedade, a ONU, em 2008, instituiu o dia 2 de abril como o "Dia Mundial da Conscientização do Autismo" como um alerta e um incentivo para a inclusão de pessoas com autismo na sociedade.

De acordo com Klin (2006) essas são as possíveis explicações para a elevação de casos de autismo no planeta:

- Critérios diagnósticos mais definidos e amplos entendendo a síndrome como um espectro de condições.
- Maior conscientização entre a comunidade médica sobre as diferentes manifestações do autismo.
- Cobertura mais frequente pela mídia à sociedade.
- Melhor identificação de casos de autismo sem deficiência intelectual (Síndrome de Asperger e Autismo com Alto Desempenho).
- Incentivo ao diagnóstico e a intervenção precoce.
- Investigação com base populacional.

Ainda segundo Klin (2006), o aumento de casos diagnosticados não significa que esteja havendo uma incidência geral do autismo, ocorrendo uma epidemia de autismo. Para ele as explicações supracitadas são as responsáveis pela prevalência da síndrome. Contudo, esta não é a opinião da OMS e de outros pesquisadores que entendem haver, sim, uma epidemia da síndrome no planeta.

De certo modo fica evidente que à medida que novas investigações são realizadas e estudos aprofundados a partir desses padrões científicos, a medicina acredita que é possível considerar o aumento para a confiabilidade dos processos fundamentados em amostras populacionais. Contudo, há que se dizer que o Transtorno do Espectro Autista se mostra como um desafio desmedido, com diversas hipóteses, muitas dúvidas e poucas proposições de tratamento clínico e atendimento pedagógico.

5.1 O Transtorno do Espectro Autista em mulheres

Para esta edição revista e ampliada, importa-nos chamar a atenção de que durante anos os protocolos para o diagnóstico do autismo se debruçaram majoritariamente nas informações masculinas sobre o autismo, o que gerou considerável negligência acerca das singularidades próprias das mulheres com autismo em pesquisas e espaços da clínica. Atualmente, estudos apontam haver variações baseadas no gênero na manifestação do Transtorno do Espectro Autista a uma menor distância da prevalência entre homens e mulheres na vida adulta sendo de 1,8:1 a 2,57:1 (SIMCOE et al., 2022).

Sensibilidade sensorial, comportamento complacente, camuflagem social e imitação de interações recíprocas genuínas após avaliação atenta, as nuances do comportamento das pessoas, da atmosfera emocional e das convenções sociais podem ser fatores presentes para um diagnóstico diferencial do TEA em mulheres, principalmente no que se refere ao Transtorno do Espectro Autista Nível 1, popularmente denominado de autismo leve (COOK et al., 2021; SIMCOE et al., 2022). Em razão desse mascaramento social resultante de comportamentos aprendidos e adaptados para se mover diante das pressões, assédios e abusos sociais, na maioria das vezes, forjado no inconsciente, podem ser atribuídos outros diagnósticos equivocados às mulheres com autismo, tais como: Transtornos de Personalidade, Esquizofrenia, Transtornos Alimentares, Transtorno de Personalidade Borderline, Mutismo Seletivo, Transtorno de Ansiedade de Separação, Depressão ou Fobias Específicas. Estudos também sugerem que a camuflagem autista se associa a impactos significativamente piores na saúde mental (SIMCOE et al., 2022; COOK et al., 2021; BULHAK-PATERSON, 2015).

Mulheres com autismo também podem não se apresentar como típicas de gênero ou rejeitar convenções sociais de gênero como, por exemplo, escolhas específicas de moda e roupas, rejeição às tendências da moda e parecer rebelde diante da sociedade podem apresentar mais traços masculinos do que mulheres típicas de modo a evidenciar a incongruência de gênero entre pessoas com autismo (WOOD, E., & HALDER, 2014).

Os estudos recentes sugerem que os protocolos para diagnóstico do TEA se mostram falhos em capturar a manifestação feminina do autismo, tendenciosos no desfavorecimento às mulheres e na desatenção ao diagnóstico diferencial, o que implica diretamente nas taxas mais baixas de prevalência e na crença habitual que as mulheres se encontram em risco reduzido de estarem na condição do TEA (KIRKOVSKI et al. 2013 ; LAI et al. 2015; HALLADAY et al. 2015; RATTO, A.B., KENWORTHY, L., YERYS, B.E. et al., 2018; COOK et al., 2021; SIMCOE et al., 2022).

Em razão desse prejuízo, as mulheres têm sido diagnosticadas com TEA mais tardiamente, já na idade adulta e, consequentemente, sofrem por muito mais tempo a ausência de apoio, suporte e tratamento adequado às suas demandas. Logo, é urgente e emergente que estudiosos e pesquisadores se dediquem cada vez mais ao aprimoramento de instrumentos sensíveis para o diagnóstico do TEA em meninas e mulheres adultas. Similar, que profissionais da saúde que atuam na clínica, especialmente da psicologia, estejam afinados para uma escuta sensível quanto a possíveis suspeitas acerca da presença do TEA no público feminino e sobre as mais adequadas abordagens de conduta para seu apoio psicológico.

Ouvir mulheres com autismo, ler seus livros, convidá-las para participarem ativa e diretamente em conferências e eventos na mídia são iniciativas fundamentais para a disseminação do conhecimento sobre as muitas e diversas formas do TEA se manifestar em suas vidas e, deste modo, combater a discriminação, a ignorância e o preconceito na sociedade.

6 O conjunto de sintomas do autismo

As manifestações iniciais do conjunto de sintomas do autismo, segundo a literatura científica, costumam ocorrer sempre antes dos 3 anos de idade. A percepção dos pais que existe algo diferente com seu filho costuma ocorrer comumente entre os 12 e os 18 meses de idade com o pouco ou nenhum desenvolvimento da linguagem, como também pela diminuição ou perda quase que total da mesma.

É notória característica deste quadro sintomático o comprometimento qualitativo na área da comunicação verbal e/ou não verbal, tanto em crianças com maior comprometimento pela síndrome como também por aqueles diagnosticados com autismo de alto desempenho; tanto um como outro apresentam dificuldades na área da comunicação, sendo possível a presença de ecolalias e fala estereotipada. Segundo estudos de Orrú (2007, p. 39-40), a literatura científica expõe enfaticamente:

> • A ausência de fala, puxando, empurrando ou conduzindo fisicamente o parceiro de comunicação para expressar o seu desejo.
>
> • Retardo no desenvolvimento da fala, retrocesso dessa capacidade já adquirida e emudecimento em alguns casos.
>
> • Expressões por meio do uso de uma ou duas palavras ao invés da elaboração de frases.
>
> • Ausência de espontaneidade na fala.
>
> • Pouca fala comunicativa, com tendências ao monólogo.
>
> • Fala nem sempre correspondente ao contexto.
>
> • Utilização do pronome pessoal de terceira pessoa do discurso ao invés da primeira.
>
> • Frases gramaticalmente incorretas.
>
> • Expressões bizarras, neologismos.
>
> • Estranha linguagem melódica e monótona.

- Dificuldade na compreensão de frases complexas.
- Dificuldade na compreensão de informações ou significados abstratos.
- Mímica e gesticulação mínimas.
- Ecolalia imediata e/ou posterior.
- Predominância do uso de substantivos e verbos.
- Pouca alteração na expressão emocional.
- Ausência ou pouco contato olho a olho.
- Falta de função nas formas verbais e na palavra.
- Pouca tolerância para frustrações.
- Interesses e iniciativas limitadas.

Similar, as dificuldades no desenvolvimento da interpessoalidade, na construção de ações simbólicas, e a presença de manifestações comportamentais diferentes se comparada a uma criança sem a síndrome. É percebida em muitos casos a existência de distúrbios no desenvolvimento neuropsicológico da criança.

É muito comum haver comorbidade do autismo junto a outras condições clínicas associadas, como por exemplo: autismo em comorbidade com deficiência intelectual, com Síndrome de Down, Síndrome de West, com deficiência auditiva dentre uma lista de muitas outras condições.

De modo geral, as suspeitas dos pais se iniciam em razão de certos comportamentos da criança que os levam a imaginar que esta poderia ser surda, no entanto, também notam que ela se apresenta incomodada diante de certos ressoares ou determinados ruídos. Os pais também relatam que a criança, quando bebê, era muito quieta, pouco interagia ou, ao revés, que era um bebê que chorava muito e que sempre aparentava estar incomodado com alguma coisa que eles não conseguiam identificar.

A ausência ou tendência a pouco contato visual é descrita frequentemente pelos pais, como também as diferenças na expressão facial relacionada aos sentimentos. Aparentemente, segundo diversos relatos, essas crianças parecem não demonstrar afeto, desejo de estar próximas dos pais e de outras crianças. Quase não notam feições de alegria ou demonstrações de tristeza frente aos acontecimentos. O apego obsessivo a determinados objetos, os problemas relacionados ao sono e a tendência ao isolamento social são comumente relatados (ORRÚ, 2007). Contudo, segundo Gilberg,

> Frequentemente estas variantes são descritas a partir da tríade de deficiências nas áreas social, de comunicação e de comportamento, mas está ficando cada vez mais difícil saber se todas as deficiências que

compõem a tríade realmente aparecem em conjunto em todos os casos. Há casos de problemas de comunicação social sem os problemas comportamentais, e há casos de problemas comportamentais sem os problemas de comunicação social, e estão crescendo as dificuldades em saber onde estão os limites do chamado autismo (2005, p. 35).

Por conseguinte, o período do reconhecimento do autismo é obscuro e demorado, tanto pela parte dos pais como por muitos médicos, devido à complexidade do quadro, pela falta de informações básicas sobre síndromes não identificadas através de exames laboratoriais, impedindo de haver um processo de intervenção mais precoce e claro. Desta forma, tornam-se raros tais diagnósticos antes dos 12 meses de idade, sendo que a maioria tem ultrapassado os 3 anos de idade.

Entretanto, atualmente, percebemos um aumento significativo no número de crianças diagnosticadas com autismo no Brasil e também em outros países. Apesar de muitos defenderem que o diagnóstico precoce seja necessário e importante para a criança, é possível de se imaginar a ocorrência de equívocos nesse processo, podendo repercutir num salto quantitativo de crianças com tal diagnóstico como também na supervalorização desse instrumento que rotula e pode marcar para sempre a vida deste indivíduo de forma iatrogênica.

7 O DESENVOLVIMENTO DA PESSOA COM AUTISMO SEGUNDO A LITERATURA CIENTÍFICA

Durante os três primeiros anos de vida, as condutas funcionais normais, desenvolvidas por uma criança que não apresenta a síndrome, são, na criança com autismo, progressivamente desestruturadas e/ou perdidas, ou mesmo nunca chegam a se desenvolver. Dentre essas funções, estão: a falta da aquisição de regras estabelecidas, surdez aparente, ações antecipadas não praticadas, em geral, a partir do sexto mês (ex.: sorrir ao ver a mãe se aproximar etc.). Observam-se, também, a ausência de criatividade na exploração dos objetos e dos procedimentos de comunicação, normalmente intencionais, que se desenvolveriam a partir do primeiro ano de vida, aproximadamente (ORRÚ, 2007).

As funções simbólicas como a imitação de gestos e atitudes, o emprego de palavras com o fim de se comunicar, dificilmente atingem seu objetivo interacional, quando desenvolvidos. Muitas vezes manifestam resistência às mudanças de rotina, alterações no ambiente de seu costume, medo incomum a outras pessoas, objetos ou lugares.

Algumas crianças com autismo se desenvolvem normalmente durante sua primeira infância, chegando, até mesmo, a adquirir uma linguagem funcional. Contudo, essa linguagem vai se perdendo progressivamente; dessa forma, muitas crianças acabam em um intenso isolamento social, envolvidas em seus rituais e estereótipos e, praticamente, sem nenhuma comunicação com outras pessoas. Por causa das dificuldades no processo de comunicar-se com o outro além do que diz respeito ao aspecto verbal, também são prejudicadas as condutas simbólicas que promovem significados às interpretações das situações e contextos socialmente vivenciados, dos sinais sociais e da emocionalidade gerada nas relações sociais.

No período dos 2 aos 5 anos de idade, a criança com autismo costuma apresentar intensas modificações. É frequente sua alienação frente às diversas circunstâncias, demonstra indiferença quanto aos estímulos externos que lhe sobrevém. Tem o hábito de se enclausurar nos rituais sem um propósito definido e age com indiferença em relação às pessoas; quando contrariada ou não compreendida, pode se autoagredir, ou ficar horas observando algo que lhe chame a atenção, e perplexa diante de alta sonoridade ou, ainda, irritada ao menor ruído (ORRÚ, 2007).

A adolescência também é um período mais difícil para aqueles com autismo. Nessa fase tendem a aumentar os conflitos pessoais e interpessoais. É possível aparecerem novas complicações, como: crises de epilepsia, acréscimo das estereotipias, problemas alimentares, ciclos depressivos, aumento da excitação e ansiedade (COLL, 1995).

As dificuldades existentes durante a infância se não forem bem trabalhadas e se os possíveis potenciais não forem canalizados e explorados, poderão dar sequência a uma série de complicações nesta fase, que costuma ser turbulenta para qualquer adolescente. É importante que pais e educadores se conscientizem de que a infância não é um período para pouco investimento em busca dos interesses e desenvolvimento de habilidades dessa criança. Conter a crise de uma criança com autismo durante a infância é bem diferente de contê-la quando já é um adolescente que está mais desenvolvido, mais forte e, talvez, mais resistente ao que deseja ou não fazer.

Por isso é muito importante não apenas condicionar comportamentos a partir de abordagens enfáticas ao treino de habilidades preestabelecidas e de cunho apenas funcional, mas sim investir nas relações sociais, nos espaços sociais genuínos, onde os "outros" que lhe são diferentes, a partir das contribuições da coletividade, possam favorecer seu aprendizado e, consequentemente, seu desenvolvimento. Esses "outros" diferentes a ele são pessoas sem autismo, e os espaços sociais que privilegiam as relações genuínas são aqueles onde a segregação, a marginalização e a institucionalização do déficit e da doença não se fazem presentes nas práticas cotidianas.

Embora o que defendemos aqui possa parecer mais difícil e, realmente, o é, a diferença é que a aprendizagem promovida para muito além dos treinos de habilidades funcionais tende a ser permanente e duradoura em razão dos processos de aprendizagem serem dialéticos, repletos de sentidos e significados graças às possibilidades de multivivências sociais, promotora da convivência relacional e dialógica junto a grupos sociais diversos, não institucionalizada de forma homogênea e padronizada; de maneira que esse adolescente com autismo possa se manter em contato com o mundo real fora dos muros da segregação que não o preparam para uma vida social em sociedade a partir de suas singularidades, levando-se em conta sua subjetividade.

Neste segmento, o adulto com autismo poderá encontrar maiores ou menores dificuldades em sua vida, e essa tem sido uma relevante e constante preocupação de seus pais. Há casos em que não desenvolveram habilidades de cuidarem-se sozinhos ou de terem um ofício, um trabalho. Isso pode remetê-los a uma vida mais reclusa, distante e desagregada de grupos sociais. Se durante a infância e a adolescência suas possibilidades de aprendizagem foram reduzidas à institucionalização, ao treino, a estar separado de outras pessoas sem autismo, é provável que mais críticas sejam suas dificuldades na compreensão e adaptação às complexidades sociais próprias do ser humano em meio à sociedade. O que poderá dificultar ainda mais seus processos interativos, sua inserção ao mundo do trabalho, o aprendizado e desenvolvimento de atitudes mais adaptativas e flexíveis àquilo que lhe incomoda, sem que lhe sejam geradas altas crises de ansiedade ou pânico.

Não estamos nos esquivando de casos considerados muito graves, como nós mesmos chegamos a conhecer e a trabalhar. Mas estamos frisando que, quando criança, quase todos os casos parecem ser muito comprometidos e, por ausência de trabalhos sociais e pedagógicos alternativos, a maioria das crianças com autismo acaba sendo privada de ter o direito de descobrir o potencial que tem a ser desenvolvido, de modo que a instituição especializada, os métodos fundamentados no condicionamento operante e as classes especiais homogêneas e apartadas das demais crianças sem autismo passam a ser, quase sempre, a primeira opção dos pais, em geral leigos e assustados com o diagnóstico recebido pelos profissionais de saúde. Como nos diz Sacks,

> É verdade que, curiosamente, a maioria das pessoas fala apenas de crianças autistas e nunca de adultos, como se de alguma maneira as crianças simplesmente sumissem da face do planeta. Mas embora

possa haver de fato um quadro devastador aos 3 anos de idade, alguns jovens autistas, ao contrário das expectativas, podem conseguir desenvolver uma linguagem satisfatória, alcançar um mínimo de habilidades sociais e mesmo conquistas altamente intelectuais; podem se tornar seres humanos autônomos, aptos para uma vida pelo menos aparentemente completa e normal – mesmo se encobrindo uma singularidade autista persistente e até profunda (1995, p. 255).

Em parte oportuna, apresentaremos relatos de casos de jovens e adultos com autismo que apresentavam um quadro sintomático comprometedor, porém, as escolhas feitas por seus pais e educadores possibilitaram a construção trabalhosa, muitas vezes espinhosa, de uma trajetória singular que os preparou de modo distinto para a vida em sociedade.

PARTE 2
Ponderações sobre o diagnóstico
Um instrumento de poder para a exclusão social

Façam derreter suas muralhas de gelo e rejeitem serem excluídos.
Birger Sellin, 1993.

Talvez por falta de conhecimento ou simplesmente pela reprodução histórica e cultural, o carimbo do profissional da saúde costuma ter um peso de confiabilidade quase que inquestionável em nossa sociedade, e, logicamente, dentro do espaço escolar, sendo a escola uma instituição social considerada importante para a formação de cidadãos.

Esta parte da obra dedica-se às reflexões, críticas e ponderações sobre até que ponto a escola pode se tornar cúmplice diante das consequências que a excessiva aderência aos laudos e avaliações diagnósticas pode trazer à vida da criança ou do aprendiz com autismo.

1 Uma síntese sobre o conceito de iatrogênese

Ivan Illich (1926-2002), de origem austríaca, autor de diversos livros, dedicou-se a críticas reflexões sobre as instituições da cultura moderna, entre muitas, sobre medicina e educação. Em um de seus livros intitulado *Nêmesis da medicina* (1975) ele aborda uma questão muito pouco explorada no seio escolar e mesmo, familiar do cidadão: os fatores iatrogênicos. Iatrogenia é um termo utilizado de forma geral para nomear um erro da prática médica.

Para esse autor há pelo menos três desdobramentos a serem observados sobre a iatrogenia, a saber:

1) Iatrogênese clínica: tem sua gênese nos cuidados excessivos de saúde que recaem na demasia de medicamentos e tecnologias médicas que terminam por resultar sérios prejuízos à saúde do indivíduo pela ausência de segurança

relacionada ao abuso de drogas. É representada pelos prejuízos nocivos aos pacientes designados para tratamentos que não produzem os efeitos desejados ou satisfatórios, maléficos, muitas vezes realizados de modo incorreto. Resulta das práticas técnicas interventivas diretas do ato médico, desencadeando efeitos secundários que se reúnem àqueles já inerentes à doença existente (1975, p. 24).

2) Iatrogênese social: está presente a dependência da autoridade médica para o acesso às drogas prescritas que abrangem extensões diversas como a preventiva, curativa, ambiental, comportamental e industrial. O indivíduo perde a noção do real sentido de saúde e, por fim, acaba assumindo o papel social de doente, passivo e assujeitado a essa condição.

> A medicalização dos grandes rituais constitui um quinto sintoma grave da iatrogênese social. [...] A fascinação pelos "avanços médicos", as técnicas da medicina terminal e a morte sob controle médico são sintomas particularmente visíveis da quinta dimensão da iatrogênese social (ILLICH, 1975, p. 51-52).

3) Iatrogênese estrutural ou cultural: resulta da expropriação das possibilidades do indivíduo e da própria sociedade em ser autônomo em suas iniciativas e decisões relacionadas ao lidar com a doença, a dor, a morte e o luto, tornando-o vulnerável frente às adversidades da vida. Instaura-se aqui a imagem do médico como o que tem poder totalitário em seus saberes e procedimentos propagados numa busca "patogênica da saúde".

> A fidelidade e o servilismo crescente à terapêutica afetam também o estado de espírito coletivo de uma população. Uma demanda idólatra de manipulação substitui a confiança na força de recuperação e de adaptação biológica, o sentimento de ser responsável pela eclosão dessa força e a confiança na compaixão do próximo, que sustentará a cura, a enfermidade e o declínio. O resultado é uma regressão estrutural do nível de saúde, visto que esta é compreendida como poder de adaptação do ser consciente. Essa síndrome de regressão, chamo-a iatrogênese estrutural (ILLICH, 1975, p. 103).

Neste ínterim o indivíduo é conduzido ao hiperconsumo de produtos da indústria farmacêutica, prescritos pelo médico com fins de adaptação conforme as normas sociais padronizadas, uniformes, com vistas à saúde, cujo sentido expresso do momento é o de não possuir doença.

A normalização do indivíduo passa então a ser uma busca possuída de frenesim pela sociedade tendencialmente hegemônica e homogeneizadora. Portanto, o indivíduo que seja diagnosticado como afora do modelo psíquico-físico saudável necessitará sofrer modificações, adequações, ser normalizado para responder às demandas sociais de valoração daquele que é economicamente produtivo. Neste cenário nos vêm à lembrança as palavras de Michel Foucault,

> [...] deixar de descrever sempre os efeitos de poder em termos negativos: ele "exclui", "reprime", "recalca", "censura", "abstrai", "mascara", "esconde". Na verdade o poder produz; ele produz realidade, produz campos de objetos e rituais da verdade. O indivíduo e o conhecimento que dele se pode ter se originam nessa produção (1977, p. 172).

Por conseguinte, a procura constante da superioridade e prevalência do normal sobre o anormal promove o preconceito, a discriminação, a marginalização daquele que não se enquadra nos parâmetros da normalidade; por fim, sua exclusão e segregação. A iatrogênese estrutural dissertada por Illich entrelaça todas essas questões e fatos na intencionalidade da manutenção do estado natural das coisas a partir de práticas reguladoras.

2 DIAGNÓSTICO: UM CONHECIMENTO INVENTADO PARA NOMEAR ALGUMA COISA

Na história da humanidade é sabido que o ser humano chegou a sofrer bruscos danos em sua vida pela falta de critérios diagnósticos bem-definidos e confiáveis que auxiliassem na determinação de tratamento médico. Por esta carência a morte bateu à porta de centenas de pessoas.

Todavia, em pleno século XXI vivemos um momento da história bem diferente. Época de efervescência de avaliações e critérios diagnósticos para as mais variadas patologias e condições clínicas. Neste momento da humanidade ocidental, também se prolifera a fé de que a partir dos diagnósticos são encontradas as respostas para o tratar e o curar. Entretanto, em várias ocasiões os laudos diagnósticos são emitidos de maneira indiscriminada e irresponsável, sem a devida atenção e discussão sobre a popularização abrangente de casos de hipotéticas doenças, síndromes ou transtornos psíquicos que manipulam o indivíduo à normalização por meio de alterações do comportamento através da medicalização (não apenas de seus sintomas) de sua vida.

Os critérios diagnósticos estão presentes na Classificação Internacional de Doenças (CID) ou no Manual Diagnóstico e Estatístico de Tratamentos Mentais (DSM) e têm a serventia de nomear, classificar e identificar: a falta de capacidade para determinadas coisas (incapacidades), fatos difíceis de explicar (problemas), níveis de insuficiência para algo (déficits), qualidades do que é anormal (do que fogem ao padrão preestabelecido pela ordem social).

O termo "critério" representa a faculdade de distinguir o verdadeiro do falso, o bom do mau, e tem a autoridade para se fazer crítico. Assim, os critérios diagnósticos se incumbem de dispor por categorias os indivíduos de acordo com os resultados homogêneos extraídos das práticas de avaliação diagnóstica universalizadas em todo o planeta.

Em maio de 2013 foi lançada a 5ª versão do DSM, o Manual de Estatísticas de Diagnósticos, criado pela Associação Americana de Psiquiatria (APA). Não é de hoje que todas as versões do DSM têm sofrido críticas, mas a versão mais atual tem sido alvo de severas censuras. Segundo uma postagem de Thomas Insel, presidente do Instituto de Saúde Mental dos Estados Unidos, no blog do próprio Instituto, a notícia é de desfavorecimento ao novo manual. Vejamos:

> Enquanto que o DSM tem sido descrito como uma "bíblia" para o campo da psiquiatria, ela é, na melhor das hipóteses, um dicionário, criando um conjunto de classificações e definindo cada uma delas. A forma de cada uma das edições do DSM tem sido sua "confiabilidade" – cada edição tem assegurado que os médicos utilizem os mesmos termos, das mesmas maneiras. O ponto fraco é a falta de validade. Ao contrário de nossas definições de doença isquêmica do coração, linfoma ou Aids, os diagnósticos do DSM são baseados em um consenso sobre grupos de sintomas clínicos, e não em qualquer medida objetiva de laboratório. No restante da medicina, isto seria equivalente à criação de sistemas de diagnóstico com base na natureza da dor no peito ou na qualidade da febre. De fato, o diagnóstico baseado em sintomas, uma vez comum em outras áreas da medicina, tem sido amplamente substituído na metade do século passado, conforme temos entendido que os sintomas só raramente indicam a melhor opção de tratamento (INSEL, 2013).

A questão aqui não é a de tomar partido pelo autor das linhas acima. Mas enfatizarmos que os critérios para diagnóstico do DSM-V (como também dos anteriores), são passíveis de dúvidas, de falta de confiabilidade e, principalmente, validade. Eles são organizados a partir de consensos de um grupo de médicos da medicina psiquiátrica. Ora, até que ponto esse grupo pode não estar equivocado com o firmado em seu Manual (DSM-V), uma vez que o conjunto de sintomas constitui conjecturas sobre um suposto transtorno psíquico? Se tais critérios são fundamentados em fatos que não se têm como provar, também é fato que devemos explorar com espírito crítico cada detalhe dos critérios listados para que não os supervalorizemos de maneira universalista em detrimento das singularidades, da subjetividade de cada ser humano.

A exemplo, cito Anne Donnellan, da Universidade de São Diego:

> Em várias conferências que realizei, costumo mostrar a foto de uma mulher que, ao primeiro olhar, induz-nos a ideia de tristeza, angústia. A foto parece mostrar a imagem de uma pessoa infeliz. Já mostrei essa imagem para cerca de 15 mil pessoas, a maior parte de países ocidentais, e a grande maioria concorda com isso. Por isso, podemos dizer que há grande confiabilidade nessas respostas. Entretanto, isso não quer dizer validade. Que validade tem a afirmação de que a imagem mostrada é a de uma mulher infeliz? Quando afirmamos isto, estamos na verdade adivinhando algo sobre essa mulher fundamentados em nossa experiência, mas não na experiência dela. De aproximadamente 15 mil pessoas que já viram essa imagem, seis delas apresentaram resposta diferente. Curiosamente, todas essas seis pessoas apresentavam problemas de desenvolvimento. Cinco delas, em diferentes partes do mundo, afirmaram que a mulher talvez estivesse assistindo televisão; talvez, estivesse cansada e sentou-se para descansar e ver televisão. Uma pessoa rotulada como autista, na instituição em que eu era professora, disse uma coisa diferente: "Eu acho que ela está ouvindo e vendo o vento atravessar as cortinas". Isso é possível? Talvez isso estivesse mais próximo da experiência dele. Este é o ponto mais importante que gostaria de salientar a respeito da avaliação diagnóstica: nós nos fundamentamos em nossa experiência para fazer afirmações sobre a pessoa e não na experiência dela própria. É assim que procedemos em relação àqueles que diagnosticamos como autistas ou severamente retardados (2010, p. 80-81).

E ainda, segundo uma publicação realizada no importante periódico científico da Associação Americana de Psicologia, o *American Psychologist*, sobre as crenças acerca das pessoas com autismo,

> Existe, em geral, uma relação muito forte entre o desempenho, a produção observável e a habilidade real, a habilidade verdadeira. Essa presunção é o cerne da avaliação psicológica, da metodologia da estatística e da psicometria. Então, há uma crença muito forte na atuação profissional em psicologia e na área da educação especial. Em termos mais comuns, populares, a expressão é: o que você vê é o que você consegue e o que você consegue é o que é (DONNELLAN, 2010, p. 81).

Deste modo são salientadas a prevalência dos sintomas identificados e enquadrados nos critérios diagnósticos do DSM, enquanto as singularidades e a subjetividade dos indivíduos é deixada de lado, uma vez que importa encontrar a doença para se estabelecer seu tratamento, não sendo necessário para isso conhecer a pessoa. Uma lástima que a maioria desses indivíduos se constitua por crianças em idade escolar e que, por meio do laudo diagnóstico, recebem com ele um rótulo acompanhado do estigma do indivíduo que traz consigo as características pertinentes à anormalidade, por vezes também levando para sua casa a prescrição de sua medicalização, numa tentativa de normatizá-lo (ORRÚ, 2013).

> Essas características dispostas realçam tanto as partículas previamente consideradas como negativas no indivíduo e o rotulam como contraproducente se comparado a outro indivíduo que não apresenta tal quadro. Nesse processo os elementos da vida social são menosprezados e avaliados quanto à sua real serventia na sociedade, desencadeando a desumanização do indivíduo e seu meio social, ou seja, as pessoas são "transformadas" em coisas. Consequentemente, neste parâmetro o indivíduo é concebido como um autista (aquele que detém o quadro sintomático da síndrome) e não como uma pessoa (com sua singularidade e individualidade) com autismo (ORRÚ, 2013, p. 1.704).

Em outras palavras, podemos dizer que a partir do diagnóstico infundido, do estigma e do rótulo impregnado na criança, aquelas características preditas nos critérios diagnósticos que até então eram absortas, separadas do indivíduo, passam então a tomar vida, a se concretizar neste indivíduo. Nesse instante do processo iatrogênico inicia-se a materialização do diagnóstico na criança que é transposta à condição daquele diagnóstico; portanto, agora ela é uma "autista", pois o diagnóstico desempenha a função de identificar, nomear, classificar as coisas; não obstante, ele nomeia algo (coisifica) no indivíduo, neste caso, o designa de autista.

Essa coisificação pode gerar graves efeitos iatrogênicos na vida do indivíduo e em sua relação social com familiares e sociedade. Neste processo a identidade do sujeito acaba sendo ocultada, pois quando o citam nos diversos espaços, principalmente, por vezes, na escola, dificilmente o chamam de João, Pedro ou Júlia, mas sim o denominam "aquele é o autista, aquele outro tem Tdah, aquela menina nós não sabemos ainda, mas aguardamos seu diagnóstico". A essa etapa do processo iatrogênico causado pelo diagnóstico dá-se o nome de coisificação do indivíduo, cujo resultado são as concepções reducionistas do potencial do indivíduo expressadas por sentimentos de menos-valia, falta de capacidade, o acriançar, desdenho, compaixão, rechaço, temor, segregação, aforamento e exclusão do indivíduo de seu grupo social.

Não obstante, como temos dito, esses critérios diagnósticos aceitos pela sociedade, lastimavelmente, pela escola, estão suscetíveis de questionamentos. Contudo, segundo Donnellan,

> Chegamos, então, ao que denomino conhecimento inventado, ou seja, quando a proporção entre o que é conhecido e o que precisa ser conhecido é uma razão que se aproxima de zero, tendemos a inventar o conhecimento e fazer de conta que compreendemos mais do que realmente compreendemos. Parecemos incapazes de reconhecer que simplesmente não sabemos. [...] As pessoas inventam o conhecimento não para mentir, mas para encobrir o desconforto em admitir o quão pouco sabem (2010, p. 85).

Com relação aos critérios do DSM-IV a respeito do autismo encontramos o seguinte:

> A) Um total de seis (ou mais) itens de (1), (2), e (3), com pelo menos dois de (1), e um de cada de (2) e (3).
>
> 1) Marcante lesão na interação social, manifestada por pelo menos dois dos seguintes itens:
>
> a) Destacada diminuição no uso de comportamentos não verbais múltiplos, tais como contato ocular, expressão facial, postura corporal e gestos para lidar com a interação social.
>
> b) Dificuldade em desenvolver relações de companheirismo apropriadas para o nível de comportamento.
>
> c) Falta de procura espontânea em dividir satisfações, interesses ou realizações com outras pessoas, por exemplo: dificuldades em mostrar, trazer ou apontar objetos de interesse.
>
> d) Ausência de reciprocidade social ou emocional.
>
> 2) Marcante lesão na comunicação, manifestada por pelo menos um dos seguintes itens:
>
> a) Atraso ou ausência total de desenvolvimento da linguagem oral, sem ocorrência de tentativas de compensação através de modos alternativos de comunicação, tais como gestos ou mímicas.
>
> b) Em indivíduos com fala normal, destacada diminuição da habilidade de iniciar ou manter uma conversa com outras pessoas.
>
> c) Ausência de ações variadas, espontâneas e imaginárias ou ações de imitação social apropriadas para o nível de desenvolvimento.

3) Padrões restritos, repetitivos e estereotipados de comportamento, interesses e atividades, manifestados por pelo menos um dos seguintes itens:

a) Obsessão por um ou mais padrões estereotipados e restritos de interesse que seja anormal tanto em intensidade quanto em foco.

b) Fidelidade aparentemente inflexível a rotinas ou rituais não funcionais específicos.

c) Hábitos motores estereotipados e repetitivos, por exemplo: agitação ou torção das mãos ou dedos, ou movimentos corporais complexos.

d) Obsessão por partes de objetos.

B) Atraso ou funcionamento anormal em pelo menos uma das seguintes áreas, com início antes dos 3 anos de idade:

1) Interação social.

2) Linguagem usada na comunicação social.

3) Ação simbólica ou imaginária.

Ou seja, se a criança apresentar pelo menos duas características do item 1, e uma característica do item 2 e mais uma do item 3, e ainda mais duas características quaisquer, ela recebe o diagnóstico de autista.

Já nos critérios do DSM V, recentemente publicado em 2013, o Transtorno do Espectro Autista apresenta os seguintes itens, devendo o indivíduo preencher os critérios 1, 2 e 3:

1) Déficits clinicamente significativos e persistentes na comunicação social e nas interações sociais, manifestadas de todas as maneiras seguintes:

a) Déficits expressivos na comunicação não verbal e verbal usadas para interação social.

b) Falta de reciprocidade social.

c) Incapacidade para desenvolver e manter relacionamentos de amizade apropriados para o estágio de desenvolvimento.

2) Padrões restritos e repetitivos de comportamento, interesses e atividades, manifestados por pelo menos duas das maneiras abaixo:

a) Comportamentos motores ou verbais estereotipados, ou comportamentos sensoriais incomuns.

b) Excessiva adesão/aderência a rotinas e padrões ritualizados de comportamento.

c) Interesses restritos, fixos e intensos.

3) Os sintomas devem estar presentes no início da infância, mas podem não se manifestar completamente até que as demandas sociais excedam o limite de suas capacidades.

Tanto no DSM-IV como no DSM V estão presentes termos sempre enfáticos à falta de algo, à inabilidade, ao fracasso, ao déficit, a padrões de comportamentos homogêneos, a características que não são consideradas normais para um ser humano. Vale relembrar que a homogeneização é algo muito bem conhecido na história da humanidade, uma estratégia que tem em vista o controle do indivíduo pela sociedade (FOUCAULT, 1977).

Se explorarmos com atenção e criticidade os critérios diagnósticos para o Transtorno do Espectro Autista, veremos que ele declara o indivíduo com destaque reducionista de seu potencial de aprendizagem e desenvolvimento. O DSM não diz que esse indivíduo não aprenderá, mas realça tanto suas inabilidades e déficits num contexto generalizado de seu desenvolvimento que exprime à família, à escola a sensação de incapacidade de viver normalmente em sociedade.

Ora, justamente essa é a questão. Por que tamanha vazão ao que é normal ou anormal? O paradigma normalidade/anormalidade também foi construído histórica e socialmente pela sociedade que perpetua o produtivismo econômico, a hegemonia e a homogenia entre os indivíduos e seus grupos sociais.

Entretanto, milhares de pessoas não são ou não deveriam se tornar simplesmente a coisificação de características expressas em critérios diagnósticos universalistas, ainda mais de supostos transtornos psíquicos, em sua maioria sem validade, mas sim criados por meio de consensos entre um grupo de profissionais, sendo que diversos profissionais desta mesma categoria, ou seja, da própria psiquiatria, discordam com o que foi engendrado.

O ser humano é por si só complexo, singular, e no que se trata do desenvolvimento, todas as coisas são pertinentes e contam. Logo, não é possível dizer com certeza de que certa habilidade é mais importante do que outra, e que certas inabilidades comprometem o indivíduo como um todo. Segundo Donnellan,

> Para compreender melhor o desenvolvimento dos organismos é preciso pensar que somos sistemas complexos e cooperativos que se auto-organizam. [...] O desenvolvimento não é pré-organizado, mas contextualizado. Funciona dentro de um contexto, de um corpo e de um ambiente. [...] Todas as habilidades vêm à tona e se manifestam na medida em que o contexto solicita e fornece os meios apropriados. Todos possuem um raio muito amplo de habilidades. Não seria útil saber fazer as coisas somente de um determinado modo. O conhecimento flui por meio do contexto. [...] Tudo é conhecido e se faz conhecido em certo tipo de contexto, seja emocional, físico ou outro qualquer. A principal implicação disso liga-se ao modo como se apresenta aos pais a questão da diferença no desenvolvimento (p. 86-87).

E o processo de coisificação do indivíduo pela disseminação dos critérios diagnósticos costuma se iniciar quando ele ainda nem possui formalmente o laudo diagnóstico, mas é suspeito de ser autista. Em nossa experiência, em muitas ocasiões, professores e graduandos de licenciaturas nos abordam com as seguintes perguntas: "Tenho um aluno que nunca me olha nos olhos e não gosta de brincar com os colegas, você pode me dizer se ele é autista?", "Tem uma criança de 3 anos que ainda não fala e sempre brinca com o mesmo brinquedo, será que ela é autista?", "Há uma criança de 4 anos na escola que sempre está sozinha, nunca responde quando a chamam, chora muito quando não fazem o que ela quer, será que ela é autista?"

Em outro contexto, quando os familiares são abordados para receberem o laudo diagnóstico de seu filho, cujo quadro sintomático e observação comportamental foram o suficiente para o diagnosticarem como autista, de modo geral recebem a notícia já sendo surpresos com diversas profecias fundamentadas nos critérios diagnósticos do DSM. Esses presságios dizem respeito ao muito que ela não conseguirá fazer, evidenciando que há algo de errado com a criança. Não seria preferível que esses profissionais dissessem aos pais que essa criança tem uma condição singular e necessidade de muito apoio, oportunidades, vivências para melhor aprender e se desenvolver? Dizer que a complexidade é própria da espécie humana, mas para a criança, para a pessoa com as singularidades do autismo, algumas coisas podem ser particularmente mais complexas, portanto são necessárias outras estratégias que venham ao encontro de seu processo de aprendizado e desenvolvimento?

Segundo Bakhtin, quando o ser humano é examinado, observado, analisado somente como um fenômeno natural, sem considerar suas especificidades e seu contexto, ele acaba por ser compendiado à anatomia e à fisiologia. Vejamos:

> As ciências humanas não se referem a um objeto mudo ou a um fenômeno natural, referem-se ao homem em sua especificidade. O homem tem a especificidade de expressar-se sempre, ou seja, de criar um texto. Quando o homem é estudado fora do texto, já não se trata de ciências humanas (BAKHTIN, 1992, p. 334).

Sempre nos recordamos das palavras de Gauderer sobre a função do médico no processo de investigação diagnóstica ser o de se empenhar para o desenvolvimento de metas e propostas terapêuticas que atendam as demandas de seu paciente. Após muitos anos estudando sobre o autismo e refletindo sobre a atuação médica, ele diz:

> "Mas será que não tem cura?" "Não, é só isto que podemos fazer". Este "só isto" é vivido por nós como fracasso, como se pessoalmente fôssemos incapazes, e isso é uma grande ameaça ao nosso saber. So-

mos, assim, obrigados a ser mais humildes. Tudo isso é vivido como grande ameaça, uma agressão aos nossos brios profissionais (GAUDERER, 1987, p. 167).

Todavia, a iatrogênese cultural é de tal maneira enraizada na sociedade que é mais aceitável crer, sem muitas inquietações, no diagnóstico que se impôs e naquilo que de modo histórico, cultural e social se construiu sobre o autismo e sua materialização sintomática no indivíduo, do que refletir criticamente que este diagnóstico é um laudo-padrão determinado de forma universalista. Portanto, ele indica que todos que o recebem são seres homogêneos cujas singularidades, subjetividade, história de vida, experiências vividas não denotam importância de serem levadas em conta, pois o que é explicitamente notado é o quadro sintomático do autismo, as descrições patológicas, e não o ser humano que tem sua identidade ocultada e aniquilada nesse processo de materialização e coisificação do indivíduo diagnosticado. Ao revés, o resultado do diagnóstico realizado deveria oferecer o saber sobre as singularidades do autismo, tornar para o ponto donde partiu para não se forjar nos limites reducionistas do potencial do indivíduo, além de auxiliar na constituição de requisitos sociais para galgar com qualidade os alvos necessários para a construção e desenvolvimento de habilidades e novos saberes.

A respeito da questão do diagnóstico do desenvolvimento e clínica relacionada à criança que apresenta uma infância difícil, Vygotsky comenta:

> A tarefa da metodologia não consiste só em aprender a medir, senão também em aprender a ver, a pensar, a relacionar, e isto significa que o excessivo temor aos chamados momentos subjetivos na interpretação e a tentativa de obter os resultados dos nossos estudos de modo puramente mecânico e aritmético, como ocorre no sistema de Binet, são errôneos. Sem a elaboração subjetiva, isto é, sem o pensamento, sem a interpretação, sem a decifração dos resultados e o exame dos dados, não existe investigação científica (1997, p. 316).

Desde Vygotsky[1] até o repertório teórico de Foucault e Illich, é possível perceber criticamente as limitações existentes nos paradigmas científicos utilizados pela medicina moderna, especificamente, pela psiquiatria, diante da complexidade do comportamento e do conjunto das características psíquicas do ser humano. Ou seja, a questão aqui não é a inexistência do autismo, mas aquilo que se construiu na história e cultura da sociedade sobre ele a partir dos critérios diagnósticos utilizados como instrumentos inerentes ao paradigma científico da psiquiatria moderna.

---

1. As obras de Vygotsky foram fortemente constituídas entre o período de 1924 a 1934, início do século XX.

Finalizando, em razão da supervalorização dos diagnósticos baseados apenas na observação comportamental, como é o caso do diagnóstico do Transtorno do Espectro Autista, é que hoje vivenciamos uma imagem exagerada sobre o que é uma criança autista, saltando sobre o contexto singular de que ela pode ser uma criança com autismo, ou seja, antes de mais nada ela é uma criança, um ser humano, um sujeito com possibilidades de aprender, o que é próprio da espécie humana. Essa atitude altamente valorizadora dos diagnósticos resulta grande equívoco por parte de educadores e familiares que terminam por crer que tais crianças são sempre hiperativas, agressivas, alienadas, desafiadoras, sem condições de aprender, imersas em seu mundo inacessível e até mesmo uma ameaça para outras crianças, e que, por isso, devem frequentar espaços terapêuticos institucionalizados marcados pela segregação.

3 DE OLHOS BEM ABERTOS: O CUIDADO COM A PRESENÇA E O PODER DO DIAGNÓSTICO NO ESPAÇO ESCOLAR

É fato que os pais buscam saber o que seus filhos apresentam de diferente das demais crianças. No caso de crianças com os sintomas do autismo, não é diferente. Pelo contrário, há pais que passam meses e até anos de corredor em corredor nas mais diversas clínicas atrás de algo que explique sobre a razão de seu filho se comportar de modo estranho e muito distinto.

Todavia, tanto na rede pública como privada, há profissionais da educação que exigem que os pais apresentem o laudo médico para que a criança possa ter acesso ao Atendimento Educacional Especializado, ou a frequentar classes com turmas com um número menor de alunos ou mesmo para ter seu processo avaliativo diferenciado. Ou seja, não é a avaliação pedagógica realizada pelo professor junto ao seu aprendiz que dará o aval e a legitimidade para a criação de melhores estratégias para o processo de ensinar e aprender da criança, mas sim o laudo médico, fundamentado nos critérios diagnósticos do DSM-V que adentrarão ao espaço escolar e decidirão sobre o que será oferecido ao aluno rotulado. Nas palavras de Werner Jr.,

> Infelizmente, mesmo aqueles que lutam pela inclusão social do deficiente buscam, incessantemente, o apoio de diagnósticos e classificações como instrumentos fundamentais para abordagem do deficiente (*a priori* natural). Esse fato fica bem demarcado na dependência do educador às avaliações médicas, neuropsicológicas, em que ele procura referência (diagnóstico médico, teste de QI, nível de atenção) para planejar o processo pedagógico, que se torna cada vez mais centrado na deficiência do aluno do que no processo de interação social.

> Não se trata aqui de incompetência do professor, mas da incorporação passiva, porém efetiva, de concepções relacionadas à medicalização da vida, aplicadas à educação (2010, p. 72).

Nesse contexto, é possível que o aluno diagnosticado com Transtorno do Espectro Autista corra o perigo ou o golpe de passar a não ser mais apercebido como criança, como ser único e complexo, o que é próprio do ser humano. Não obstante, sua chancela biológica é sobressaltada e revelada como agente determinante para seu insucesso no decurso de seu aprendizado. A ocultação de sua identidade pela materialização do quadro de sintomas pode ser entendida como um modo cruel de destacar o que se constituiu como anormal pela sociedade hegemônica e homogênea, atravancando as possibilidades de aprendizado e o desenvolvimento da criança com autismo junto a outras crianças em espaços não segregadores.

O apego da escola, dos professores ao laudo clínico, com ênfase nos fatores biológicos, resulta em justificativas semelhantes a esta, quando questionamos uma professora sobre sua prática pedagógica junto aos seus alunos: "[...] com aquele aluno eu ainda não sei o que vou fazer, pois o diagnóstico dele ainda não está fechado". Esse fato apresenta o quanto a escola está sob a dependência da medicina para se sustentar no diagnóstico e se expropriar de sua responsabilidade pela educação de seu aluno, como se esse instrumento clínico trouxesse inspiração e respostas para o desenvolvimento de metodologias e atividades pedagógicas apropriadas para cada um dos alunos. Toda vez em que os sintomas ou a patologia são sobressaltados em detrimento do sujeito, ou devam ser combatidos como características anormais, o ser humano, no caso, a criança no contexto escolar, acaba sendo sombreada, esquecida, marginalizada.

A cada decisão de tão somente modificar comportamentos entendidos como anormais (estereotipados) e utilizar medicamentos para reduzir o que incomoda o outro que se vê socialmente como normal, essa criança possivelmente padecerá de sonolência, quietude, inércia que a privarão de desenvolver habilidades diversas junto com seus demais colegas. E por este sintoma provocado pela medicalização, ela será discriminada como indiferente, sendo que, na verdade, esse sintoma é um efeito colateral produzido pela medicação.

Os critérios diagnósticos que enumeram vários comportamentos constados como inadequados, a saber, o comportamento agressivo, hiperativo, ansioso, eufórico, dentre vários outros presentes no quadro sintomático, na verdade também estão presentes na vida do ser humano que os manifesta, dependendo das circunstâncias as quais esteja sujeito. Ora, podemos então considerar que uma criança com autismo pode estar muito inquieta por sentir-se mal por algum motivo. Ou pode estar enraivecida por não estar sendo atendida pelo seu professor em razão de sua dificuldade em se expressar de maneira que o professor a compreenda. Ou pode estar fazendo birras por estar contrariada com atividades ou situações impostas que a frustram ou que não deseja fazer naquele momento por um motivo ainda desconhecido pelo seu professor. Ou se mostrar eufórica porque está vendo algo que a impressiona, mas que ninguém está percebendo naquele instante, e por isso não tem motivo para a euforia. Ou pode se apresentar arredia por sentir algum tipo de dor ou mal-estar. Enfim, não é o Transtorno do Espectro Autista que está dentro do espaço escolar e em frente ao professor, é uma criança, um adolescente, um jovem que tem sua história de vida, sua personalidade, seus desejos, suas frustrações, seus encantos e desencantos, suas dificuldades, suas habilidades, suas preferências, sua subjetividade e que também vive com as singularidades do autismo que se encontra nesse espaço para conviver com as demais pessoas. Nas palavras de Grandin,

> Nos últimos tempos, tenho lido o suficiente para saber que ainda existem muitos pais e, também, muitos profissionais para os quais "uma vez autista, sempre autista". Esse aforismo se traduziu em vidas tristes e desalentadas para muitas crianças que, como eu, receberam logo o diagnóstico de autistas (1999, p. 17).

Neste sentido é importante destacar o perigo que a supervalorização ao diagnóstico pode trazer para o espaço escolar, espaço este que é direito legal de toda criança, espaço que deve ser dedicado a momentos de aprendizagem vivenciada e compartilhada e ao exercício da cidadania que se faz pela valoração à solidariedade, ao companheirismo, pelo respeito às diferenças e diversidades presentes, pelo acolhimento do outro e o fazer sentir-se pertencente ao grupo.

Quando o espaço escolar é tomado pela materialização do autismo resultante do diagnóstico clínico, ele passa a aniquilar as possibilidades de uma prática pedagógica inovadora e não excludente, desprezando a presença do que é singular na aprendizagem e no desenvolvimento de seu aluno com autismo. A isto também damos o nome de preconceito, discriminação, estigmatização como formas de barreiras atitudinais pró-exclusão.

Não estamos dizendo que o laudo diagnóstico prescrito pelo profissional da saúde deve ser ignorado e que este não deve ser procurado pelos pais para melhor conhecimento sobre as singularidades de seu filho. Porém, estamos alertando os enunciados que este laudo diagnóstico fundamentado no Manual Diagnóstico e Estatístico organizado pela Associação Americana de Psiquiatria (APA), de característica universalista, podem provocar em termos iatrogênicos na vida da criança, do aprendiz com autismo, quando a escola passa a olhar mais para o que está predito no Manual do que olhar para a criança, para seu aprendiz, um ser único e complexo, de maneira a vê-lo como um ser humano e não como o autismo materializado.

O diagnóstico presente no DSM, enquanto instrumento de avaliação clínica, pertence ao médico, profissional da área da saúde. Não cabe ao professor, profissional da área da educação, aquele que constrói e descobre estratégias e métodos para o processo de ensinar e aprender, a supervalorizar o diagnóstico clínico, nem se pôr indiferente a ele. Ao professor está o desafio, a missão, o trabalho próprio de seu mister de originar e oportunizar aprendizagens àqueles que estão sob sua responsabilidade, cada qual com suas diferenças e demandas singulares com ações não excludentes a partir da organização da atmosfera social a favor da construção de uma aprendizagem farta de sentido e significado para todos os seus aprendizes.

É desejável que a comunidade escolar desconstrua seu preconceito (pré+conceito) ou seja, desconstrua suas ideias edificadas antecipadamente e sem fundamento, apenas apoiadas nos dizeres do diagnóstico universalista do Transtorno do Espectro Autista. Ao contrário, é apetecível que a comunidade escolar abra sua mente para conhecer seu aprendiz, a criança, adolescente, jovem que é acompanhada pelo autismo e suas particularidades, e que dia a dia a conheça melhor para compreendê-la como um sujeito que aprende, um sujeito constituído pela presença dos fatores biológico, cultural, histórico, social, além das singularidades trazidas pelo autismo.

Urge a necessidade de a comunidade escolar rejeitar a ideia de se expropriar da educação da criança em razão de concepções reducionistas do potencial de aprendizagem da mesma, sustentados em correntes teóricas perpetuadas pela cultura da hegemonia e homogenia que supervalorizam os aspectos biológicos como fatores determinantes da aprendizagem e do desenvolvimento.

Sem delongas, é preciso que a comunidade escolar não se desresponsabilize do processo de aprendizagem do aluno com autismo ou de qualquer aluno, alegando inopinadamente que não está preparada para receber tais alunos e utilizando como instrumento legal para tal justificativa o diagnóstico clínico, o qual poderá ser usado para indicar espaços de segregação como a melhor opção para este indivíduo rotulado, estigmatizado, discriminado e marginalizado.

Ora, seria aceitável o fato de uma pessoa sofrer um grave acidente e, ao chegar ao pronto-socorro, o responsável por ele ouvir do médico em seu posto de trabalho dizer: "Lamento, mas não estou preparado para acudir e tratar seu ente querido!"? Assim como esperamos que a medicina se prepare continuamente para as questões da saúde humana e dê conta de aspectos complexos para melhor qualidade de vida das pessoas, o mesmo deve acontecer com relação à escola e seu desafio de acolher aprendizes com demandas singulares, dentre eles, os aprendizes com autismo.

A frase "não estamos preparados" não cabe como justificativa para que a comunidade escolar não se debruce em estudos e pesquisas para a construção de estratégias e metodologias que alcancem seus alunos, cuja diferença é mais saliente do que nos demais colegas. É fato que nunca estaremos totalmente preparados e por isso devemos sempre buscar alternativas, dentro de uma perspectiva de educação não excludente, para a construção de práticas pedagógicas que tanto no plano individual como no coletivo favoreçam a aprendizagem significativa e o desenvolvimento do aprendiz, sem, contudo, desconsiderar suas particularidades.

Sem demora é preciso que a comunidade escolar compreenda que o aprendiz com autismo necessita conviver com outros aprendizes sem autismo para que, em suas vivências, a coletividade possa colaborar para que ele seja um sujeito ativo de sua aprendizagem; para tanto, é necessário que realmente faça parte do grupo e seja envolvido pelas relações sociais genuínas, participando e compartilhando das diversas atividades propostas pelo professor e construídas por todos os aprendizes e sendo respeitado em seus limites e possibilidades.

Em lembrança a Vygotsky (1989) fazemos ressalva que é por meio das relações sociais com o outro que as transformações no desenvolvimento são promovidas. É no ambiente onde as relações sociais são privilegiadas que o aprendiz com autismo, junto aos seus demais colegas, poderá desenvolver distintas possibilidades de aprender. Tão claro, a ênfase maior jamais deve estar nos sintomas do autismo, naquilo que falta, no que está deficitário neste aprendiz, mas sim no potencial, nas habilidades identificadas a partir do conhecimento diário deste aprendiz, na vivência e na relação professor/aprendiz, aprendiz/aprendiz, que podem ser desenvolvidas oportunizando a existência concreta do sujeito que aprende.

Por fim, de olhos bem abertos a comunidade escolar, principalmente o professor, deve atentar para o risco de atribuir importância sobressaltada na crença de que ao manifestar indícios que se encaixilham nas características diagnósticas impressas no DSM, a criança com autismo está predestinada ao fracasso escolar. É essa crença que conduz muitos profissionais da educação e familiares a sobreavaliar e a ter uma concepção reducionista do potencial de aprendizagem desta criança, desta pessoa que é constituída por suas vivências culturais, sociais, históricas no contexto micro e macrossocial, sendo o Transtorno do Espectro Autista alguma coisa a mais em sua vida e não o aspecto mais importante que determina seu fracasso.

PARTE 3
Além do silêncio...

Sabiam que eu era diferente, mas não incapaz.
Uma porta abriu e eu atravessei.
Temple Grandin

Há uma ideia comum de que crianças com autismo demandam grande trabalho e atenção por seus familiares e também de seus professores e demais profissionais que possam conviver e trabalhar com elas. Isto é fato. Muitos professores se veem apavorados quando recebem a notícia, que terão um aluno com autismo em sua sala de aula. Dezenas de pais sofrem por não saberem como orientar seus filhos, muitas vezes por mal conseguirem compreender o que eles desejam expressar.

Dedicamos esta parte da obra para conhecermos alguns relatos de pessoas com autismo e de seus familiares sobre esta condição tão singular e ainda inigualavelmente "misteriosa" para a sociedade do século XXI. Chamamos à atenção que os casos narrados não devem ser estendidos ou generalizados a todas as pessoas com autismo do planeta. Há casos e casos, prevalecendo sempre a singularidade única de cada ser que, por si só, já é um universo complexo; além do mais, todas as possíveis questões a serem consideradas não se esgotam nesses casos que aqui são mencionados.

Algumas das histórias apresentamos de maneira mais completa e rica em detalhes em razão do acesso às biografias e autobiografias publicadas, outros relatos são mais pontuais, resgatados de notícias e entrevistas divulgadas. No entanto, cremos que, como professores, devemos e podemos aprender constantemente a partir de vivências compartilhadas com generosidade por essas pessoas. Imergir no conhecimento sobre esse sujeito como centro do processo de ensinar e aprender é essencial para evitarmos equívocos provenientes da imediata crença e supervalorização dos laudos diagnósticos que rotulam e introduzem a criança com autismo ao fracasso escolar.

Por meio das narrativas históricas elas nos apresentam suas dificuldades, suas angústias, seus desabafos, seus abismos interiores, os desertos por onde andaram. Mas também nos comprazem com suas superações, seus caminhos trilhados rumo às conquistas, suas habilidades descobertas, suas fugas da prisão do diagnóstico profético, suas habilidades desenvolvidas com muita perseverança, suas maneiras peculiares de se expressar, suas belezas incontestáveis, seu mistério, suas esperanças, suas singularidades, tendo o autismo como uma de suas condições subjetivas como ser humano.

1 TIMOTHY ARCHIBALD E SEU FILHO ELIJAH (ESTADOS UNIDOS, 2006)

O fotógrafo Timothy começou a fotografar o filho aos 5 anos de idade em razão de suas frustrações e tristezas por vivenciar o desespero de Eli[1], um menino com autismo. Com o intuito de sentir que estava fazendo algo pelo filho, ele desenvolveu uma série de fotografias íntimas e originais para tentar granjear sua essência.

Imagem 1

1. Imagens 1 e 2: As fotos podem ser vistas no website http://www.timothyarchibald.com/personal-projects/echolilia-/1/thumbs-caption/ com os direitos autorais de Timothy.

Ele intitulou sua obra de *Echolilia: sometimes/Wonder*, publicada em 2010 (ARCHI-BALD, 2010). A princípio o projeto era apenas de Timothy, mas depois tornou-se de ambos pelo envolvimento de Eli. Segundo Timothy, nenhuma das imagens foi prevista ou planejada; ao contrário, foram rapidamente capturadas, pois Eli sempre está à procura de outras ocupações. Ambos assinam os autógrafos em seus livros. Segundo Timothy,

> "O que aconteceu com Eli e eu é que logo conseguimos uma base, uma história compartilhada. É como quando você sofre um acidente de carro e só você e seu amigo sobrevivem, é criado um vínculo, ocorre uma aproximação. Aconteceu isto quando *Echolilia* nasceu e não existia nenhuma ligação entre nós", disse o fotógrafo (BBC Brasil, 2013).

Imagem 2

O pai relata que atualmente, não se preocupa mais com o diagnóstico proferido ou com o "peso" do termo autismo. Ele se concentra naquilo que considera o mais importante: a relação entre ambos. Eli também se interessa por beisebol e *videogames*.

2 DAN SPITZ E SEUS FILHOS GÊMEOS BRENDAN E JADEN (ESTADOS UNIDOS, 2007)

Dan é guitarrista, fez parte da banda Anthrax, atualmente pertence à banda Red Lamb. Pai de filhos gêmeos idênticos, ambos com autismo. Dan é inconformado com o diagnóstico de seus filhos e diz em uma entrevista ao *Examiner* (2012):

> Meus filhos não nasceram autistas. Eles falavam aos 9 meses, caminhavam, alimentavam-se normalmente. Mais tarde, lá por 1 ano e 4 meses, começaram a desaprender tudo rapidamente. Um dos principais exames é que não há exames para diagnosticar. Estamos submissos a algo que é uma epidemia global.

Imagem 3

Dan[2] com sua banda Red Lamb lançou em 2012 o clipe *Puzzle Box* (Caixa do Enigma) que trata sobre a questão do autismo. Seus filhos aparecem no vídeo em cenas realizadas em casa. A primeira cena do clipe mostra uma caminhada dos membros da organização Autism Speaks. Numa outra parte do vídeo o cenário é a própria casa de Dan, onde seus filhos participam. A última parte é realizada na mansão semelhante a um castelo francês, The Scully Estate, em Long Island, na cidade de Nova York.

---

2. Imagem 3: Dan Spitz e seu filho recuperada do website http://www.hodinkee.com/blog/interview-meet-dan-spitz-anthrax-guitarist-turned-master-watchmaker

Dan e sua banda estão envolvidos em uma campanha para a divulgação e conscientização sobre o autismo. Por meio da música eles conclamam as famílias americanas para observarem atentamente as estatísticas da incidência do autismo que aumenta significativamente. O site da *Red Lamb* traz informações sobre o autismo e chama a atenção sobre a não existência de exames clínicos para um diagnóstico preciso e precoce.

Em sua entrevista ao *Examiner* (2012) Dan desabafa comentando o quão difícil é sua vida em casa sendo pai de crianças gêmeas com autismo. Ele conta que suas músicas são compostas com muita dor, e a reflete em razão dos momentos difíceis pelo quais já passou. Ele expõe um pouco de sua vida com seus filhos de maneira dramática e sofrida. Segundo ele:

> Quando nossos filhos saem de casa, eles não sabem seus nomes. Eles não conseguem simplesmente sair pra entrar no carro. Eles podem literalmente ter o que chamamos de colapsos. O filho de alguém pode ter um ataque de birra, mas nos nossos é mais sério, e pode acontecer com qualquer mudança na rotina de vida diária deles. A rotina tem que ser exatamente a mesma. Para colocá-los no carro é uma difícil passagem de um lugar para o outro, pois eles podem se jogar no chão da garagem e se machucar. A qualquer momento preciso fazer uma pausa em casa para cuidar deles, pois isto vem em primeiro lugar. Meu mundo opera de maneira diferente.

Dan recentemente anunciou estar sofrendo do Mal de Parkinson, mas continua sua batalha em prol de maiores investimentos em pesquisas sobre autismo.

3 Christopher Duffley (Manchester, EUA, 2001)

Christopher nasceu com apenas 26 semanas, em estado crítico e com peso de 0,508kg. Os médicos anunciavam à família de que o bebê não sobreviveria àquela noite. No entanto, sua família se dedicou a pedir a Deus pela vida de Christopher. Sua mãe era usuária de drogas e álcool e, por esta causa, quando ainda era um bebê foi levado para um orfanato. Os médicos identificaram que havia cocaína no organismo do menino, além de outras complicações clínicas, e isso era algo grave.

Posteriormente, em 2002, seus tios, já pais de quatro filhos entre 8 meses a 8 anos de idade naquela época, receberam a "guarda" para cuidarem e criarem o sobrinho. No entanto, sua família teve um grande desafio para encarar e superar, pois Christopher era cego em razão de uma "retinopatia da prematuridade" e recebeu o diagnóstico de autismo ainda pequeno. Segundo a família, ele quase não falava, mas quando começou a cantar era como se fosse algo mágico e muito puro, numa tonalidade musical perfeita.

Certo dia, com apenas 4 anos de idade, na igreja que frequentava, Christopher segurou o microfone e cantou de modo angelical a canção *Open the eyes of my heart*. A partir deste momento, não cessou mais de entoar canções.

A música, eixo de interesse de Christopher, é um canal de comunicação pelo qual ele tem se expressado de maneira singular. A princípio ele se apresentava mais arredio e contido; porém, a partir de suas vivências em meio às canções, passou a melhor se soltar, relaxar, sorrir e interagir. A partir desse seu processo de aprendizado com a música, ele também se desenvolveu melhor em outros aspectos.

Imagem 4

Eu gostaria muito que este livro fosse interativo e que tivesse uma tela em que você, leitor, pudesse tocar e ouvir Christopher[3] cantar, pois é lindo! No entanto,

---

3. Imagem 4: Christopher Duffley. Recuperada de https://www.facebook.com/ChristopherDuffley/photos/a.693085467386976.1073741826.144958065533055/827397403955781/?type=1&theater

constam na internet[4] vários vídeos do jovem cantor que podem ser acessados e apreciados. No momento em que foi realizada a foto da imagem ao lado, Christopher falou: "eu sinto o vento soprando através de mim. Lindo dia hoje!"

Atualmente, além de ser convidado para cantar em várias conferências, ele também toca piano, teclado e já gravou um CD.

4 Jonathan Lerman (Nova York, 1987)

Em entrevista ao *New York Times* (BLUMENTHAL, 2002) em janeiro de 2002, a mãe de Jonathan, Caren, uma enfermeira, narrou que o desenvolvimento de seu filho foi "normal" até os 2 anos de idade. De repente, foi como se ele estivesse se escapando de suas mãos e imergido a prolongados silêncios. Assustados com os comportamentos estereotipados e outros sintomas próprios da síndrome, seus pais o levaram a um neuropsiquiatra. Aos 3 anos de idade ele recebeu o diagnóstico de "Transtorno Autista Generalizado" e lhes foi anunciado que Jonathan, por toda sua vida, não se comunicaria corretamente com as pessoas e não compreenderia aquilo que visse, ouvisse ou sentisse, além de ter deficiência intelectual. Uma profecia alicerçada nos critérios diagnósticos para autismo.

Caren menciona que o filho fazia uso de gestos para comunicar suas necessidades e conhecia algumas palavras. Ao receberem uma visita em casa, o menino procurava uma parede para se encostar e olhá-los de longe. Quando alguém o chamava pelo nome, ele os ignorava. Alan, pai do garoto, comenta na entrevista que certa vez, quando foram ao circo, Jonathan simplesmente se serviu de pipoca de alguém da plateia. Outra feita, em um restaurante, dirigiu-se a um bolo de aniversário e pegou uma parte para si. Em uma ocasião, passeando próximo a um lago, Jonathan pisou sobre os banhistas, desejoso de alcançar seu manto. Os pais sempre se sentindo embaraçados, explicavam às pessoas que o filho era diferente. Narram que por certo tempo o filho desejava se alimentar apenas de hambúrgueres, batatas fritas e Coca-Cola[R], posteriormente, adicionou pizza, mas todos os pedaços precisavam ser de forma triangular, com pouquíssimo queijo e sem orégano. Jonathan parecia gostar de assistir TV e conhecia todos os personagens de um seriado. "Mesmo estando aparentemente não prestando atenção, ele sabia tudo o que acontecia", diz seu pai.

---

4. Informações recuperadas do website oficial de Christopher Duffley: http://www.christopher duffley.com/

Jonathan, a princípio, não demonstrava nenhuma aptidão específica por artes, mas gostava de pintar estranhos rabiscos. Seus pais passaram a ir com ele em museus para passear. Certo dia, o levaram ao Metropolitan Museum, e Jonathan tentou tocar os olhos em branco das esculturas romanas. Em sua visita à exposição Van Gogh Exhibition at the National Gallery of Art, em Washington, ele se mostrou hipnotizado ao contemplar as obras. E, ao passarem pela "Casa Branca", perguntou: "Hillary mora lá? Ken Starr e Mônica, também?"

Com a morte de seu avô em 1997, Jonathan muito se entristeceu e sempre perguntava aos pais onde estava e quando poderia ir visitar o avô lá no céu. Alguns dias depois sua mãe recebeu um telefonema de sua ajudante, dizendo: "Você precisa ver o que ele está fazendo!" A mãe Caren, replicou: "Ele fez de refém alguma criança?" "Não", disse a mulher, "ele está desenhando, e que desenhos!"

Imagem 5

Ao descobrirem a genialidade de Jonathan[5], seus pais procuraram entrar em contato com pessoas que trabalhavam com exposições em galerias de arte, porém ninguém se interessava em conhecer os desenhos do garoto. Kerry Schuss, da galeria KS Art[6], disse à mãe: "Senhora, ele tem apenas 10 anos de idade, deixe-o pintar". Não obstante, após conhecer o talento de Jonathan, confessou: "Quando vi suas obras mudei de opinião".

---

5. Imagem 5: Jonathan Lerman. Recuperada de http://laisladelosgenios.blogspot.com.br/2009/08/blog-post_22.html

6. Galeria KS Art: http://www.kerryschuss.com/

Aos 10 anos de idade Jonathan surpreendeu sua mãe e a todos que se encontraram fascinados com sua tremenda habilidade artística. Foi por meio da arte que o menino conseguiu romper com a forte tendência ao isolamento, próprias do autismo. Jonathan encontrou seu canal de comunicação com o universo exterior na aba do Expressionismo, por meio das diversas caricaturas por ele compostas, repletas de sentimentos, muitas vezes de alegria, outras de tristeza, e ainda, por vezes, cômicas. No livro *Jonathan Lerman: The Drawings of a Boy with Autism* (LERMAN & REXER, 2002) – "Os desenhos do menino com autismo", escrito por sua mãe e por Lyle Rexer, um crítico de arte dos Estados Unidos, há relatos sobre as façanhas artísticas de Jonathan e cerca de 50 de seus desenhos. Alguns críticos de Nova York chegaram a igualar sua arte com os famosos artistas Grosz e Bacon[7].

Imagem 6

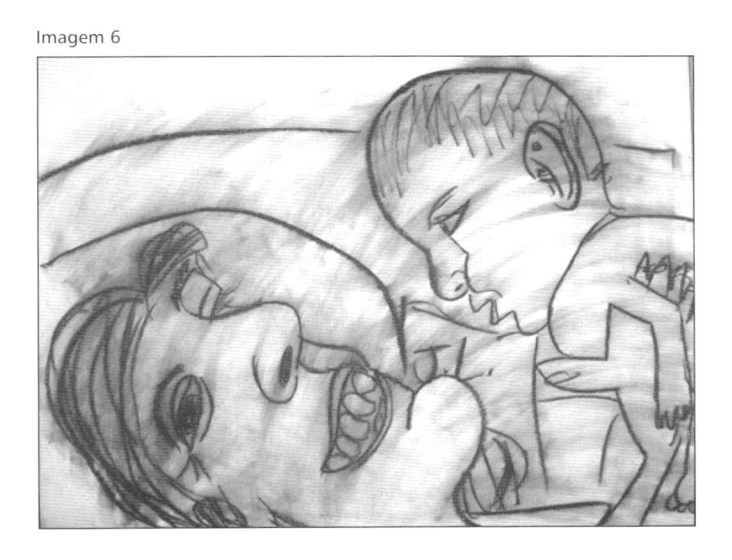

Apesar de seu talento notável, Jonathan demonstra dificuldade em conversar com as pessoas. Certa vez, visitando a galeria KS em Nova York, onde suas composições estavam sendo expostas, Jonathan passeou entusiasmado ao ver seus quadros nas paredes. No entanto, quando alguém lhe perguntava algo, ele não conseguia responder. Contudo, às vezes ele se punha a perguntar aos visitantes: "Olá, como é seu nome?" Outras vezes se aproximava da porta como se estivesse aguardando uma multidão que apreciou sua exposição no ano de 1999. Por vezes perguntava repentinamente: "Há alguém em casa?"

---

7. Representantes do Expressionismo. O Expressionismo compreende a "deformação" da realidade para expressar de maneira subjetiva a natureza e o ser humano. Prioriza a expressão de sentimentos relacionados à descrição objetiva e simples da realidade.

Jonathan continuou frequentando a escola. Ele consegue ler com rapidez, como se estivesse voando pelas palavras, mas muitas vezes sem compreensão sobre que está lendo. Ele se encantou pelo rock e se dedicou muito ao violão; no entanto, no desenho com carvão é que se encontra sua habilidade artística singular.

Alan, pai de Jonathan, um gastroenterologista, sempre se mostrava atento para chamar sua atenção. Perguntava ao filho: "Você está feliz? Se estás feliz, diga-me!" Mas não recebia resposta. Todavia, se alguém lhe solicitasse que fizesse um desenho, ele o fazia de imediato. Em certa ocasião, sentou-se e, com uma caneta e um álbum de CD em sua frente, desenhou a caricatura de Kurt Cobain, do grupo de rock Nirvana, o seu predileto.

O presidente do Departamento de Arte da Universidade do Estado de Binghamton, Nova York, Jhon Thompson, avaliou e enobreceu a obra de Jonathan como "verdadeiramente excepcional, caracterizada por uma surpreendente falta de estereótipos comuns aos desenhos de qualquer idade" (BLUMENTHAL, 2002). A partir da década de 1990, Jonathan abraçou um gênero mais amplo da arte, próprio dos surrealistas, denominada por Jean Dubuffet[8] de "Arte bruta".

Imagem 7

Jonathan já realizou diversas mostras de arte em importantes galerias[9] com suas estupendas composições. Participou de exposições individuais e coletivas.

---

8. Jean Philippe Arthur Dubuffet foi um pintor francês, viveu no período de 1901 a 1985. Foi o primeiro teórico da Arte Bruta e autor de expressivas críticas da cultura dominante.

9. Imagens 6 e 7: ambos os quadros de Jonathan Lerman aqui mostrados constam no site: http://www.artslant.com/global/artists/show/72164-jonathan-lerman

Seus quadros são valiosos e Jonathan já vendeu muitos deles feitos a carvão pela quantia de US$ 500 a US$ 1.200,00. Ele se mostra muito contente ao ver as pessoas apreciarem suas belas obras.

5 Derek Paravicini (Londres, 1979)

Derek nasceu apenas com 25 semanas de gestação e com menos de 1kg. Chegou a ter "morte clínica" por duas vezes. Tornou-se cego em razão da terapia com oxigênio a ele aplicada durante o período de tratamento intensivo neonatal. Consequentemente, teve seu desenvolvimento cerebral lesado, o que desencadeou graves comprometimentos em seu processo de aprendizagem. Ele recebeu o diagnóstico de autismo e *savant*. Sua história é narrada no livro *In the key of Genius: the extraordinary life of Derek Paravicini* (OCKELFORD, 2007).

Aos 2 anos de idade, numa tentativa de o distrair, sua babá lhe colocou nas mãos um antigo teclado de seu avô. O menino começou a dar palmadas no instrumento musical. Com o tempo passou a movimentar as mãos de modo sincronizado para cima e para baixo das teclas, iniciando a formação de acordes em pouco tempo. Aos 2 anos de idade, em certa ocasião, sua irmã saiu às pressas para chamar seus pais e disse: "Rápido, rápido, venham e vejam, Derek está tocando o hino que cantamos na igreja". Para todos tudo parecia um grande milagre, pois ele teria sofrido uma grave lesão no cérebro.

Percebendo o talento do filho, seus pais o matricularam numa escola de música para pessoas com deficiência visual, a Linden Lodge School, em Londres. Logo no primeiro dia, Derek saiu correndo à frente dos pais e, ao ouvir o som de um piano, impingiu a pessoa que estava tocando, Adam Ockelford, para tocar em seu lugar. Este último, que posteriormente se tornou seu grande mestre na música. O que era para Derek levar semanas para aprender a partir do plano de aula organizado por seu mestre, levou na verdade algumas semanas. Segundo Ockelford (2007),

> Seu fascínio por referências sonoras abstratas, as milhares de horas passadas somente ouvindo durante os primeiros 20 meses de sua vida, em grande parte não contagiadas pela compreensão, foram responsáveis pela ocorrência de milhões de conexões neuronais. E são estas conexões que já estavam por respaldar o surgimento de uma musicalidade prematura.

Aos 4 anos de idade Derek assombrava as pessoas com a complexidade melódica e harmônica com que era capaz de tocar. E ele gostava de tocar "bem alto"!

Derek tem a habilidade denominada "ouvido absoluto", ou seja, ele pode ouvir qualquer nota musical, identificá-la e depois produzi-la novamente, mesmo que seja em um acorde constituído por 10 notas musicais. Ele também demonstra ter uma memória excepcional. Não obstante, Derek não apenas reproduz as notas musicais, ele também consegue fazer improvisos que elevam os ânimos de suas plateias. Derek impressiona a todos com seu talento musical.

Seu primeiro concerto musical foi aos 7 anos de idade no Tooting Leisure Centre, em Londres. Aos 9 anos, sua intimidade com o *jazz* e sendo acompanhado por uma orquestra filarmônica encantou aqueles que estavam presentes em um de seus concertos. Aos 10 anos de idade recebeu o prêmio infantil Barnardo's Children's Champion das mãos da Princesa Lady Di. Foi chamado para tocar por Tony Blair, Gordon Brown e Hugh Grant. Muitos dos *shows* de Derek[10] são beneficentes.

Imagem 8

Embora seja extremamente talentoso na área musical, as singularidades próprias do autismo o acompanham em sua vida. Ele apresenta certas dificuldades na área da linguagem e do pensamento mais abstrato, além da presença de ecolalia. Contudo, sua maneira de se expressar é excelente por meio da música. Em entrevista, Nicolas, seu pai, explica: "É uma compensação maravilhosa para suas deficiên-

10. Imagem 8: Derek Paravicini e Adam Ockelford. Recuperada de http://www.dailymail.co.uk/news/article-1278253/Human-iPod-Derek-Paravicini-Family-win-right-control-piano-prodigys--future.html

cias. Ele ama as pessoas e sua interação com elas é por meio da música e tocando algo para elas". E ainda, de acordo com Ockelford, "demorou muito tempo para ensinar Derek sobre estilos. Enquanto as peças são simples para ele compreender, o estilo é mais abstrato".

Aos 30 anos de idade, vivia em uma casa administrada pelo Instituto Nacional para Cegos em razão de sua necessidade de cuidados especiais, incapacidade de gerenciar sua vida sozinho, mas também por sua guarda ser disputada por sua família no âmbito judiciário.

Atualmente, Derek realiza diversos *shows* e já gravou um CD que traz belas melodias de diversos compositores, inclusive brasileiros. Ele também tem seu próprio site[11] com diversas informações sobre sua vida e trabalho. "Eu gosto quando eles me aplaudem", diz Derek. "Eu não fico nervoso antes de tocar."

6 MARY TEMPLE GRANDIN (ESTADOS UNIDOS, 1947)

Em seu livro *Uma menina estranha*, Temple Grandin (1999) nos traz relatos interessantes e muito importantes sobre suas experiências. Para ela, a época da puberdade é um agravante do comportamento de adolescentes com autismo. Ela diz: "Na infância eu era hiperativa, mas nunca havia me sentido 'nervosa' até chegar à puberdade. Nesta época o meu comportamento foi de mal a pior". As alterações sensoriais, assaltos de ansiedade e o desencadear de uma hipersensibilidade geral vieram após a menarca. Em seu depoimento, ela menciona algumas atividades que lhe davam certo alívio quando sofria "crises de colite" e "ataques nervosos". Essas atividades contemplavam exercícios físicos, trabalhos manuais, o uso de certos medicamentos e, inclusive, rodar em sua cadeira giratória.

Ela comenta que as turbulências hormonais da adolescência lhe causaram dificuldades. Era como se fosse sacudida para cima e para baixo. Esse período melhorou quando terminou a universidade e passou a tomar alguns medicamentos antidepressivos para se tranquilizar. Eis um trecho sobre algumas de suas experiências:

> As buscas frenéticas pelo sentido básico da vida são coisa do passado. Não fico mais fixada em uma coisa, já que não me sinto mais impelida. Durante os últimos quatro anos escrevi pouco em meu diário porque o antidepressivo me tirou muito do fervor. Com a paixão atenuada, minha carreira e meus negócios vão bem. Estando mais relaxada, entendo-me melhor com as pessoas, e os problemas de saú-

---

11. Website oficial de Derek Paravicini: http://www.derekparavicini.net/

de causados pelo estresse, como a colite, desapareceram. E, contudo, se a medicação tivesse sido prescrita para mim quando tinha vinte e poucos anos, poderia não ter alcançado tudo o que conquistei. Os "nervos" e as fixações foram grandes motivadores até esfacelarem meu corpo com problemas de saúde decorrentes do estresse (GRANDIN, 1986, apud SACKS, 1995, p. 280).

Com relação à compreensão sobre aquilo que a cerca ou sobre o que está acontecendo naquele momento, cremos que, quanto mais clara e objetiva se der a comunicação junto à pessoa com autismo, mais receptiva será e maiores serão as possibilidades de seu retorno. Isso é observável, tanto em casos daqueles com autismo de alto funcionamento como nos casos de autismo associado a outras patologias, que trazem consigo um déficit intelectual. De modo geral, eles demonstram ter dificuldades com metáforas e ironias. Para a maioria dos autistas, tudo tem um sentido literal e essa é uma das causas que fazem com que os sentimentos e as coisas abstratas sejam, para eles, tão difíceis de lidar.

Temple Grandin também comenta sobre a tendência de conceber o cérebro de forma modular e constituído por uma variedade de poderes computacionais isolados e independentes, atribuindo, por um lado, as habilidades incríveis que ela e outros autistas possuem, e, por outro, a falta extrema de outras capacidades a essa questão do cérebro. Seus estudos são profundos e concretos a respeito do autismo, chegando a ter uma substância teórica e prática empírica significante. Em uma de suas palestras, menciona Sacks (1995, p. 297), ela encerrou dizendo: "Se pudesse estalar os dedos e deixar de ser autista, não o faria — porque então não seria mais eu. O autismo é parte do que eu sou". Algum tempo depois, escreveu um artigo sobre o assunto:

> Adultos conscientes de seu autismo e seus pais ficam frequentemente irritados com esse distúrbio. Podem se perguntar por que a natureza ou Deus criou condições tão horríveis quanto o autismo, a psicose maníaco-depressiva e a esquizofrenia. No entanto, se os genes que causaram essas condições fossem eliminados, o preço a pagar poderia ser terrivelmente alto. É possível que pessoas com um pouco desses traços sejam mais criativas, ou mesmo gênios [...]. Se a ciência eliminasse esses genes, talvez todo o mundo fosse tomado por contadores (GRANDIN, 1996).

Em 2010 foi lançado um filme pela HBO sobre a vida de Temple Grandin baseado em seus livros *Emergence: Labeled Autistic* (GRANDIN & SCARIANO, 1996) e *Thinking in Pictures* (GRANDIN, 2008); as filmagens aconteceram no Texas, especialmente em Austin, sua capital. O filme é muito interessante, pois nos concede informações e exemplos claros que podem ser úteis para a melhor compreensão a respeito das singularidades da pessoa com autismo. Temple ressalta a importância do diagnóstico diferenciado e sem equívocos, do desenvolvimento de habilidades cognitivas e demandas para a qualidade nas adaptações sociais. Similar, mostra que a pessoa com autismo pode desenvolver habilidades acadêmicas, visuoespaciais e mecânicas, desmitificando a ideia destorcida de que autistas são incapacitados de aprender junto a outras pessoas. Por outro lado, é importante dizer que o caso de Temple não deve ser estendido e generalizado a todas as pessoas com autismo, pois a individualidade de cada ser humano sempre é única. Portanto, nem todas as pessoas com autismo desenvolverão as mesmas habilidades ou terão as mesmas dificuldades, o que é certo é que todas têm possibilidades de aprendizagem.

Um dos propósitos deste livro é o incentivo aos educadores para o estudo contínuo sobre a pessoa com autismo, sempre destacando as possibilidades de aprendizagem e convivência social. Uma de nossas maiores preocupações é o estrago que uma imposição diagnóstica pode trazer à pessoa com autismo e sua família. Quando Temple tinha 4 anos de idade, sua mãe a levou ao médico, porque ela se comportava diferente e ainda não falava como as outras crianças de sua idade. O médico então informou à mãe que a criança era autista, que provavelmente não iria falar e que o recomendável seria interná-la futuramente em um manicômio. Talvez possamos considerar que esse prognóstico para o ano de 1951 fosse claro e pertinente, dado o contexto social e científico daquela época. No entanto, verdadeiras sentenças condenatórias têm sido realizadas a partir de diagnósticos emitidos hoje, 62 anos após o diagnóstico e prognóstico dados para a Temple. Os critérios diagnósticos do DSM-IV, DSM-V e, agora, da CID 11 para o Transtorno do Espectro Autista têm sido motivo para profecias sobre as muitas incapacidades de nossas crianças com autismo e justificativa para serem segregadas em instituições especializadas e classes onde não são privilegiadas as relações sociais junto a outras crianças sem autismo. Em capítulo posterior, discutiremos melhor esta questão.

Acerca do filme, é possível perceber a habilidade, a singularidade de Temple em "pensar por imagens", seu pensamento sempre conectado às imagens que dão sentido às palavras. Uma das cenas mais lindas para nós é quando sua nova colega de quarto da faculdade solicita ajuda para ir ao local onde todos podiam assistir a um determinado seriado da época. Sua colega era cega e, com seu pedido de ajuda, Temple concede e vence, neste momento, sua dificuldade em se deixar ser tocada por outra pessoa, oferecendo-lhe seu braço como auxílio. Juntas assistem ao seriado e Temple, sensível como é, narra à colega as cenas onde não há falas, nem sons. Percebendo que sua colega guarda em sua mente muitas vozes, muitos sons e se recorda de lugares através dos sons que ouve, como também reconhece o estado de espírito de Temple a partir de sua entonação de voz, Temple lhe diz: "Somos iguais, você tem sons e eu imagens!" Momento ímpar em que as diferenças de cada uma se somam, deixando claro que a segregação e a forte tendência em concentrar os estudantes com autismo em classes homogêneas onde as relações com o outro são limitadas não é a melhor opção para sua aprendizagem e desenvolvimento com qualidade.

Temple teve várias dificuldades em seus relacionamentos com seus colegas de escola e também dificuldades para aprender determinadas coisas que para ela fugiam à lógica. Nos momentos difíceis ela relata a necessidade que sentia de receber um abraço forte, contudo, não conseguia se expressar de modo que sua mãe ou outra pessoa pudessem lhe dar esse abraço.

Nesse contexto, ainda na adolescência, Temple percebeu que poderia criar uma máquina de abraçar e com sua habilidade singular de visualizar formas ela projetou em sua mente a "máquina do abraço" a partir do conhecimento que tinha sobre um equipamento chamado brete, usado no manejo de gado. O brete era de constituição rústica e mantinha o gado apertado durante o processo de encaminhamento para o abate. Após testar esse aparelho em si mesma, Temple, com o apoio de seu professor da escola rural que frequentava, passou a se dedicar ao estudo do melhor tratamento para o bem-estar do gado e para si mesma, quando, algum tempo depois, desenvolveu sua "máquina do abraço". Abaixo, um desenho realizado por Temple de duplo *deck* e rampa que conduziria o gado.

Após cursar a faculdade e a pós-graduação, foi reconhecida como uma grande especialista em abate humanitário. Em certa ocasião Temple disse: "Paradoxalmente, era no matadouro que eu estava aprendendo a dar afeto".

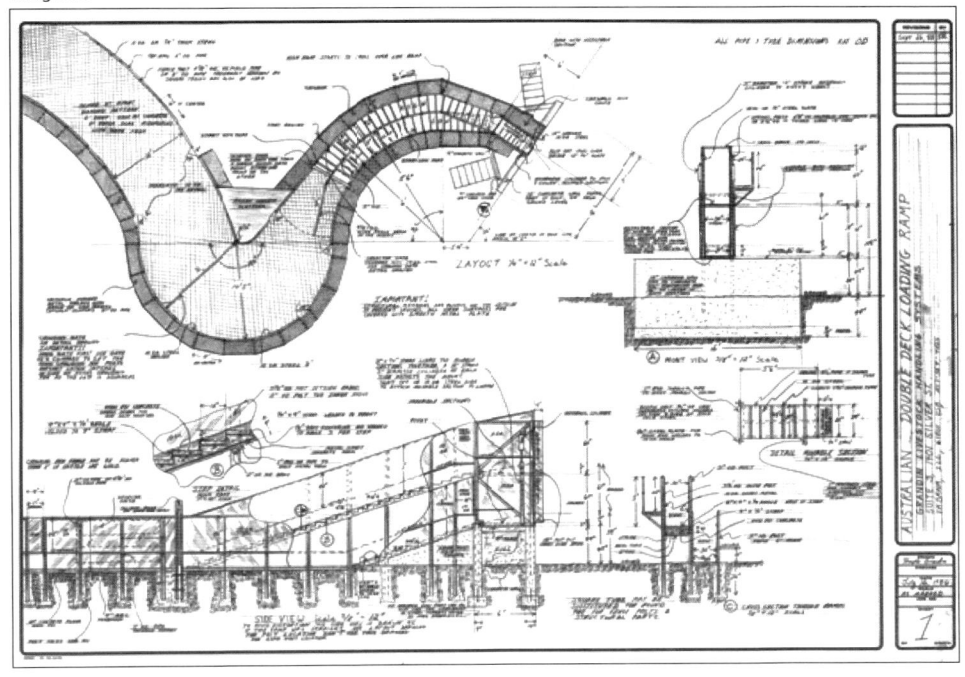

Em 2010 foi gravada uma palestra com Temple Grandin intitulada "O mundo precisa de todos os tipos de mente". Essa palestra pode ser encontrada nos sites de busca na internet. Neste cenário, vamos aproveitar para comentarmos algumas colocações e ponderações de Temple sobre o autismo.

Ela disse firmemente aos presentes: "Eu penso em imagens! Eu não penso em linguagem falada". Também enfocou que as pessoas com autismo se prendem aos detalhes e que é importante que as demais pessoas não se esqueçam disso, ou podem prejudicar o desenvolvimento ou uma ação de alguém com autismo. Ela também enfatiza que se preocupa com o quanto "as coisas" estão se tornando abstratas demais, deixando de fazê-las do modo mais concreto, com as próprias mãos, o que ressalta ser muito bom para as pessoas com autismo pelas habilidades singulares que têm.

---

12. Imagem 9: Temple Grandin – Australian Double Deck Loading Ramp (Auction Pice). Fonte: http://strokesofgeniusinc.org/yahoo_site_admin/assets/images/resAustralian_Double_Deck_Loading_Ramp_2.8154150_large.jpg

Ela também diz que pensar em imagens é como um filme passando em sua mente, que ela pensa em imagens e que ela pensava em "todo o mundo" em imagens, e em imagens específicas, nem sempre generalizadas para a maioria

Imagem 10

das pessoas. E que pensar em imagens a ajudou de maneira muito relevante para o desenvolvimento de seus trabalhos junto ao gado. Segundo ela, a mente de uma pessoa autista tende a ser uma mente especialista, "boa em uma coisa e ruim em outra".

Temple[13] chama a atenção para os diferentes tipos de padrões de pensamento:

1) Pensadores fotorrealísticos visuais (no qual ela se enquadra).

2) Pensadores em padrões, música e mentes matemáticas (menciona que algumas crianças manifestam dificuldades com leitura e que é comum que muitas sejam disléxicas).

3) Mente verbal – conhecem muitos fatos de coisas diversas, mas manifestam dificuldades com os sentidos, apresentam hipersensibilidade aos sons e luzes.

E ela afirma: "Mas o mundo precisará de todos os tipos de mentes para trabalharem juntas" e chama à atenção da importância de sua convivência com seu professor de Ciências, Dr. Carlock, da maneira como ele se dedicou a trabalhar

---

13. Imagem 10: foto de Temple Grandin recuperada de seu website oficial: https://www.facebook. com/drtemplegrandin/photos/a.45769559424247.112774.269621119716593/834006316611 401/?type=3&theater

para que ela desenvolvesse seus interesses (como em Ciências, p. ex.) e a desafiou a fazer algo que fosse interessante. Temple também alerta a importância das escolas trabalharem e fazerem uso das muitas coisas interessantes que há na internet, como tecnologia, para chamarem a atenção das crianças, dos estudantes com autismo. Afirma que as mentes de pessoas com autismo tendem a se fixar em algo, por exemplo, em carros; então, o professor deve procurar ensinar outras coisas, como, por exemplo, matemática, a partir desse imenso interesse e fixação do menino por carros. Aproveitar seu interesse com carros de corrida para trabalhar a questão do tempo, da velocidade e da distância entre determinado período. Que esta fixação por algo seja utilizada pelo professor como uma motivação para esta criança aprender e se desenvolver, inclusive para trabalhar em determinados serviços que possam colocar em prática essas suas habilidades, inclusive as habilidades sociais que têm sido uma das mais difíceis para as pessoas com autismo. "Mentores são essenciais", diz ela. Mentores dispostos a trabalharem coisas específicas com esses alunos e não simplesmente mandarem que façam um desenho qualquer. Ela também considera muito importante trabalhar com os interesses compartilhados com outras crianças sem autismo. Por fim, Temple conclui sua palestra dizendo: "Eu vi coisas que fizeram uma verdadeira mudança no mundo real. Precisamos muito mais disso e muito menos de coisas abstratas".

Temple Grandin (1947), diagnosticada com autismo de alto-desenvolvimento, é bacharel em Psicologia, tem mestrado em Zoologia pela Universidade Estadual do Arizona, Doutora em Zoologia pela Universidade de Illinois e é professora da Universidade Estadual do Colorado. Presta consultoria na área da pecuária, onde é altamente respeitada. É autora de vários livros e ministra palestras sobre autismo por todo o planeta.

7 Jerry Newport (Estados Unidos, 1948)

Jerry nasceu em 1948 e, quando criança, foi examinado por Leo Kanner. Em 1995 recebeu o diagnóstico de Síndrome de Asperger. Aos 31 anos de idade foi entrevistado por Jules Bemporad (1979) que, posteriomente, publicou um artigo a seu respeito. Jerry ficou conhecido pela sua habilidade em realizar cálculos matemáticos complexos sem o uso de qualquer equipamento.

Coll (1995) retrata as singularidades de Jerry, uma criança diferente das demais desde os primeiros anos de vida. Demonstrava desinteresse pelas pessoas, inclusive com sua própria mãe; chorava intensamente e manifestava dificuldades em relação a alimentação e ruídos diversos. Desenvolveu sua fala aos 3 anos de idade, porém, sem a capacidade de se comunicar com os outros. O desenvolvimento de sua memória e talento musical era notável. Aos 3 anos de idade se encantava com as composições musicais de Mozart e Bach. Logo aprendeu a escrever sem a ajuda de outras pessoas, mas sua fala se apresentava ecolálica e sem função comunicativa.

Aos 6 anos de idade Jerry se sentia mal pelas dificuldades no relacionamento com outras crianças, além de sofrer com muitos ruídos existentes na escola. Seu interesse pela matemática ocorreu a partir do 4° ano, com grande habilidade para operações de multiplicação. Aos 10 anos de idade ficou muito abatido em razão de ser humilhado por seu professor; como consequência, foi transferido para uma instituição residencial.

As dificuldades na interação social e com a gagueira o levaram à obsessão por exercícios aritméticos. Sua sensibilidade em relação a ruídos e odores se intensificou. Na juventude percebeu a solidão e o isolamento em que vivia e suas relações sociais eram superficiais.

Ao término de seus estudos demonstrava capacidade em realizar trabalhos e atividades, desde que lhe fossem passadas de modo bem detalhado. Entretanto, não distinguia outras coisas importantes de outras que eram irrelevantes. Segundo Coll:

> Casos como o de Jerry nos proporcionam um acesso privilegiado à compreensão do autismo e, por conseguinte, constituem uma premissa importante para a formulação de estratégias adequadas de educação e tratamento. Que meio temos que proporcionar à criança autista para diminuir seu medo, aumentar a previsibilidade de seu ambiente, aproximá-la de outras pessoas, permitir-lhe satisfazer-se através da relação, desenvolver seus modelos simbólicos? (1995, p. 282).

O caso de Jerry evidencia o quanto as dificuldades na interação social podem comprometer a qualidade de vida da pessoa com autismo, seja com que idade estiver. Investir na qualidade das relações sociais desde a tenra idade deve ser um alvo da família e da escola. Tecer redes colaborativas, atitudes solidárias e ações inclusivas devem ser um objetivo perpetuamente perseguido pelos professores desta e de todas as crianças, e não só das crianças na educação infantil, mas até o ensino superior. Não apenas daquelas com autismo, mas de todas que por algum motivo apresentam dificuldades nas relações sociais. Isto não é uma tarefa fácil, mas podemos afirmar que ela é possível se o centro do processo de ensinar e aprender for a qualidade das relações sociais com o aprendiz.

Jerry[14] é licenciado em Matemática pela Universidade de Michigan, foi membro da "Fraternidade Delta Chi" e trabalha como contador autônomo, além de ministrar palestras e escrever artigos para revistas sobre autismo e Síndrome de Asperger. Foi casado com uma jovem com Síndrome de Asperger chamada

Imagem 11

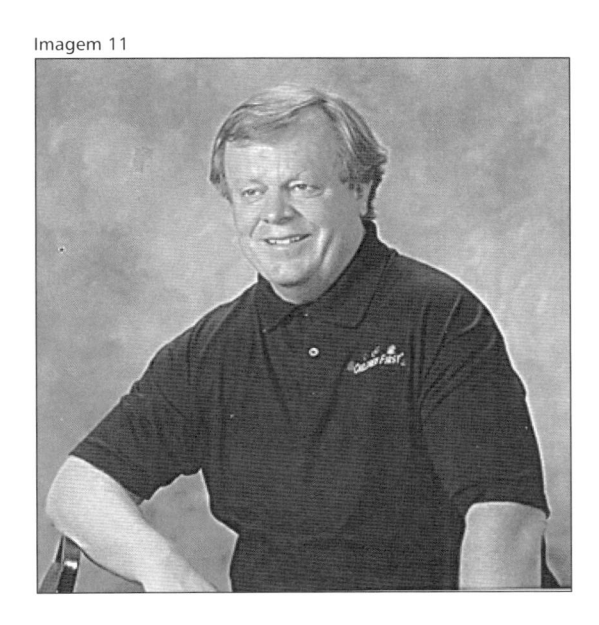

Mary Newport, e juntos escreveram o livro *Autism-Asperger's and sexuality pubert and beyond*, cujo o mesmo inspirou a realização do filme *Mozart and the Whale* (2004) baseado em sua história de vida, no Brasil traduzido como *Loucos de amor*.

8 STEPHEN WILTSHIRE (LONDRES, 1974)

Stephen nasceu em Londres em 1974, filho de pais indianos. Ele foi diagnosticado com autismo aos 3 anos de idade, apresentava pouca interação social e nenhuma linguagem oral. Posteriormente, as primeiras palavras ditas por ele foram papel e lápis. Somente com 9 anos de idade é que sua linguagem oral se consolidou.

Com a idade de 5 anos Stephen passou a frequentar a Queensmill School, uma escola para crianças com autismo que fica em Londres. Ali os professores perce-

14. Imagem 11: Jerry Newport. Recuperada de http://www.wrongplanet.net/article324.html

beram seu interesse e inigualável habilidade para desenhos. O talento de Stephen[15] também era a linguagem utilizada por ele para se comunicar com o "mundo". A princípio se interessou por desenhar animais, depois os carros londrinos que trafegavam em frente à escola e, finalmente, o que o faria conhecido em todo o

Imagem 12

planeta: seus desenhos de edifícios, representações magistrais da cidade, como esta abaixo, de Londres[16].

Imagem 13

---

15. Imagem 12: Stephen Wiltshire. Recuperada de http://www.thesunshinefoundation.co.uk/blog_entries/show/17/stephen_wiltshire_

16. Imagem 13: desenho de Londres, de Stephen Wiltshire recuperada de http://www.stephenwiltshire.co.uk/art_gallery.aspx?Id=1141

O realismo e a técnica de seus desenhos desde criança impressionavam a todos. Stephen participou de diversos eventos de arte, o que o levou a estudar desenho e pintura na London Art School. Em 1987 participou do programa *The Foolish Wise Ones*, da BBC de Londres, recebendo o título de melhor criança artista da Grã-Bretanha.

Alguns o nominaram de "A câmara humana" ou "Câmara vivente" por sua genialidade de desenhar a partir de cenas vistas por ele durante alguns segundos. Sua incrível mente é capaz de memorizar os mínimos detalhes de uma paisagem urbana a partir de um voo de helicóptero de apenas alguns minutos. Stephen viajou por muitas cidades do planeta, observando-as e as retratando de modo minucioso e admirável dado seu altíssimo nível de detalhamento. Sua genialidade é tamanha que ele não apenas realiza com perfeição o retrato das cidades que observa por alguns minutos, mas também acrescenta vida aos traços de cada cenário, marcando com sua personalidade suas obras de arte.

Os níveis admiráveis de produção e sua aptidão para retratar todo cenário e condições presentes nos locais por ele desenhados são muito apreciados pelos críticos de arte.

Stephen gosta muito de falar sobre sua galeria de arte em Londres e sobre as várias cidades que já visitou. É comum vê-lo sempre com seu *iPhone* ouvindo música enquanto faz suas criações. Em 2006 foi reconhecido pela Rainha Isabel II como um "Membro da Ordem do Império Britânico" por seus préstimos ao mundo da arte. No ano de 2009 sobrevoou Nova York por 20 minutos e depois realizou um desenho panorâmico detalhado da cidade em apenas três dias (OBVIOUS, 2003). Abaixo, sua arte sobre o Rio de Janeiro[17], Brasil.

Imagem 14

17. Imagem 14: desenho do Rio de Janeiro feito por Stephen Wiltshire. Disponível em http://www. stephenwiltshire.co.uk/art.aspx?Id=4075

Segundo Oliver Sacks (1995), médico e professor de Neurologia e Psiquiatria da Universidade de Colúmbia, também escritor de vários livros a partir de suas vivências com seus pacientes, Stephen apresentou um atraso em seu desenvolvimento neuropsicomotor durante a infância e manifestava resistência a ficar no colo. A partir dos 3 anos ele não brincava com as demais crianças e gritava muito ou se escondia quando as pessoas se aproximavam; também não fazia contato visual com nenhuma pessoa. Não usava linguagem oral e parecia ter deficiência auditiva, embora ficasse aterrorizado com o estrondo de um trovão. Stephen aparentava não ter consciência das outras pessoas ao seu redor e não demonstrava interesse pelo que havia ao seu redor. Não tolerava frustrações ou mudanças na rotina e a isso reagira com muitos gritos desesperados. Parecia não ter noção do perigo e só manifestava interesse em rabiscar.

Sacks relata em seu livro que algum tempo depois Stephen se mostrava fascinado por sombras, formas, ângulos e, ao completar 5 anos, também por imagens (p. 140). Ainda criança, já desenhando seus edifícios, Sacks comenta que Stephen "aparentemente, tinha desenvolvido por si próprio as técnicas do desenho e da perspectiva – ou as possuía de forma inata"; ele desenhava a partir da realidade que acabava de presenciar ou de imagens em sua memória, era como se não fizesse diferença (p. 141).

De acordo com as ponderações de Sacks é próprio da memória *savant*, tanto na condição visual, musical ou léxica, ser extraordinariamente reminiscente de especificidades. Segundo o estudioso:

> Há pouca disposição de generalizar a partir desses particulares ou de integrá-los uns aos outros, num procedimento causal ou histórico, ou com o eu. Nessa memória há a tendência a uma inamovível conexão de cena e tempo, conteúdo e contexto [a chamada memória episódica ou concreto-situacional] – daí os assombrosos poderes de uma recordação literal tão comuns entre os autistas *savant*, acompanhados por uma dificuldade de extrair os traços proeminentes dessas lembranças particulares para construir uma memória e um sentido gerais. [...] Tal estrutura de memória é profundamente diferente da normal e tem tanto forças como fraquezas extraordinárias (p. 141).

Sacks também relata que os professores da escola temiam que, se passasse a usar a linguagem, Stephen pudesse perder seus assombrosos talentos visuais, fato já ocorrido com outras crianças parecidas com ele. Assim, usando de plena estratégia pedagógica, esses professores se esforçaram muito para proporcionar a linguagem sempre mais interessante e importante para Stephen, construindo junto a ele sentidos e significados a partir da relação com edifícios e lugares que ele gostava muito. Deste modo, eles o motivaram a desenhar uma série de edifícios baseada nas letras do alfabeto "(– A de Albert Haíl, – B do Palácio de Buckingham, – C de County Haíl e assim por diante, até – Z, de Zoológico de Londres)" (p. 142).

Lembrando-nos de Temple Grandin, mais uma vez a questão do interesse por aquilo que a criança com autismo ama e tem facilidade pode ser o eixo fundamental para construção de estratégias com vistas ao processo de ensinar e aprender tanto em espaços não escolares como nos escolares.

Stephen foi levado para ser conhecido e avaliado pelos psicólogos Hermelin e Neil O'Connor, experientes no trabalho junto a autistas. Embora tivessem constatado que ele era um dos mais talentosos *savant* já conhecido em sua capacidade no reconhecimento visual como no desenho a partir de sua memória, por outro lado, havia atingido no teste de inteligência um QI verbal de apenas 52.

Com 13 anos de idade, Stephen era famoso em toda a Inglaterra, capaz de desenhar fabulosamente qualquer rua por ele vista. No entanto, não era capaz de atravessá-la sem a ajuda de outra pessoa. Segundo Sacks,

> Podia ver Londres inteira na imaginação, mas os aspectos humanos da cidade lhe eram ininteligíveis. Não conseguia manter uma conversa de verdade com ninguém, embora cada vez mais mostrasse uma espécie de conduta pseudossocial, falando com estranhos de uma maneira indiscriminada e esquisita (p. 143).

E ainda, neste cenário, Sacks se questiona:

> Os testes por que passou pareciam confirmar a gravidade de sua deficiência emocional e intelectual. Haveria nele, contudo, uma dimensão mental e pessoal, uma profundidade e sensibilidade, que pudesse emergir (pelo menos) em sua arte? Não seria a arte, em sua essência, uma expressão da visão pessoal, do eu? Será que alguém podia ser artista sem um eu? (p. 143).

Em certa ocasião, quando Stephen estava com 16 anos de idade, Sacks lhe deu um grande quebra-cabeça com a intenção de testá-lo, e ele o montou com rapidez. Logo após, deu a ele outro quebra-cabeça, porém virado para baixo, para que Stephen não tivesse acesso à figura. Contudo, ele o montou tão ligeiro quanto o anterior. Nas palavras de Sacks,

> Ao que parecia, não precisava da figura – do sentido; preeminente, e espetacular, era sua capacidade de apreender uma grande quantidade de formas abstratas, e de ver num átimo como se encaixavam todas. Esses desempenhos são característicos dos autistas, que também se

sobressaem em testes com desenhos de blocos e sobretudo em detectar figuras ocultas (p. 147).

Em seu livro Sacks relata várias experiências e testes que fez com Stephen. Certa vez, em Moscou, após estar em viagem com Stephen a cinco dias, Sacks comenta o quanto ele se apresentava fisiologicamente frágil, sobre as oscilações de humor e sobre como de repente Stephen se interessava pelo que havia ao seu redor, e em outros momentos parecia regressar ao seu estado de autismo mais profundo. Essas oscilações, ainda sem explicações científicas, são comuns em casos de "autismo clássico" e costumam perdurar por algumas horas ou alguns dias.

Na viagem para Leningrado, Sacks se pôs a fazer alguns jogos de achar palavras com Stephen. Ao lhe sugerir alguma letra, rapidamente ele encontrava as palavras com tal inicial. Mostrava-se muito hábil em preencher com letras espaços vazios, completando as palavras. No entanto, aos 16 anos se apresentava "incapaz, apesar de repetidas demonstrações, de julgar a constância do volume, a despeito de diferentes níveis, em diferentes recipientes" – um conceito que a maioria das crianças adquire aos 7 anos (p. 150). Todavia, Sacks também comenta que Stephen apresentava outras habilidades interessantes; ele reproduzia com perfeição sons instrumentais, sotaques, entonações, melodias, ritmos, canções, com uma memória auditiva natural, abrangente e precisa, além de gostar e se emocionar com músicas (p. 162).

Diante de tais experiências, Sacks comenta algo que considero importante nos estudos e observações junto a pessoa com autismo:

> O desenvolvimento de Stephen tem sido singular, qualitativamente diferente, desde o início. Ele constrói o universo de uma maneira diferente – e seu modo de cognição, sua identidade e seus dons artísticos se combinam. Não sabemos, por fim, como Stephen pensa, como constrói o mundo, como é capaz de desenhar e cantar. Mas sabemos que, embora possa faltar-lhe o simbólico, o abstrato, possui uma espécie de genialidade para representações concretas e miméticas, seja ao desenhar uma catedral, um cânion, uma flor, ou encenando uma situação, um drama uma canção – uma espécie de genialidade para captar os traços formais, a lógica natural, o estilo, a "essência" (embora não necessariamente o "sentido") de tudo o que retrata (p. 164).

Os relatos das experiências de Sacks com Stephen nos remetem às colocações de Temple Grandin:

• Há diferentes tipos de padrões de pensamento e eles precisam ser explorados.

• Existe o interesse específico que deve ser aproveitado no processo de ensinar e aprender.

• É preciso haver mentores que conheçam seus alunos e potencializem suas habilidades a partir de seus eixos de interesses.

Algumas pessoas poderiam indagar: "Mas a maioria dos autistas não apresentam tais habilidades". Todavia, penso que tanto no caso de Temple como no de Stephen, os mentores, seus professores, fizeram a relevante diferença para que eles se desenvolvessem da maneira como tudo aconteceu. Eles poderiam ter passado despercebidos para nós; no entanto, por causa de pessoas que se importaram com eles, que deram atenção diferenciada, que se dedicaram a conhecê-los melhor, é que hoje podemos relatar aqui essas experiências tão valiosas para conhecermos um pouco mais sobre as pessoas que têm algo singular em sua subjetividade – o autismo.

A escola muitas vezes é de tal forma excludente que sequer pensa na possibilidade de ter alunos com autismo com habilidades específicas e potencialidades a serem desenvolvidas. Escolas que se deixam envolver pelo laudo diagnóstico que detalha as impossibilidades, imperfeições, déficts, falhas, ausências, prejuízos de uma patologização que cega o conhecimento de que essas crianças têm possibilidades de aprendizagem. Assim, possíveis talentos ficam como escondidos, não são reconhecidos e, consequentemente, não são apoiados para aflorarem e se desenvolverem.

Finalizando um pouco da história de Stephen, é possível conhecer mais de sua arte em calendários anuais (cf. site de Stephen Wiltshire) e em outros objetos que trazem seus desenhos impressos. Essa é sua grande contribuição para a humanidade: encher nossos olhos de surpresa e admiração.

9 Matthew "Matt" Savage (Estados Unidos, 1992)

Matt desde criança se mostrou muito precoce para caminhar e aprendeu a ler antes dos 18 meses de idade. Aos 3 anos de idade recebeu o diagnóstico de Transtorno Global do Desenvolvimento, especificamente, autismo.

Semelhante aos demais casos relatados, Matt sofria de intolerância aos ruídos diversos, inclusive dos sons musicais. Diane, mãe de Matt, relata que em torno de seus 15 meses de idade, ela toucou no piano "Linus e Lucy" e o terceiro movimento da "Sonata ao Luar", Matt então disse: *Fast!* (rápido), e ela tocou mais rápido e o menino sorriu.

Após receberem o diagnóstico de autismo, a família decidiu estudar sobre a síndrome e procurar por uma terapia adequada para o filho. Assim, Matt passou a realizar a Terapia da Integração Auditiva entre os 4 aos 6 anos de idade. Essa terapia foi desenvolvida como uma técnica para auxiliar na melhora da hipersensibilidade ao som em crianças com autismo e outros transtornos do comportamento. Há questionamentos científicos sobre a real eficácia desta terapia; no entanto, segundo os relatos de Diane, a mesma beneficiou o desenvolvimento de Matt, regressando a música à sua vida.

> Nossa casa era bem quieta – nem TV, nem qualquer coisa. Então, de repente, ouvimos o piano de brinquedo tocar "A ponte de Londres". Meu marido e eu nos olhamos. Matt estava tocando uma das músicas de um pequeno livro de partituras e passou a tocar todas as outras canções (WRITTER, 2005).

Aos 6 anos de idade Matt desenvolveu a habilidade de ler partituras musicais para piano sem que ninguém lhe ensinasse. Percebendo seu talento, sua família o incentivou a estudar piano clássico e em menos de um ano descobriu seu apreço pelo *jazz*. Um dia lhe perguntaram como passou a se interessar pelo *jazz* e esta foi sua resposta:

> Quando eu era mais novo, gostava de números e outras coisas. Gostava de músicas compridas e gostava mais quanto maiores fossem. O primeiro álbum de *jazz* que tive foi *Kind of Blues* de Miles Davis, e a média das músicas era de 9 minutos. Foi assim que comecei no *jazz* (WRITTER, 2005).

Em depoimentos, a mãe de Matt conta que a família nunca havia sido fã de *jazz*, e que, de repente, toda a música que estava escondida no interior do filho, simplesmente jorrava quando ele se punha a tocar.

Em 1999 iniciou seus estudos no Conservatório de Música de New England em Boston, Massachusetts.

Matt tem como singularidade a hiperlexia, que é uma condição de desenvolvimento relacionada ao autismo. Caracteriza-se como a capacidade muito precoce para leitura; no entanto, dificuldade no desenvolvimento da linguagem oral e na interação social. Outra singularidade apresentada por ele é a capacidade de construir uma imagem auditiva interna de qualquer tom musical sinalizado por um símbolo específico como as notas musicais ou letras, de modo que identifica naturalmente qualquer tom que seja acusticamente apresentado. A isto damos o nome de "ouvido absoluto", apenas um em cada 10 mil pessoas possuem esse dom. Matt é reconhecido por sua elevada inteligência, tendo recebido prêmios diversos; entre eles, o do Concurso de Geografia do Estado. Em 2003 foi contratado pelo fabricante dos pianos Bösendorfer, pelos 175 anos de história da empresa.

Matt não recebeu uma educação formal em música; no entanto, é um notável músico e compositor. Escreveu sua primeira composição aos 7 anos de idade. Certo dia ele e sua família foram em uma feira no Maine, e no palco havia uma banda de *jazz*. Diane conta que segurava a mão do filho quando rapidamente ele saiu.

> Só me lembro dele no piano, no palco. As pessoas gritaram, mas ele começou a tocar e todos ficaram atônitos. Um dos músicos sugeriu improvisar alguns *blues*. Matt perguntou: "Que nota?", e o saxofonista disse: "Si bemol". Matt retrucou: "Maior ou menor?" – e todo mundo delirou! (WRITTER, 2005).

Imagem 15

Teve muitos discos vendidos como solista. Aos 14 anos já havia tocado com Chaka Khan, dentre outros cantores de fama. Como característica, as composições de Matt[18] tendem a ser mais técnicas, mas são acessíveis e algumas vezes com um tom de humor. Ele participa de festivais de *jazz* e realiza concertos pelos Estados Unidos e Canadá. Matt lançou três CDs, cujo dinheiro arrecadado foi doado para a realização de pesquisas sobre o autismo.

Percorreu muitos países tocando para chefes de Estado e participou de muitos programas famosos de TV e rádio. Em 2006, numa reportagem da CNN sobre o cérebro humano, foi concebido como um "sábio prodígio".

---

18. Imagem 15: Matthew Savage. Recuperada de http://www.peoples.ru/art/music/classical/matt_savage/

Com relação à história de Matt, é importante perceber que seus pais fizeram uso de sua fascinação por palavras para darem mais ênfase à exploração de sua habilidade visual como eixo de interesse para o desenvolvimento de outras atividades. Matt frequentou escolas públicas da cidade de Boston, e com muitos esforços seus e da família é que passou a responder a seus professores e focar sua energia.

Todavia, Matt lida com algumas dificuldades pertinentes ao autismo, como obsessão por certos temas, comportamento social atípico, dificuldades na compreensão de algumas coisas ditas por outras pessoas. Segundo sua mãe, Matt tem consciência de seu diagnóstico, mas se sente fora dele. Por fim, finalizamos a história de Matt com as palavras de sua mãe Diane:

> Ele sabe que as coisas podem ainda ser difíceis. Fica frustrado e magoado algumas vezes. Sempre mostro a ele o quanto já conseguiu e o que é capaz de fazer. A palavra "impossível" nunca fez parte de nosso vocabulário (WRITTER, 2005).

10 Carly Fleischmann (Toronto, Canadá, 1995)

Imagem 16

O caso de Carly[19] é narrado em diversos sites de pesquisa e vídeos na internet como "impressionante"! Diagnosticada como autista de caso severo e com deficiência intelectual, até os 11 anos de idade todos pensavam que Carly era incapaz de

---

19. Imagem16. Fonte: https://learningneverstops.files.wordpress.com/2012/11/600_carly_120325.jpg

se comunicar com o universo ao seu redor. Seu desenvolvimento tinha sido bem diferente de sua irmã gêmea. Ela apresentava graves comprometimentos, inclusive no que diz respeito a aprender a sentar e a andar. Seus pais investiram em diferentes terapias desde seus 3 anos de idade. Diariamente, cerca de três a quatro terapeutas trabalhavam com a menina, totalizando até 60 horas semanais de terapias intensivas, contudo, sem resultados visíveis. Os médicos, baseados no diagnóstico, diziam que a menina não alcançaria um desenvolvimento acima dos 6 anos de idade. Mesmo assim, seus pais permaneceram firmes sempre em busca de alguma abordagem terapêutica que trouxesse resultados positivos para o desenvolvimento de sua filha.

A história de Carly, assim como a de outras pessoas com autismo que temos apresentado neste livro, trazem colaborações indiscutíveis para melhor compreendermos como pode se dar o desenvolvimento de uma criança com a síndrome. Sempre fazemos questão de frisar que as pessoas são diferentes e que nem tudo que serve para uma, também servirá para a outra. Mas também enfocamos piamente que é necessário redobrarmos esforços como profissionais da área da educação para atentarmos às singularidades de nossos aprendizes, a fim de neles mesmos encontrarmos metodologias auxiliadoras para seu desenvolvimento potencial e de suas habilidades. O depoimento de Carly e sua família pode ser esclarecedor e fonte de estudo para a construção de metodologias de ensino alternativas nas escolas não excludentes. Por exemplo, metodologias e projetos que utilizam computadores e *tablets* como tecnologias assistivas para o desenvolvimento e aprendizagem desse alunado juntamente com outros colegas em sala de aula.

Carly não oralizava nenhuma palavra. Constantemente se apresentava em grande agitação, *flaping*, balanços intensos e fazia muitas birras. Segundo o depoimento de seu pai: "Jamais poderíamos esperar que ela tivesse alguma comunicação com o mundo exterior". Seus pais receberam diversos conselhos para que sua filha fosse internada em alguma instituição para crianças com autismo. Contudo, eles diziam: "Como um pai e uma mãe podem desistir da sua própria filha?" Eles diziam que quando olhavam nos olhos de Carly podiam perceber que havia alguma inteligência escondida. Apesar das muitas horas em terapias, seu progresso era muito lento e muitas vezes, frustrantes para seus pais.

Mas um dia, com 11 anos de idade, um fato impressionante ocorreu. Carly, muito agitada, dirigiu-se ao computador e digitou a palavra DOR, quebrando seu silêncio de um modo radical e extraordinário. Logo em seguida, digitou a palavra AJUDA e saiu correndo para vomitar. O curioso é que ninguém havia ensinado a menina a ler ou a escrever. Esse fato deixou seus pais e seus terapeutas ansiosos pelo porvir.

Contudo, Carly se recusava a escrever novamente e continuava a apresentar os mesmos comportamentos estereotipados de sempre. Segundo seus pais, a menina retirava suas roupas, corria para o banheiro e se sujava com as fezes. Seria então, a presença de uma deficiência intelectual?

Angustiados, os pais decidiram que Carly deveria digitar no computador tudo aquilo que desejava, caso contrário, não receberia. Foi uma exigência dura para a filha e ela precisou se esforçar muito para dar essas respostas aos pais. Meses depois de muito trabalho, Carly começou a se comunicar com as pessoas por meio daquilo que digitava e compreendeu que desta forma teria domínio sobre seu universo. Suas palavras eram reveladoras! Seguem algumas mensagens de Carly (FLEISCHMANN, 2012):

> Sou autista, mas isso não me define. Conheça-me antes de me julgar. [...] Se eu não bater a cabeça, parece que meu corpo vai explodir! Se eu pudesse parar eu pararia, mas não é como se alguém tivesse só que apertar um botão. Eu sei o que é errado, mas é como se eu lutasse com meu cérebro o tempo todo. [...] Eu queria poder ir à escola com crianças normais, mas não quero que fiquem com medo de mim se eu bater na mesa ou gritar.

Os pais de Carly ficaram perplexos diante de toda a situação, pois por muito tempo haviam conversado sobre muitas coisas perto da filha como se ela não estivesse ouvindo o que diziam. Esse relato nós consideramos muito importante para ser observado pelos pais e professores, pois muitas vezes, pela descrença absoluta sobre a inteligência da criança, são ditas muitas palavras e confissões em sua frente que poderiam ferir profundamente os sentimentos da mesma caso ela pudesse compreender o que diziam. Portanto, é desejável que seja evitado conversas a respeito da criança que, aparentemente, não escuta, percebe ou compreende o contexto presente.

Finalmente, Carly passou a conversar com seus pais por meio do computador. "Ela se vê como uma pessoa comum dentro de um corpo que ela mesma não controla", diz seu pai. Observando as duas irmãs gêmeas, não seria uma surpresa se muitos julgassem que Carly apresentasse um comprometimento intelectual; no entanto, esse pré-conceito se altera quando algo é perguntado a ela.

Para Carly as pessoas com autismo se agitam, batem os braços e tampam seus ouvidos para "drenar a entrada sensorial que os sobrecarrega". Nós criamos *outputs* (saídas) para bloquear *input* (entrada de informação). Ou seja, sons, luz, sabores e aromas deixam o cérebro de Carly sobrecarregado de informações.

> Nossos cérebros são conectados de modo diferente. Nós absorvemos muitos sons e conversas ao mesmo tempo. Eu tiro centenas de fotos do rosto de uma pessoa ao olhar para ela. Por isso é difícil para nós olhar para alguém (FLEISCHMANN, 2012).

As explicações de Carly elucidam o que nós percebemos juntamente com os casos de crianças com autismo que relatamos em nosso livro *Autismo, linguagem e educação* publicado pela primeira vez em 2007:

> Chamamos a atenção para uma das características próprias do autismo que é a dificuldade que o autista possui em processar em seu cérebro as informações recebidas, perdendo-se uma gama de informações, quando essas ocorrem apenas por vias orais pelo emissor da mensagem (p. 126).

Arthur, pai de Carly, relata que ficam surpresos com o que a filha digita, a exemplo:

> Querido pai, amo quando o senhor lê para mim e te amo porque você acredita em mim. Sei que não sou a menina mais fácil de cuidar que existe, mas você está sempre me dando forças. Te amo (FLEISCHMANN, 2012).

E ainda, "Pai, você não sabe como é ser assim, eu queria que por um só dia você vivesse dentro do meu corpo [...]".

Carly Fleischmann tem um blog, uma página no facebook e twitter utilizados com frequência para se comunicar e responder as questões de diversas pessoas que entram em contato com ela. Em 2012 foi realizado o curta-metragem *Carly's Café*, premiado em Cannes. Carly tem consciência de que por meio de suas experiências pessoais pode ajudar outras crianças, outras pessoas, como alguém que pode fazer a diferença neste mundo.

Finalizamos as contribuições de Carly para nós professores e para os pais de crianças com autismo com uma de suas mensagens: "O que posso dizer é que não desistam. Sua voz interior encontrará saída, a minha encontrou!" (2012).

Detalhes sobre sua vida podem ser encontrados em seu livro *Carly's Voice*, escrito por ela e seu pai, Arthur Fleischmann.

11 JACOB BARNETT (INDIANA, EUA, 1998)

A história de Jacob Barnett é narrada por sua mãe, Kristine Barnett em seu livro intitulado *Brilhante*, publicado em 2013 (BARNETT, 2013), e vale a pena ser conhecida por pais e educadores de crianças que recebem diagnóstico marcante do Transtorno do Espectro Autista.

Jake desde bebê anunciava sinais de sua inteligência. Aprendeu a recitar o alfabeto, inclusive, de trás para frente, antes mesmo de andar. Com 1 ano de idade já pronunciava algumas palavras. Jake tinha um CD que continha o texto "o gato dentro do chapéu". Aos 10 meses de idade seus pais perceberam que o menino havia memorizado não apenas a versão em inglês, mas também em espanhol e japonês. Ele gostava de enfileirar sistematicamente seus carrinhos de brinquedo em perfeita linha reta. Organizava Cotonetes® no carpete da casa criando labirintos com suas pontas para cima.

Contudo, aos 14 meses notaram que Jake estava diferente. Ele já quase não falava ou sorria mais. Talvez, eles pensaram, fosse devido a diversas infecções dolorosas de ouvido que ele havia tido. Também não gostava mais de brincar com seu pai, não se envolvia mais, tampouco continuava a ser curioso e alegre como era antes. Apesar de gostar muito de sombras, luz e formas geométricas desde bebê, ele parecia não dar mais tanta atenção a isso. Ao contrário, passou a ficar quietinho, muitas vezes fixando o olhar por horas em um raio de sol na parede, mexendo suas mãos para frente e para trás na luz do sol para ver as sombras que se apresentavam.

Sua avó então considerou que algo estava errado e, certo tempo depois, Kristine procurou o pediatra. Testes de audição foram agendados, mas os resultados deram negativo para surdez, embora Jake não atendesse mais pelo seu nome quando chamado. O pediatra sugeriu que levassem o filho a especialistas, e assim o fizeram. As primeiras avaliações constataram significativos atrasos no desenvolvimento.

Jake iniciou sessões de fonoaudiologia, mas infelizmente ele continuava a regredir em sua comunicação verbal, além de parecer cada vez mais retraído. Michael, pai de Jake, acreditava que não havia nada de muito errado com o filho, que ele precisava de um tempo maior para se desenvolver. Contudo, apesar dos muitos especialistas financiados pelo governo dos Estados Unidos por meio do Programa First Steps[20], Jake seguia piorando paulatinamente. Já quase não falava mais e, quando pronunciava algo durante as horas de terapia, era apenas uma frase repetida mecanicamente, de modo ecolálico. Da mesma forma, já não fazia mais contato visual com nenhuma pessoa e não se relacionava mais com sua própria

---

20. Serviços e assistência coordenadas para crianças com necessidades especiais e suas famílias. Projetado para crianças, do nascimento aos 3 anos, que apresentam atraso no desenvolvimento ou condições que estão associadas a deficiências de desenvolvimento diagnosticados. Website http://dese.mo.gov/special-education/first-steps

família. Muito tempo depois, após muitas terapias já realizadas, Kristine recebeu de sua mãe um artigo sobre autismo, percebendo que muitos daqueles sintomas podiam ser nitidamente notados em seu filho. Para ela foi um choque, e compara a situação ao suposto fato de você sair com seu filho em algum lugar e depois, ao virar-se, não o vê-lo mais, e assim chamá-lo com todas as forças para que apareça:

> Essa sensação de terror que aperta a garganta quando você começa a chamar loucamente o nome da criança – esse momento é a sensação que se tem ao ver o próprio filho desaparecer no poço escuro do autismo. Mas, em vez dos poucos segundos terríveis antes de o rostinho aparecer por trás de um cabide, o momento de desamparo e desespero pode durar anos, ou uma vida inteira (BARNETT, 2013, p. 33).

Em outubro de 2000 uma terapeuta do Programa First Steps foi fazer uma avaliação formal de Jake após horas e horas de terapia. O menino não respondia a nada do que lhe era solicitado, estava distante, recluso. Seu único interesse estava nas letras do alfabeto imantadas que ficavam numa caixa com a terapeuta, que parecia ignorar. Após muita insistência, Jake atentou para o pedido de todos para montar um quebra-cabeças. Com o corpo retraído para trás, sem olhar para a terapeuta nem diretamente para as peças, ele o montou em 14 segundos. Seus pais ficaram esperançosos; todavia, a terapeuta lhes disse: "Geralmente crianças da idade de Jake levam cerca de 2 minutos para montar um quebra-cabeças desta complexidade". Jake apresentava algumas habilidades dispersas, mas também outras muitas limitações em seu desenvolvimento. Jake foi avaliado como uma criança com autismo.

Aos 2 anos e meio Jake já não era mais aquele menininho que havia sido. Na maior parte do tempo se mostrava muito silencioso, havia perdido a fala por completo, não fazia mais nenhum contato visual, não respondia se falassem com ele, não aceitava um abraço, ignorava a todos, somente olhava as sombras na parede. Nunca pedia algo para beber ou comer. Ficava por horas girando-se em círculos. Girava objetos e os olhava de modo tão intenso que às vezes todo seu corpo começava a tremer. Gostava muito de cartas de baralho com as letras do alfabeto e as levava por toda parte. Parecia obsecado por cilindros e por colocar pequenos objetos dentro de um vaso vazio de flores. Por horas contornava as cadeiras da mesa da cozinha, sempre fixado nas sombras produzidas. Ele parecia desaparecer em seu próprio mundo silencioso. Era obsecado por xadrez e qualquer outro padrão de linhas retas, de modo que seus pais ficavam angustiados. Às vezes sumia, e, em uma dessas, sua mãe o encontrou encolhido em cima de uma pilha de toalhas num cesto de roupas (BARNETT, 2013). Aos 3 anos de idade seu diagnóstico era de autismo pleno, de moderado a severo. E apesar da avaliação dos especialistas demonstrar que ele tinha um QI considerado alto em razão de algumas de suas habilidades, sua pontuação funcional o inseria na faixa de "retardado" (p. 40).

Kristine tentou todos os tipos de terapias possíveis com Jake, inclusive o Método Floortime[21] e o ABA (Applied Behavior Analysis)[22]. Eram horas e horas de terapia e toda a família estava exausta, e Jake parecia não melhorar. Na verdade, segundo a autora,

> Dava para ver o quanto aquilo tudo era frustrante para Jake. Descobri que muitas crianças autistas ficavam irritadas durante a terapia, atiram longe os brinquedos, gritam ou têm ataques. Jake ficava simplesmente indiferente, preocupado como sempre com as sombras na parede. [...] Quase sempre ele parecia exasperado – e hoje penso: não é de se admirar! Aquela insistência o dia inteiro, todos os dias, no que Jake não conseguia fazer. Ele não conseguia segurar o lápis direito. Não conseguia subir a escada com uma perna depois da outra. Não conseguia bater palmas. Não conseguia imitar as expressões faciais ou ruídos que as terapeutas faziam. [...] Penso nesse ano como o ano que vivi dentro do diagnóstico (p. 42).

Kristine também tentou dietas. Mas Jake não reagiu a nenhuma. Todos os terapeutas e especialistas que passaram por ele frisaram o mesmo vaticínio: ele nunca irá falar. Obviamente, uma predição apegada aos critérios diagnósticos do Transtorno do Espectro Autista. Nesta mesma época, Kristine teve um outro filho, Wesley, ao qual Jake se mostrou indiferente.

O atendimento financiado pelo Estado por meio do Programa First Steps se conclui no terceiro aniversário da criança. Kristine e Michael começaram a trabalhar sozinhos com o filho. Kris estava determinada a encontrar um modo de voltar a se comunicar com o menino. Também fez uso do Pecs[23] (Picture Exchange Communication System), um método de comunicação alternativa e ou aumentativa, porém Kris o fez de um modo mais personalizado para Jake, de maneira que ele pudesse apontar para aquilo que desejasse. Contudo, Jake continuava mostrando seu alto interesse pelas sombras e luz que adentravam em sua casa, nisso ele sempre estava empenhado e alerta.

Notando a canseira de Jake e seu desinteresse nas muitas horas de terapia e atividades direcionadas, Kristine resolveu dar um passeio com seu filho. Colocou Jake

---

21. Informações disponíveis no website https://www.floortime.org/portal/
22. Informações disponíveis no website http://www.abainternational.org/
23. Informações disponíveis no website http://www.pecs-brazil.com/

no carro e se afastaram da cidade rumo ao campo. Em certo lugar, ela parou seu carro, acendeu os faróis de neblina e sintonizou o rádio numa estação que tocava *jazz*. Dançou com Jake abraçado em si mesma. Depois o colocou sentado no capô do carro. Tomaram picolé e em silêncio ficaram olhando para as constelações daquele céu esplêndido. Jake se mostrou fascinado com as estrelas. Então Kristine concluiu que mais do que terapias, também era necessário brincar. A partir de então, sempre aproveitavam o tempo para rever as estrelas longe das luzes de Indiana, para soprarem os pompons de dentes-de-leão dentre outras atividades prazerosas para Jake. Tempos depois ela viu Jake cantarolando as músicas que haviam ouvido durante às vezes que apreciavam as estrelas no céu.

Kris e Michael também perceberam que Jake se deitava para dormir todos os dias exatamente às 20 horas. Era um ritual que ele não permitia que houvesse interferência. Mas como ele sabia que horas eram? Após algumas observações, eles entenderam que o relógio de Jake era a sombra na parede. Em uma dessas ocasiões de ir para a cama, Jake simplesmente estendeu seus braços e retribuiu um abraço para sua mãe. Isto não acontecia desde o início dos sintomas do autismo, o que muito a emocionou.

Chegou a hora de Jake iniciar suas aulas na escola de educação especial. Logo de início Kristine não apreciou a intensidade daqueles momentos focados em habilidades de vida funcional. Aos poucos, ela foi percebendo que o menino não estava melhorando; ao contrário, parecia regredir em alguns aspectos que havia desenvolvido durante o verão com as atividades que lhe davam prazer, tal como ir ver as estrelas. Ele também passou a apresentar alguns comportamentos que antes não tinha, por exemplo, deixar o corpo mole esticado no chão. Então, em uma visita feita pela professora à sua casa, para uma reunião imposta pelo Estado, Kris soube que aqueles comportamentos haviam sido, na verdade, aprendidos com outros colegas quando não queriam fazer algo. Então, Kristine pensou:

> Quanto de atenção especial cada criança podia estar recebendo se estavam todas amontoadas juntas em uma classe, apesar de suas necessidades especiais? Mais especificamente, achei a postura de corpo mole em si muito perturbadora. O objetivo da escola não era torná-lo menos reativo (p. 63).

O tempo foi passando e Kristine cada vez mais se preocupava com o desenvolvimento de Jake na escola de educação especial. Numa ocasião, a professora lhe pediu com firmeza para que não deixasse Jake levar suas cartas de baralho com o alfabeto para a escola. Eles não tinham dúvida de que Jake apenas teria uma obsessão com as cartas, porém, jamais aprenderia a ler. Aos poucos ela percebeu que a professora havia desistido de ensinar a Jake. Em conversa com Michael, seu esposo, ela inquire:

> E se o fato de levar o baralho de letras a toda parte for o jeito de Jake dizer que quer ler? Talvez não seja, mas e se for? Nós vamos deixar que ele continue com gente que não vai nem tentar ensiná-lo simplesmente porque não faz parte do programa de habilidades de sobrevivência? Por que eles dizem não a alguém que quer aprender? [...] Por que tratam sempre do que essas crianças não conseguem fazer? Por que ninguém olha mais de perto o que elas conseguem fazer? [...] De repente, minhas dúvidas evaporaram. Como qualquer mãe instintivamente saberia arrancar seu filho de perto de uma fogueira, eu sabia que tinha que arrancar meu filho da educação especial (p. 64-65).

Kristine acreditava que Jacob necessitava ter uma infância comum como todas as demais crianças, ele precisava brincar com outras crianças, conviver com outras pessoas. Também tinha plena ciência de que, se quisessem ajudar a Jake, era preciso parar de focar naquilo que ele não conseguia fazer. Neste ínterim, Kris decidiu retirar seu filho daquela escola, mesmo contra a vontade de Michael e de todos os especialistas. Ela iria preparar seu filho para frequentar uma escola regular. Acompanhando toda a narrativa de Kris em seu livro, fica evidente que sua decisão de retirar Jake da escola de educação especial e passar a focar nas habilidades e interesses de seu filho foi fundamental para seu desenvolvimento, acrescentados pelo amor, incentivo e apoio da família e dos amigos.

Certo dia, Kristine levou o filho para conhecer o planetário da cidade e um professor fez várias perguntas sobre o tamanho dos planetas e sobre as luas que orbitavam ao redor. Neste momento, Jacob, com pouco menos de 4 anos de idade, levantou sua mão para dar suas respostas ao professor. Kristine ficou surpresa com a inteligência de seu filho e percebeu que apesar de falar pouco, ele estava constantemente raciocinando em padrões matemáticos.

Assim, Kristine decidiu trocar o tempo reservado às terapias, pelo tempo destinado ao foco e investimento nos interesses de Jake. E seus interesses estavam em recitar fileiras de números, de modo que se tornou bem falante. Perceberam então que ele sabia somar e também que ele já sabia ler. Sua memória era fantástica. Certo dia ele havia posto bolas de isopor numa caixa de cereal, depois tirava e fazia tudo de novo, assim repetidamente. Até que lhe perguntaram o que estava fazendo e ele respondeu sem erguer seus olhos: "Dezenove esferas fazem um paralelepípedo" (p. 72). A palavra ele havia aprendido em um dicionário visual que tinham em casa. Sua capacidade de aprender era notável aos 4 anos de idade. Gostava de mapas e por isso aprendeu todos os caminhos e atalhos para chegar em algum lugar na cidade em que viviam, ele memorizava cada rua das cidades por onde viajavam e depois recriava os planos no chão da casa com Cotonetes®. Porém, era grande sua dificuldade em manter uma relação, em manter uma conversa. Ele não compreendia a linguagem como uma forma de manter um relacionamento com outras pessoas.

Apesar de suas habilidades acadêmicas, era complicado pensar em colocar Jake na escola regular, pois seus interesses eram bem específicos e muito distintos das crianças do jardim de infância. Pela avaliação dos especialistas, certamente o mandariam de novo para escola de educação especial, uma vez que esta sempre determina aquilo que as crianças precisam aprender e não se interessa por aquilo que elas desejam aprender. Nada diferente do que vivemos hoje em pleno outono de 2014.

Contudo, Kris, uma mãe admirável, determinante e muito perseverante, decidiu que iria ensinar a Jake tudo o que ele precisava para entrar no jardim de infância da escola regular, assim deu início a sua jornada solitária.

Kristine era professora, tinha uma creche em sua própria garagem e se dedicou arduamente a encontrar nos olhos de Jake o "brilho", interesse e paixão pelo que poderia aprender e desenvolver. Sua pergunta crucial era: "Por que não focar no que Jacob podia fazer?" E foi assim que ela buscou atentar para tudo o que atraía a atenção do menino, tal como sombras em movimentos e estrelas no céu. Kristine também passou a ajudar outros pais com crianças com autismo em sua creche, além das crianças sem nenhum tipo de deficiência ou síndrome. Numa ocasião ela disse: "Comecei a acreditar que o potencial de cada pessoa para alcançar grandes coisas depende de identificar esse talento na infância. [...] Com as crianças da creche, muitas e muitas vezes notei que fazer aquilo de que gostavam trazia à tona também todas as outras habilidades" (p. 78, 80). E ainda,

> Muitas crianças com perturbações do espectro do autismo focam profundamente determinados assuntos, mas como o resto do mundo não está interessado em, digamos, números de placas de carros ou história geológica do sistema de cavernas de Indiana, elas não recebem muito crédito. [...] Não resta dúvida de que as pessoas com autismo estão em nosso mundo. Mas elas simplesmente não pensam nas coisas que queremos que pensem (p. 86).

Como vimos anteriormente, o interesse de Jake por estrelas, aos 3 anos de idade, era espantoso. Segundo os relatos de Kristine em seu livro intitulado *Brilhante* (BARNETT, 2013), após Jake vencer as dificuldades de linguagem aos 4 anos de idade, começou a apresentar um nível de aprendizagem fora do comum, que o levou bem cedo à universidade. Os primeiros cálculos de astrofísica realizados por ele foram aos 3 anos de idade. Na escola começou a ficar aborrecido e entediado, pois para ele aqueles conhecimentos já eram muito bem conhecidos. Kristine então o levou para assistir alguns cursos e palestras de matemática na Universidade de Indiana aos 8 anos de idade. Aos 9 anos ele passou a desenvolver sua teorias sobre astrofísica. E com apenas 10 anos de idade ele surpreendeu os professores e colegas da Universidade de Indiana com sua notável habilidade em física. Contudo, suas dificuldades em estabelecer relações sociais, manter um diálogo, fazer certas coisas consideradas simples para outras crianças de sua idade permaneciam presentes.

Imagem 17

Aos 11 anos de idade entrou para a universidade e passou a realizar pesquisas avançadas em física quântica. Passou a receber um salário como pesquisador em física quântica e também por auxiliar os demais alunos como um professor-assistente. Jake[24] também apresentava uma vocação para ensinar. Ele tinha toda paciência possível com seus colegas que mostravam alguma dificuldade em aprender algum conceito ou exercício. Quando Jake percebia que sua explicação não havia alcançado êxito com o colega, ele explicava de outro jeito, e assim sucessivamente até que

24. Imagem 17: Jacob Barnett. Recuperada de http://best5.it/post/5-bambini-prodigio-contemporanei/

todos os seus colegas tivessem aprendido. Ele não ensinava apenas de uma ou duas maneiras, mas ele criava muitas maneiras para ensinar algo que tomasse sentido e significado para seus colegas a ponto de alcançarem a aprendizagem.

Todos os professores universitários que conheceram Jake desde muito pequeno, assistindo aulas de Matemática, Física, Astrofísica, quietinho, de boné virado ao contrário em sua cabeça, ficavam impressionados com seu potencial nesta área do conhecimento. Não obstante, faz-se necessário dizer que o quadro sintomático do autismo não desapareceu, ele permanecia ali, causando dificuldades diversas para Jake. Suas crises vinham e iam, porém estas eram sempre trabalhadas dia e noite, incansavelmente, por sua mãe, para que ele as conseguisse superar ou as contornar a fim de continuar feliz perseguindo sua paixão pelo aprender e compreender conceitos abstratos, dificílimos de física, astrofísica, astronomia... Para Kristine,

> Durante anos tínhamos nos visto vivendo como sombras do diagnóstico de autismo de Jake. Agora tínhamos outra perspectiva. Jake ainda era autista. Seu autismo não é uma coisa que tenha superado, mas algo que ele supera todos os dias. Ele ainda é agudamente sensível a todo o tipo de coisa que passa completamente despercebida por nós: luzes fortes, o zunir de uma lâmpada incandescente, o piso que muda de concreto para ladrilho. Mas a mídia ajudou Michael e eu a entendermos que o autismo não é mais o tema dominante de nossa jornada com Jake (p. 243).

Com 12 anos Jacob fez uma apresentação no TEDx – *Technology, Entertainment, Design* (Tecnologia, entretenimento, Design), uma fundação sem fins lucrativos dos Estados Unidos que tem o objetivo de divulgar ideias consideradas importantes. As apresentações duram de 6 a 18 minutos e Jake abordou o tema: "A importância de parar de aprender e começar a pensar".

Aos 14 anos de idade Jacob estuda física quântica na Universidade de Indiana, dedicando-se ao título de PhD; sua tese é sobre sistemas quânticos. Ele também desenvolve uma teoria para comprovar por meio de matemática avançada que o *Big-bang* não aconteceu. Alguns especialistas comparam Jacob a Albert Einstein e o consideram um gênio, possível futuro ganhador do Prêmio Nobel em alguns anos. Para Kristine e Michael a decisão de deixar Jake ir para a universidade ainda criança não foi nada fácil. Ao revés, foi um verdadeiro dilema. Mesmo sendo um verdadeiro gênio em determinadas áreas do conhecimento, em outras ele apresentava diversas limitações, sem falar que ele era uma criança frente a tantos jovens com outros hábitos de vida, enquanto Jake não era totalmente independente para saber tomar conta de sua própria vida. Mas parte da motivação de Kristine para deixar Jake trilhar seu caminho pode ser compreendida nessa curta frase: "Como Michael observou, em seu coração Jake sempre havia sido um pesquisador" (p. 253).

Em sua entrevista para a BBC (2013) Kristine disse:

> É preciso crer que toda criança tem algum dom especial, a despeito de suas diferenças. No caso de Jacob nos foi preciso encontrar esse dom e nos sintonizarmos nisso. Por isso sugiro que as crianças sejam cercadas por coisas que elas gostem, seja isso artes ou música, por exemplo.

Nas palavras finais aos leitores de seu livro, Kristine diz:

> Foi aqui que chegamos: dos professores de educação especial que acreditavam que Jake nunca aprenderia a ler a um professor de Física da universidade que vê nele um potencial ilimitado. Esse é o teto que quero que os professores de meu filho estabeleçam para ele. Mais importante é o teto que quero que todos os pais e professores estabeleçam para todas as crianças, que todos nós estabeleçamos para nós mesmos. [...] É necessário um salto de fé para nossos filhos poderem voar. Se uma criança que achavam que nunca ia falar nem poder chegar a esses picos tão improváveis, imagine o que crianças sem limitações podem obter e como podem voar alto se forem encorajadas a desdobrar suas asas – além do horizonte, além de nossas maiores expectativas. Ao compartilhar nossa história, espero que isso aconteça (p. 263).

Imagem 18

Finalmente, quero dizer que seria impossível trazer tantos detalhes sobre a história de Jake[25] nesta obra. É uma leitura que recomendo a pais e, principalmente, educadores. Há uma certa tendência de ao se depararem com um menino com

25. Imagem 18: a foto de Jake e sua família constam no website http://www.athensbars.gr/blog-askthanos/14hronos-me-syndromo-asperger-paei-gia-nompel

autismo que alcança êxitos como os de Jake, alguns professores, profissionais da saúde e mesmo pais, dizerem: "Ah, mas ele é um autista de alto funcionamento" ou "Mas ele é um gênio", e ainda "Talvez ele não fosse realmente autista", e outras coisas do tipo.

Afirmo com certeza de que muitas crianças com autismo estão escondidas por detrás do quadro de sintomas do autismo, tendo tais critérios diagnósticos materializados em suas vidas de tal modo que são totalmente desacreditados de suas possibilidades de aprendizagem.

Se Kristine Barnett não ultrapassasse seus próprios limites, não duvidasse das predições futuras dos especialistas em diagnóstico, incluídos os professores tão experientes da educação especial, dentre outros da escola regular, certamente Jake estaria hoje encerrado em alguma instituição especializada com o induvidável diagnóstico de autismo severo.

Investir no interesse demonstrado pela criança, nas possibilidades de aprendizagem de todas as crianças é lhes dar a chance de desenvolverem suas habilidades, sejam elas quais forem e em que níveis forem. Apenas não temos o direito de privá-las disso, determinando seu futuro a partir de um laudo diagnóstico e de quadros sintomáticos.

12 Daniel Paul Tammet (Londres, 1979)

Daniel é um rapaz diagnosticado com autismo em comorbidade com a Síndrome do Sábio (*Savant*). Os *savants* costumam encantar as pessoas e aguçam a curiosidade dos pesquisadores.

Cerca de 10% das pessoas com autismo também possuem a Síndrome do Sábio. A Síndrome *Savant* costuma ser compreendida no âmbito dos Transtornos Globais do Desenvolvimento quando a referência é o DSM-IV; ou compreendida como uma condição das pessoas com Transtorno do Espectro Autista, referência tocante ao DSM-V e CID-11.

De acordo com a hipótese de Bernard Rimland (1978), pesquisador do Autism Research Institute (Instituto de Pesquisa do Autismo), em São Diego, Califórnia, é possível que as pessoas com *Savant* tenham sofrido algum tipo de lesão ou dano no hemisfério esquerdo do cérebro de maneira que tal prejuízo seja compensado pelo hemisfério direito.

Memória fantástica é uma das singularidades presentes nos *savants*. Não obstante, também costumam apresentar outros comprometimentos, tal como a dificuldade para falar e na interação social. A síndrome é concebida como um distúrbio psíquico tipicamente caracterizado pela capacidade intelectual diferenciada para certas coisas e, ao mesmo tempo, com comprometimentos na esfera da inteligência para outras coisas, em geral, coisas que consideraríamos como mais simples do que aquilo que são altamente capazes de fazer.

Muitas vezes, essa memória fantástica se apresenta como "automática" ou talvez poderíamos melhor dizer, "espontânea", sem que a pessoa tenha real compreensão do que está sendo abordado. Não tão comuns, encontram-se relatos de casos de *savants* com habilidade com mapas, medidas visuais, identificação intensa de odores e paladares, orientação temporal sem instrumentos como relógios, percepção que ultrapassa aquilo que pode ser percebido pelos sentidos sensoriais comuns às demais pessoas. Pelos estudos realizados até hoje, sabe-se que a Síndrome *Savant* pode ser congênita (manifesta-se na infância) ou adquirida (por lesão no sistema nervoso central) (TREFFERD, 2010). Todavia, a ciência ainda tem muito pouco a dizer sobre as pessoas com a Síndrome do Sábio.

O autismo e a Síndrome *Savant* tem algumas singularidades em comum, tais como: dificuldades na interação social, no compartilhar e mostrar suas emoções, apego a rotinas, interesse restrito por certos objetos ou partes de objetos, estereotipias, ecolalia, obsessividade, tendência ao isolamento, compreensão de metáforas, entendimento de frases "ao pé da letra", dentre outros sintomas.

Desde sua tenra idade, Daniel apresentou comportamentos singulares, diferentes das outras crianças. Quando bebê chorava muito e a solução era amamentá-lo ou então balançá-lo ininterruptamente. Seu desenvolvimento cognitivo estava dentro do esperado para uma criança de 2 anos de idade, porém a presença da agressividade excessiva e certa tendência para autoagredir-se era incomum. Em um assalto de ira acaba por machucar-se, batendo sua cabeça contra a parede por várias vezes. Esse é o início da história de Daniel, descrita por ele mesmo em seu livro intitulado *Nascido em um dia azul* (TAMMET, 2007).

Pequenino, frequentava o maternal e, em razão de seus comportamentos estereotipados, tendência ao isolamento, obsessivo com rotinas, imerso em um pensamento alheio ao que se passava ao derredor, recolhido em si mesmo e frequentemente voltando seu olhar para o chão, Daniel passou a ser estigmatizado como um menino com autismo. Quando criança sofreu com ausências temporárias e perturbações do sono decorrentes de crises de epilepsia e precisou ser medicado. No entanto, somente quando o medicamento foi suspenso é que passou a ter melhor desempenho escolar. Em sua infância vivenciou momentos complexos como não conseguir realizar a higiene bucal por causa do barulho que a escova gerava ao tocar os dentes.

Daniel era obsecado por coleções e com 8 anos de idade se punha a escrever sem cessar, descrevendo objetos, paisagens e cenários de modo pormenorizado. Por sua propensão ao perfeccionismo; padecia quando as coisas não saíam como desejava; por exemplo, dificuldades com a caligrafia por nem sempre as letras se apresentarem como um desenho natural para ele. Também comenta em seu livro sobre a dificuldade em compreender por que nas avaliações os números "9" não se apresentavam maiores do que os números "6" ou então com cores diferentes. Ficava surpreso de ver como as crianças se punham a correr e gritar em vez de ficarem quietas e isoladas, o medo de ser atingido por uma criança que estivesse correndo, ou por uma bola, fazia com que se sentasse à parte, longe de seus colegas. Comenta que se sentia bem diferente das outras crianças com 10 anos de idade, mas que sentia dificuldade em se expressar sobre isso.

Com o tempo Daniel perdeu o interesse pela escola, ficava enfadado por já ter pleno domínio sobre a escrita. Neste contexto, seu pai teve a ideia de lhe comprar alguns livros de enigmas matemáticos. Foi quando Daniel se apaixonou pelos livros, pela biblioteca, sendo este o melhor lugar para se manter tranquilo. Chegou a receber um prêmio de leitura pela biblioteca que frequentava por tantos livros que leu, além de aprender o alfabeto fenício.

Com 13 anos de idade aprendeu a jogar xadrez e participou de vários campeonatos; no entanto, por sofrer com a falta de concentração em ambientes ruidosos e por pelejar com dificuldades contra os sentimentos de frustração, abandonou as competições.

Após sair da escola, resolveu não frequentar a universidade por considerar que sentiria o mesmo desprazer. Ele desejava trabalhar na biblioteca por seu apreço aos livros. Contudo, encontrou disponibilidade para um trabalho voluntário e foi dirigido para a cidade de Kaunas, na Lituânia, onde prestou serviços em uma instituição que ofertava auxílio para mulheres em situação de desemprego e riscos sociais.

Daniel aprendeu o idioma do país e também desenvolveu uma melhor habilidade em se relacionar com as pessoas, percebendo que poderia ser proveitoso ser diferente em suas singularidades e, desta maneira, também adquiriu mais confiança em si mesmo.

Imagem 19

Daniel[26] relata que tem facilidade na aprendizagem de novos idiomas, chegando a dominar 11 deles (inglês (sua língua nativa), alemão, francês, islandês, finlandês, esperanto, espanhol, lituano, romeno, estoniano e galês), além do *Mänti*, por ele próprio criado e que ele relata como se fosse "uma expressão tangível e comunicável do meu mundo interior".

Sua memória é fantástica e, como consequência, em 2004 quebrou o recorde europeu de memorização e recitação de PI[27] realizado em Oxford. Ele declamou 22.514 dígitos num período de 5 horas, 9 minutos e 24 segundos. Explica que tais sequências numéricas despontam em sua mente como se fossem paisagens, e exemplifica que visualiza automaticamente que 338 é 13 ao quadrado multiplicado por 2. Ele também diz que "em sua mente cada número inteiro até 10 mil têm apresenta uma forma, textura e cor únicas, e faz uso dessa capacidade para realizar cálculos matemáticos"[28]. Para Daniel os números não são pensados como exatas abstrações, ao contrário, para ele são concretos, perceptíveis aos seus sentidos, são simples para serem compreendidos de maneira evidente tal como um cachorro ou

26. Imagem 19: Daniel Tammet. Recuperada de http://www.dw.de/business-finds-being-differently- abled-pays/a-16834594

27. Na Matemática é a razão entre o perímetro de um círculo e o seu diâmetro que produz o número PI. É também conhecido como o "termo matemático infinito".

28. Maiores informações e vídeos podem ser encontrados no website oficial de Tammet: http://www.danieltammet.net/

gato. Por outro lado, também narra que se sente desorientado quando está em ruas agitadas e que pela falta de concentração costuma se perder.

Fizemos menção anteriormente a Temple Grandin quando ela afirma que as pessoas têm mentes diferentes e que há diversos tipos de mentes. No caso de Daniel poderíamos dizer que sua mente tem a singularidade da sinestesia, uma condição neurológica que costuma ter origem genética. "Sinestesia é quando um caminho neurológico cognitivo ou sensorial leva a uma resposta em outra via cognitiva ou sensorial" (RIBAS, 2008). Para este autor são incluídas na sinestesia:

• habilidade de converter grafemas (letras, números e outros símbolos) em cores;

• habilidade de sequência especial, como é o caso da memorização de calendários, aniversários e outras datas consideradas importantes, tendo locais específicos no espaço;

• personificação ordinal linguística, de modo que os números passam a ter personalidade;

• sinestesia de som para cor, como exemplo, os acordes são notados como se fossem cores, ou a música pode ser percebida pelas mãos e, deste modo, explicada qual é a cor de um acorde.

Em 2005 um documentário[29] sobre as habilidades de Daniel foi realizado, o qual se intitula *Brainman: The boy with incredible brain* (O garoto com o cérebro incrível). Em uma entrevista no *Late show*[30] com David Latterman ele comenta que alguns cientistas estão investigando a respeito de como ocorre seus processos mentais.

Daniel também publicou em 2009 a obra *Embracing the wide sky: A tour accross the horizons of mind* (Abraçando o céu amplo: um passeio atravessando os horizontes da mente) que analisa suas potencialidades a partir de estudos científicos. Atualmente, é professor de idiomas a partir de seu próprio método chamado *Optimnem*[31], seus cursos são ministrados on-line. Segundo ele, a conversa via internet é mais simples, tranquila e segura para pessoas com autismo, e desta maneira ele pode trabalhar em seu próprio ritmo sem sair de casa.

Terminamos a história de Daniel pelo trecho com o qual ele inicia seu livro *Nascido em um dia azul* (2007, p. 7):

---

29. Documentário disponível em https://www.youtube.com/watch?v=z22H89rIMHk

30. Entrevista disponível no site https://www.youtube.com/watch?v=n4Arlam70bI

31. Informações no website oficial http://www.optimnem.co.uk/

Nasci em 31 de janeiro de 1979, uma quarta-feira. Sei que era uma quarta-feira porque a data é azul na minha mente e as quartas-feiras são sempre azuis, como o número 9 ou o som de vozes altas discutindo. Gosto de minha data de nascimento pela maneira como consigo visualizar a maioria dos números dela como formas regulares e redondas, semelhantes a seixos numa praia. Isto porque são números primos: 31, 19, 197, 97, 79 e 1.979 são todos divisíveis somente por si próprios e por 1. Consigo reconhecer os primos até 9.973 graças ao fato de serem "semelhantes a seixos". É assim que meu cérebro funciona.

13 GILLES TRÉHIN (FRANÇA, 1972)

Imagem 20

Gilles[32] quando criança recebeu o diagnóstico de autismo muito severo, porém, com notável habilidade para desenhar. Aos 12 anos de idade revelou-se um artista prodigioso deslumbrado por metrópoles, autor e criador de sua própria

---

32. Imagem 20: Gilles. Recuperada de http://www.avdmv.com/general/Mao/Gilles_Trehin_bestanden/Colmar.jpg

cidade imaginária chamada Urville, sobre a qual desenvolveu sua história, geografia, cultura e economia.

A princípio ele criou uma cidade típica do século XII, suas casas, ruas, detalhes interessantíssimos acrescentados constantemente com a evolução de sua história. O desenvolvimento da cidade é tão realístico que há zonas antigas e outras que se caracterizam como zonas modernas, já próprias do século XX.

Imagem 21

Em seu livro (TRÉHIN, 2004) com o mesmo nome da cidade, prefácio de Uta Frith, ele traz narrações pormenorizadas sobre a cidade, seus edifícios, arquitetura formidável, vasta infraestrutura, metrôs por ele desenvolvidos por cerca de 20 anos. Urville[33] existe na mente de Gilles e possui 12 milhões de habitantes, muitos edifícios arranha-céus, um sem-número de praças e ruas.

Gilles participou de várias conferências sobre autismo apresentando sua cidade imaginária. Ele relata que desde os 5 anos de idade se sente atraído por grandes cidades e por aviões. O nome Urville tem sua gênese em Dumont d' Urville, uma base científica que fica em um território francês na Antártida. No início, por volta dos

<hr />

33. Imagem 21: do livro Urville. Recuperada de Fonte: http://www.autismediffusion.com/Files/21499/Img/13/urvillea6.jpg

12 anos de idade, ao regressar de suas férias em Nova York, começou a construir sua cidade em *Lego*, posteriormente em 1987, percebeu que conseguiria expandi-la com maior facilidade em sua própria mente, e então passou a dar continuidade a essa expansão a partir de seus desenhos.

Seu livro *Urville* (2004) agrupa mais de 300 desenhos meticulosos, é rico em detalhes, inclusive, pormenoriza a história da cidade com os impactos da Revolução Francesa, como também da Segunda Grande Guerra Mundial. Eis um trecho de seu intrigante livro:

> Em 1789, durante a Revolução Francesa, *Urville* tinha 2,8 milhões de habitantes, mas o número de moradias se tornou muito limitado para acolher o enorme crescimento da população devido à Revolução Industrial.

E ainda,

> Por mais que a cidade fosse poupada durante a Primeira Guerra Mundial, chegou a sofrer bombardeios durante a Segunda Guerra Mundial. Contudo, o povo de *Urville* pagou um preço alto: cerca de 300 mil pessoas foram mortas durante a Primeira Guerra Mundial, e mais de 200 mil pessoas durante a Segunda Guerra Mundial. Após a Segunda Guerra Mundial a França conhece um movimento gigantesco de pessoas a partir da migração para as cidades. Com este fenômeno a população de *Urville* passou de 7,9 milhões para 1,6 milhão de habitantes em 1990, apenas 40 anos depois.

Em seu caráter insigne, Gilles, por meio de *Urville*, presenteia a todos com um incomum reflexo da mente de um sábio (*savant*), em uma arte similar à façanha linguística e matemática de Daniel Tammet e igualmente semelhante à história de Stephen Wiltshire com seus desenhos de paisagens claras e exatas a partir de sua memória. Em Gilles e Stephen vemos com clareza que o eixo de interesse é o universo físico, sua constituição. Esse eixo de interesse toma suas atenções de maneira tão intensa que se sobrepõem ao que pode ser mais importante, interessante ou mesmo fastidioso para as demais pessoas.

Imagem 22

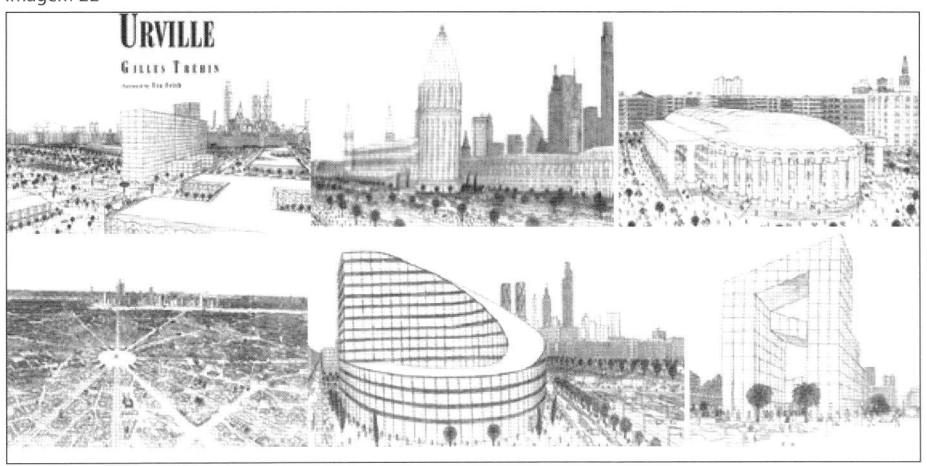

Gilles, até onde sabemos, vive em um apartamento com a namorada Catherine, ambos com autismo. Ele continua escrevendo diversos livros sobre sua cidade imaginária, a Urville[34].

14 RICHARD WAWRO (ESCÓCIA, 1952)

Imagem 23

Richard aos 3 anos de idade foi diagnosticado como "moderado a severamente retardado", mais tarde, revisto como um caso de autismo. Apresentava comporta-

34. Imagem 22: Urville. Recuperada do site http://www.mercuryu.com/wp-content/uploads/G-Judo-Urville.png

mento obsessivo por rotinas, movimentos estereotipados, dava voltas em torno de si mesmo enquanto caminhava e manifestava uma preocupação incomum com o piano sempre batendo em uma mesma tecla por horas, além de girar objetos constantemente. Em meio as suas crises perturbadoras ele costumava fazer um intervalo e então ficar olhando para as fontes de luz, demonstrando maior prazer em olhar diretamente para o sol. Somente utilizou a linguagem oral compreensível a partir dos 11 anos de idade. Precisou fazer cirurgias para a retirada de cataratas e por esta causa ficou com sérios problemas na visão.

Seus pais decidiram que ele deveria receber alguma educação, embora já tivesse sido rejeitado por muitas escolas que o consideravam difícil demais de ser trabalhado. Perseverantemente, sua mãe acabou por encontrar uma escola na cidade vizinha de Cuparaque, que resolveu aceitá-lo. Nesta escola, incentivado por sua Professora Molly Leishman, Richard aprendeu a desenhar com 6 anos de idade e lhe retirou com emoção as seguintes palavras: "O que eu vi foi mágico. Foi impressionante e eu não podia acreditar no que estava vendo" (TREFFERT, 2006).

Ainda criança começou a desenhar em uma lousa e a cobria com muitas imagens. Depois, aos 6 anos de idade passou a se interessar por giz de cera, já dando evidências de seu extraordinário talento. Enquanto crescia, mais ele desenhava e, portanto, mais estável ele foi se tornando. Embora não oralizasse, ele fazia uso dos desenhos para se comunicar. Ele desenhava aspectos de seu cotidiano, desde o café da manhã, o ônibus da escola, transportes, rodoviárias e os personagens vistos na TV. Seus desenhos costumam ter cenas da natureza, de animais. Mas depois preferiu se dedicar aos cenários das paisagens e de temas que havia visto e memorizado de programas de TV, guias de viagem e experiências vividas. Independente da temática de seus desenhos, tudo tinha sua gênese em sua memória.

Mesmos seus desenhos iniciais já apresentavam sua habilidade em desenhar em perspectiva. Para seus pais, era difícil acompanhar o ritmo de Richard, que desenhava possuído de um frenesim e, logo, não havia tanto papel disponível para seu uso, o que o impulsionava para desenhar nas paredes da casa. Contudo, em 1960 seu pai foi trabalhar em Edimburgo como engenheiro civil e assim conseguia trazer para casa os desenhos de engenharia que eram descartados para que ele pudesse aproveitar desenhando no verso do papel.

Aos 12 anos seus desenhos foram conhecidos por Marian Bohusz-Szyszko, da Escola Polonesa de Arte em Londres, que ficou estarrecida com sua obra e a descreveu como "fenômeno incrível processado com precisão de mecânico e com a visão de um poeta" (TREFFERT, 2006).

Treffert (2006) médico e professor na University of Wisconsin Medical School, Madison, Estados Unidos, descreve o caso de Richard e comenta que ele possuía uma memória extraordinária, pois se lembra da imagem que desenhou detalhando o local em que estava e a data da feitura. Richard se baseia em imagens que viu somente uma vez na TV ou em um livro exposto em alguma livraria que aprecia frequentar. Sua memória é exata, porém, acrescenta sua originalidade, sua própria interpretação ou súbitos improvisos às imagens que, com muita facilidade, consegue dar tonalidade especial às luzes e sombras apreendidas. Seus desenhos são emocionantes, repletos de detalhes com profundidade e cor intensas.

A arte era sua vida e sua paixão. Richard tinha consciência de seu talento e gostava de compartilhá-lo com outras pessoas. Nos descritos de Treffert (2006) há comentários de que Richard, após concluir suas obras, rapidamente as levava para a apreciação de seu pai, Tadeusz, de quem recebia muitos elogios e celebrações e também era incondicionalmente amado por sua mãe Olive, falecida em 1979.

Imagem 24

Sua primeira exposição foi na cidade de Edimburgo, Escócia, aos 17 anos de idade. Ele foi um notável artista que vendeu mais de 1.000 fotos em mais de 100 exposições pela Europa e América do Norte, uma delas estreada por Margaret Thatcher quando era ministra da Educação na Grã-Bretanha. Anos mais tarde, em uma de suas visitas a Edimburgo, Thatcher disse que Richard era seu artista predileto. Ele tinha muito prazer em viajar, principalmente para os Estados Unidos, onde foi considerado e aceito como um artista em seu próprio direito e não como um artista com deficiência (TREFFERT, 2006).

Em 1983 foi realizado um documentário sobre Richard Wawro e exibido pelo *With Eyes Wide Open*[35]. Segundo o Dr. Laurence Becker, produtor do filme, "é como se dentro dele que o espírito estivesse clamando para ser livre, e para si mesmo e para cada espectador, sua arte, seu desenho definisse o livre" (TREFFERT, 2006).

Imagem 25

Richard também gostava muito de música e era fã das músicas dos anos de 1960. Logo no início dos primeiros acordes de uma música já era capaz de dizer quem a havia tocado pela primeira vez e quem era o cantor.

A obra de Richard é formidável e revela a superação de um ser humano notável, com visão comprometida a ponto de ser considerado "tecnicamente cego" e com diagnóstico de autismo, cujos critérios diagnósticos profetizam, frequentemente, o pior. Sua obra é admirada por outros artistas e também pelo público popular.

Em fevereiro de 2006 Richard faleceu vítima de um câncer de pulmão. Embora estivesse frágil fisicamente, suportou a doença sempre com um caráter otimista e alegre.

Richard Wawro nos deixou um legado[36] digno de atenção. Sua vida e arte nos mostram como o espírito humano em sua persistência e criatividade pode superar extremas dificuldades, inclusive aquelas provenientes de sintomas diversos, como

35. Documentário disponível no site https://www.youtube.com/watch?v=Pvys7263DNc

36. Imagens 23, 24 e 25: a galeria de obras de Richard consta no site construído com muito amor por seu irmão Michael Wawro na intenção de que Richard sempre seja lembrado. As imagens de Richard aqui contidas estão disponíveis em http://www.wawro.net/

é o caso do autismo. No entanto, há que se lembrar que o apoio da família e de professores pode ser determinante para tais superações.

15 Tito Rajarshi Mukhopadhyay (Nova Delhi, Índia, 1989)

Imagem 26

Tito[37] nasceu no sul da Índia e foi diagnosticado aos 3 anos de idade como um "autista clássico" com baixo rendimento, ou seja, segundo essa nomenclatura ele apresentaria deficiência intelectual severa, sem desenvolvimento da linguagem, padrões de comportamento simples e bem restritos. Já aos 18 meses sua mãe Soma (uma engenheira química) percebeu que havia algo de diferente no desenvolvimento do filho. Ele se apresentava à margem e se recusava a falar.

Em seu quadro sintomático apresenta movimentos repetitivos e estereotipados, barulhos incomuns, tem dificuldades para compreender o significado das expressões dos rostos das pessoas e não mantém contato visual olho a olho.

Soma decidiu que não se entregaria às profecias do diagnóstico médico proferido ao seu filho, de modo que sua coragem e determinação fizeram total diferença para o desenvolvimento de Tito. Soma desenvolveu seus próprios métodos para ensinar Tito tudo aquilo que ela considerava que ele deveria aprender. Ela procu-

37. Imagem 26: Tito. Recuperada de http://www.spectrumthefilm.com/#!Tito-Mukhopadhyay/zoom/cjg9/i123m6

rava favorecer sua aprendizagem a todo o momento de maneira incessante. Não permitia que seu filho ficasse absorto ou inerte, ela o conduzia a caminhadas diárias enquanto falava com ele sobre todas as coisas que se encontravam ao seu redor.

Determinada a ensinar o filho a escrever, passou a amarrar um lápis em sua mão para que visse como deveria escrever e mesmo, apesar das muitas resistências de Tito, ela insistia até que ele lhe desse atenção e fizesse o que lhe havia sido proposto. Em certa ocasião Soma percebeu que o filho olhava para um calendário, foi quando ela apontou para os números e os disse em alta voz. Uma semana depois Tito aprendeu as operações de adição e subtração e a formar palavras indicando números e letras em um quadro, nesta época ele não tinha completado 4 anos de idade. Soma se dedicava totalmente ao processo de aprender de seu filho. Diariamente, lia livros de Shakespeare, de Esopo, Dickens e depois solicitava a Tito que escrevesse suas próprias histórias. E foi exatamente o que aconteceu...

Entre os 8 aos 11 anos de idade Tito compilou diversos de seus escritos e aos 13 anos publicou o livro *Beyond the Silence: my life, the world and autism* (Além do silêncio: minha vida, o mundo e autismo) com prefácio escrito por Lorna Wing, importante estudiosa, pesquisadora e escritora sobre o autismo (MUKHOPADHYAY, 2000).

Tito relata que considera difícil falar e ouvir ao mesmo tempo, bem como ter a iniciativa de pegar uma caneta ou um caderno antes que sua mãe lhe solicite. Contudo, é diferente quando se põe a escrever. Tito consegue expressar seus pensamentos e seus sentimentos. O caso de Tito é de suma importância para que familiares e professores compreendam que o autismo é algo a mais que incorpora à subjetividade de uma pessoa. Logo, não é o diagnóstico de autismo que deve ser supervalorizado, mas sim as singularidades, as potencialidades da pessoa.

O livro escrito por Tito chamou a atenção da roteirista de Hollywood, Portia Iverson, diretora de arte, premiada com o *Emmy* e mãe de um garoto com autismo. Portia e seu marido Jonathan Shestack, produtor de filmes de Hollywood, fazem parte da maior instituição privada dos Estados Unidos dedicada a financiar pesquisas sobre autismo, a Cure Autism Now (Curar o autismo agora) e resolveram patrocinar a mudança de Soma e Tito para Los Angeles no ano de 2001, além de os apoiarem no que precisarem. Constantemente, ambos tem sido foco de pesquisadores interessados no tema e também da mídia.

Tito[38], com sua capacidade de dizer ao mundo como se sente, traz contribuições para o melhor entendimento sobre como o autismo pode se manifestar nas pessoas. Segundo ele, o motivo que o faz balançar e realizar movimentos estereotipados com as mãos é para conseguir sentir seu próprio corpo.

Imagem 27

Ele também relata que aos 4 ou 5 anos de idade apresentava dificuldades em perceber que tinha um corpo, salvo quando sentia fome ou quando estava tomando banho e sentia seu corpo molhado. Para ele eram necessários movimentos repetitivos para conseguir sentir seu próprio corpo e saber que ele existia.

Segundo Tito, as pessoas que têm autismo têm dificuldades com a parte sensorial e, por isso, costumam fazer opções por algum dos sentidos sensoriais. No caso dele, a opção foi pela audição, de maneira que dá atenção aos sons da linguagem e às informações transmitidas oralmente. Já a visão é um canal sensorial que lhe traz maiores complicações no modo de perceber o mundo. Segundo ele "as formas vêm primeiro e depois vêm as cores. Se a coisa se movimenta, tenho que começar tudo novamente" (LANGER, 2003).

Os pesquisadores dizem que o caso de Tito desafia todos os conceitos já desenvolvidos para o autismo. Por esta causa, ele também ficou conhecido como a "Pedra de Rosetta do Autismo", a pedra entalhada que possibilitou que os hieróglifos do Egito fossem traduzidos, pois Tito surpreende a todos relatando como "é estar preso em um corpo e mente autista" (MOFFITT, 2011).

---

38. Imagem 27: Tito e Soma. Recuperada de http://danaroc.com/inspiring_041910soma.html

Certo dia, Tito foi entrevistado por Madhusree Mukerjee (2004), ex-redator da *Scientific American*, e depois de ser observado por algum tempo em suas dificuldades em casa, ouviu a seguinte questão: "Tito, você gostaria de ser normal?", e com letras maltraçadas, porém legíveis, escreveu em resposta: "Por que eu deveria ser Dick e não Tito?"

Em seu livro *The Mind Tree* (2003) (A árvore da mente), Tito narra que um médico na Índia afirmou para seus pais que ele não era capaz de compreender o que se passava ao seu derredor. Entretanto, em seu espírito ele declarou "eu entendo muito bem!" Ele também descreve a respeito do que nomina suas duas personalidades: uma delas, "pensante, repleta de aprendizados e sentimentos", e a outra "agente, estranha e repleta de ações" que se colocam de modo involuntário.

As narrativas de Tito são emocionantes e nos colocam a refletir sobre a profundidade do que optamos chamar de "mistério" presente em pessoas com o quadro sintomático do autismo. Ainda em seu livro (2003) ele conta que certa ocasião se colocou frente a um espelho, numa tentativa árdua e clamante para que sua boca se mexesse e ele pudesse falar. Como na maioria das vezes Tito fala de si mesmo usando a terceira pessoa do singular, escreveu: "Tudo que sua imagem fazia era olhar de volta".

Tito chama a atenção dos pais para que não considerem o comportamento de seus filhos como uma teimosia ou indiferença aos acontecimentos. Ele descreve que há grande dificuldade no controle dos movimentos e que "se via como uma mão ou como uma perna e girava para que todas as suas partes do corpo se juntassem" e que por essa causa é que os movimentos repetitivos de rotação acontecem, num esforço de se ter mais consciência sobre as sensações de seu corpo.

Segundo o neurologista Yorram Bonneh, do Weizmann Institute of Science[39], da cidade de Rehovot em Israel, parece que Tito, assim como outras pessoas com autismo, sofre com impulsos sensoriais que acontecem de maneira muito violenta e conflitantes entre si, de modo que se torna difícil ser capaz de ver e ouvir alguém ao mesmo tempo e, como consequência, apresentam a tendência de se poupar, resistir ou evitar de olhar outras pessoas nos olhos. É como se houvesse uma hierarquia de sentidos, onde a audição, no caso de Tito, anulasse a visão e ambas aniquilassem o sentido do tato, pois em seus relatos e nas experiências feitas por Bonneh junto a Tito, evidenciam que em muitas situações seus dedos pareciam não sentir nada. É como se todos esses fenômenos provocassem uma fragmentação

---

39. Em 2013 foi publicado no Youtube um documentário sobre Tito realizado pelo Weizmann Institute of Science. Disponível em https://www.youtube.com/watch?v=d2FJkQVLQ-U

na percepção do mundo exterior com todos os seus corpos e seres por meio dos sentidos isolados ou, nas palavras de Tito (2003), "mundo fragmentado percebido através de sentidos isolados".

Sua compreensão sobre o universo se dá por meio da leitura feita por ele ou então pela leitura feita por sua mãe. Em poesia, Tito (2003) escreve: "É graças ao meu conhecimento pelos livros que fui capaz de falar que o ambiente era constituído de árvores e ar, vivos e não vivos, isso e aquilo".

Em sua experiência com seu filho, Soma acabou desenvolvendo uma estratégia de ensino que se chama "Método de Sugestão Rápida"[40]. Em Los Angeles ela utiliza seu método junto a outras crianças com autismo e, segundo relatos, tem obtido muito sucesso. O princípio de seu método é fazer uso do canal sensorial que estiver "livre" na criança, enquanto a criança responde por meio de letras ou imagens. Segundo Soma, algumas vezes ela toca a mão ou o ombro das crianças e as faz cessar o que estavam fazendo quando percebe que seus pensamentos se mostram absortos. De acordo com Tito, o toque provoca na criança o sentir aquela determinada parte do corpo e então controlá-la. O método desenvolvido por Soma ainda não foi reconhecido pela ciência; no entanto, vai ao nosso encontro quando temos dito em nossos estudos já publicados sobre a importância de se estabelecer sentido e significado para o processo de ensinar e aprender da criança com autismo, bem como sobre a relevância de se buscar eixos de interesse para o desenvolvimento de sua aprendizagem.

Diversos estudos sobre o autismo têm afirmado que crianças com esse quadro sintomático não desenvolvem sua imaginação, tampouco a capacidade de se examinar subjetivamente, de observar os fenômenos psíquicos da própria consciência. Não obstante, o caso de Tito, diagnosticado como um autista de baixo rendimento, refuta essa conclusão. Em um de seus escritos publicados em seu livro, ele se revela com o poema: "Primeiro um quarto transparente, depois um teto transparente... e um reflexo transparente de mim mesmo mostrando apenas as cores do arco-íris do meu coração".

A riqueza das contribuições de Tito para nossa sociedade pode ser percebida por meio das linhas poéticas que ele escreve. Vejamos alguns trechos:

> Eu sonho que um dia poderemos crescer em uma sociedade amadurecida onde ninguém seria "normal ou anormal", mas apenas seres humanos, aceitando qualquer outro ser humano, pronto para crescerem juntos (MUKHOPADHYAY, 2003).

---

40. Maiores informações podem ser encontradas no website de Soma Mukhopadhyay. Disponível em http://www.halo-soma.org/main.php?sess_id=cd10e6593fab18ad5edaf99150dce6fd

Talvez seja noite
Talvez seja dia
Eu não posso ter certeza
Porque eu ainda não estou sentindo o calor do sol
Eu sou a árvore mente. [...]
Eu não posso ver ou falar
No entanto, eu posso imaginar
Eu posso esperar e eu posso esperar
Eu sou capaz de sentir dor, mas eu não posso chorar
Então, eu só sei esperar a dor diminuir
Não posso fazer nada além de esperar
As minhas preocupações e inquietações
Estão presas dentro de mim em algum lugar no meu interior
Talvez em minhas raízes
Talvez em minha casca. [...] (MUKHOPADHYAY, 2003).

Homens e mulheres estão confusos com tudo o que faço
Os médicos utilizam terminologias diferentes para me descrever
Eu só quero saber
Os pensamentos são maiores do que eu possa expressar
Cada movimento que eu faço mostra como me sinto preso
Sob fluxo contínuo de acontecimentos
O efeito de um motivo torna-se a causa de outros efeitos
E eu me pergunto
Eu penso sobre os momentos em que eu mude o ambiente em torno de mim
Com a ajuda da minha imaginação
Eu posso ir a lugares que não existem
E eles são como belos sonhos.
Mas é um mundo cheio de improbabilidades
Correndo em direção à incerteza (MUKHOPADHYAY, 2000b, poema 1).

Quando você está tentando pensar azul
E acaba pensando preto
Você pode ter certeza que ficará frustrado
Uma e outra vez que isso acontece comigo
E eu fico muito desamparado
Caso contrário, por que eu deveria me levantar e girar a mim mesmo?
Girando, o meu corpo
Traz algum tipo de harmonia para os meus pensamentos
Para que eu possa centrifugar para longe todos os pensamentos negros
Eu percebo que quanto mais rápido eu giro
Mais rápido eu afasto o preto

> Quando eu tenho certeza que até o último grão de preto
> Tenha ido para longe de mim
> Então eu giro para trás na direção oposta.
> E puxo os pensamentos azuis em mim
> Depende do quanto eu quero azul
> Se eu quiser mais azul eu tenho que girar mais rápido
> Caso contrário, não tão rápido
> É como ser um ventilador
> O problema é que, quando eu parar de girar,
> Meu corpo dispersará
> E é tão difícil coletá-lo juntos novamente (MUKHOPADHYAY,
> 2000b, poema 4).

E ainda, *Eu não sou um poeta, mas eu escrevo a poesia: Poemas da minha mente autista*, título de um de seus livros publicados, no qual, por meio da poesia, ele aborda sobre a universalidade da condição humana (MUKHOPADHYAY, 2012).

O caso de Tito, a nosso ver, é uma ruptura paradigmática no que diz respeito a teorias já criadas sobre a concepção do autismo e suas consequências na vida de pessoas com a síndrome. Sua criatividade e percepção peculiar causam estranhamento aos adeptos dos pressupostos da Teoria da Mente (FRITH, 1989) e da *Relation Frame Theory* (SKINNER, 1989) pertinente à abordagem comportamental. Após as revelações de Tito, fica mais do que evidente que não se deve ou não se pode conceber pessoas com autismo a partir dos critérios diagnósticos impostos pela psiquiatria através do DSM. A crença na profecia dos critérios diagnósticos que materializam o quadro sintomático do autismo e coisificam crianças que são diagnosticadas com autismo é tão prejudicial como a ação de matar, aniquilar, esfacelar esse indivíduo em todas as suas possibilidades de aprendizagem e desenvolvimento. O autismo, como temos dito, é apenas uma das singularidades que compõe a subjetividade de uma pessoa, de uma criança que, em sua diferença, é semelhante às demais, constituindo-se por corpo, alma, mente e espírito.

Concluindo... certa feita, alguém perguntou a Tito sobre sua opinião a respeito de alguma interpretação malcolocada sobre pessoas com autismo. E ele respondeu: "O maior engano é pensar que as pessoas com autismo não têm qualquer compreensão".

16 FAJCSÁK HENRIETTA SETH (EGER, HUNGRIA, 1980)

Nascida na Hungria, Henrietta, como costuma ser conhecida, aos 9 meses de idade já oralizava, no entanto, de maneira ecolálica, apenas reproduzindo aquilo que ouvia. Seu comportamento era considerado obsessivo, com padrões rotineiros, sempre abrindo e fechando portas. Apenas desejava comer pudim e tomar chocolate, nunca se punha cansada e dormia muito pouco. Ainda criança recebeu o diagnóstico de autismo. Ela também sofreu com problemas de coração, miopia,

Imagem 28

astigmatismo e estrabismo, além de doenças ortopédicas e outros incômodos físicos. Ao longo de sua vida Henrietta passou por vários e sérios problemas de saúde (TREFFERT, 2007).

Aos 5 anos de idade sofreu de "trombocitopenia imune", uma espécie de doença autoimune, mas se recuperou após realizar um tratamento em Budapeste. No ano de 1987 todas as escolas de ensino fundamental da cidade onde vivia recusaram sua matrícula em razão de suas dificuldades para se comunicar e por não estabelecer nenhum contato visual. Em 1989 foi matriculada em uma escola para alunos com deficiência intelectual. Entretanto, Henrietta também passou a frequentar uma escola de arte e música.

Aos 8 anos de idade ela apresentava um excelente nível de conhecimento e já conhecia o livro de poemas escrito por Attila Jozsef[41]. Também já tirava melodias da flauta e aos 10 anos tocava contrabaixo. Percebeu-se então que Henrietta levava

---

41. Escritor húngaro do século XX. Inscreveu-se no Partido Comunista, do qual foi expulso em 1932 por propor uma revisão da doutrina marxista. Sofreu influência do surrealismo e seus poemas retratam a descrição da vida das classes mais humildes tomados por uma crítica lúcida sobre a sociedade contemporânea.

consigo as singularidades do autismo, mas também um notável potencial para a área de letras e das artes (TREFFERT, 2007).

Aos 9 anos de idade iniciou suas composições poéticas e participou de vários eventos e concursos de literatura, obtendo muito sucesso. Aos 10 anos venceu um pequeno concurso de histórias. Em 1995 iniciou seus estudos na escola secundária de arte de Geza Gardonyi Cistercitan, época em que sua memória contribuiu para que tivesse êxito no desenvolvimento de suas habilidades. Aos 13 anos de idade participou em vários concertos do Helyorsegi Klub, na Hungria, porém, abandonou por completo as atividades musicais.

Imagem 29

Aos 18 anos de idade recebeu o primeiro prêmio húngaro Géza Gárdonyi e aos 20 anos ganhou o primeiro lugar no International Literature Competition (Concurso Internacional de Literatura).

Henrietta hoje é conhecida como sendo poetisa, escritora, pintora e artista[42]. Publicou vários livros e tem triunfado com suas exposições por muitos países.

---

42. A imagem 28, de Henrietta Seth, sua composição, imagem 29, e informações aqui expostas podem ser encontradas no site http://5mp.eu/web.php?a=savant

Em 2005 publicou seu livro *Autizmussal önmagamba Zarva* (tradução mais próxima ao português: "Aprisionada em mim mesma com o autismo"). Do mesmo modo, participou de um documentário intitulado "Liberdade de expressão", produzido pelo cineasta húngaro Sandor Henriett Friderikusz, onde ela falou sobre seu autismo e sua obra de arte (TREFFERT, 2007). Também escreveu diversos artigos acerca da "vida autista". No ano de 2009 foi diagnosticada com câncer. Em 2010 produziu um monograma com detalhes da vida de Donna Williams e Birger Sellin, sobre o autismo.

17 BIRGER SELLIN (BERLIM, ALEMANHA, 1973)

Birger apresentava desenvolvimento "normal" para o esperado no que condiz a literatura médica até os 2 anos de idade. Mostrava-se carinhoso e extrovertido. Repentinamente viveu uma completa transformação e, mesmo desejando interagir com as pessoas, desejando se expressar oralmente, ele se isolou totalmente. Passou a desenvolver comportamentos antissociais, movimentos estereotipados das mãos, balanço contínuo do tronco, passou apenas a balbuciar algumas palavras e, por fim, completo mutismo e ausência de contato visual.

Chegou a frequentar um centro infantil pré-escolar em 1974, mas ficou doente em diversas ocasiões e com muitas recaídas sérias. Seus pais o levaram em clínicas médicas, mas não obtinham sucesso em nenhum tratamento. Colocaram-no então em um centro infantil pré-escolar para crianças com transtornos de motricidade que, com o passar de algum tempo, perceberam a partir de um jogo de memória que Birger demonstrava ter "faculdades cognitivas". Aos 4 anos e meio de idade seus pais o levaram para realizar exames clínicos e psicológicos na Universidade Livre de Berlim, ocasião em que o diagnosticaram com a presença do autismo (FLETES et al., 2013).

A partir desse diagnóstico Birger frequentou centros educacionais especializados para crianças com autismo e devagar foi progredindo em seu desenvolvimento. Aos 5 anos de idade aprendeu a ler e desenvolveu habilidades básicas com vistas a uma vida mais autônoma e independente. Contudo, permanecia sem oralizar. E nenhuma forma de comunicação parecia ser bem-sucedida com ele. Em razão disso, sua família era fortemente impactada e Birger chegou a alcançar um profundo isolamento social.

No ano de 1983 nasceu Jonas, irmão de Birger, já com 10 anos de idade. Seus pais julgavam que Birger não teria nenhuma reação a respeito do nascimento do mais novo filho. Todavia, ficaram assombrados, pois Birger fez contato com o irmão e demonstrou aceitá-lo. Durante sua puberdade Birger teve grande piora no relacionamento com sua família que sofria muito com toda a situação vivida. Os ataques de fúria e isolamento profundo eram difíceis de serem suportados tanto por Birger como pela sua família (FLETES et al., 2013).

Não obstante, na década de 1990, mais uma transformação radical ocorreu na vida deste rapaz. Ao completar 18 anos de idade, Birger se certificou de que na verdade era um doente mental incurável. Contudo, seus pais, muito dedicados, conheceram os benefícios e contribuições da comunicação alternativa facilitada. Na época essa metodologia era muito questionada, pois acreditavam que as pessoas com sérios comprometimentos na área da comunicação, embora tivesse inteligência, estariam bloqueadas, incapacitadas de poderem se expressar oralmente. Assim, nesse contexto da comunicação facilitada daquele momento, uma pessoa de confiança se sentava com a outra com dificuldades de comunicação e daria suporte a sua mão ou antebraço para facilitar o início do ato de escrever em frente a um computador ou a uma máquina. O objetivo era conseguir que a pessoa, então entendida como "bloqueada", pudesse adquirir confiança suficiente para não precisar desse tipo de suporte no futuro.

Foi desta maneira que Birger começou a se comunicar por meio da escrita utilizando um computador. A partir deste canal de comunicação é que sua família teve a oportunidade de melhor conhecer seu próprio filho e irmão, avistando de modo surpreendente que Birger sempre estivera consciente sobre tudo o que havia se passado em torno de si mesmo durante todos esses anos de sua vida.

O caso de Birger revela com clareza o impacto sofrível de se viver junto a alguém com quem não se consegue comunicar, como consequência, que quase não se pode compartilhar os fatos, experiências da própria vida. Para as famílias das pessoas com autismo, isto pode ser um fator de grande angústia, desespero e, às vezes, perda da esperança e expectativas com o filho.

A descoberta da comunicação facilitada[43] pelos pais de Birger, hoje também conhecida como comunicação alternativa e/ou aumentativa, evidencia a ne-

---

43. A Comunicação Facilitada surgiu na Austrália em 1977, com Romero Crossley (Professor do St. Nicholas Hospital).

cessidade de sempre os professores buscarem desenvolver, descobrir, inventar e reinventar estratégias metodológicas diferenciadas para o desenvolvimento da linguagem, da comunicação junto às pessoas com autismo.

Imagem 30

Aos 18 anos de idade, Birger Sellin[44] escreve seu primeiro livro intitulado *Quiero dejar de ser un dentro de mi: mensajes desde una carcel autista* (Quero deixar de ser um "dentro de mim": mensagens desde uma prisão autista), no qual narra como se sente sendo preso ao autismo e declara:

> Em qualquer caso, quero aprender a escrever corretamente porque é o caminho que leva à independência. Este mundo precisa simplesmente saber como é estar enterrado vivo. A solidão de um autista é como uma massa de barro que prolifera na alma (1994, p. 111).

Birger escolheu um título muito angustiante para seu livro. As interpretações podem ser diferentes, é claro, mas penso que ele esteja realmente comparando seu "cárcere pelo autismo" como a cela de uma prisão onde não se podem fazer visitas, onde não há comunicação com o universo exterior, onde há medo do desconhecido, onde conversas com pessoas queridas não são permitidas, onde há uma solidão e nostalgia profunda.

Em seu livro *Une ame prisonnière* (Uma alma prisioneira) (SELLIN, 1993) publicado em francês, ele descreve como se sente por meio de sua poesia:

---

44. Imagem 30: Birger Sellin. Recuperada do site http://www.galaxiagutenberg.com/autores/sellin-birger.aspx

Agora somente componho um canto
Sobre a alegria de poder falar,
Um canto para os autistas sem voz,
Para cantá-lo nos asilos e casas de loucos.
Cravos plantados nas fendas dos ramos são os instrumentos.
Canto esta canção depois de ter vivido a profundidade do inferno.
E chamo a todos os mudos deste mundo
Para que façam desta canção o seu canto,
Façam derreter suas muralhas de gelo
E rejeitem serem excluídos.
Nós queremos ser a nova geração de mudos,
Uma tropa com seus cantos e novas canções.
De maneira tal que aqueles que falam,
Nunca ouviram falar.
E entre todos os poetas,
Não encontrei os de voz perdida.
Assim que nós queremos ser os primeiros.
Nossos cantos não podem ser ignorados.
Escrevo poemas para meus silenciosos irmãos e irmãs.
Para que nos entendam
E nos deem um lugar para viver com todos vocês,
Uma vida em sociedade.

Birger (1994) também nos emociona com seus profundos dizeres poéticos, declarações de sua alma:

> Sou apenas um "sem mim" que saiu em pessoa da escuridão do mundo autista para ter contato com "mundi habitantes" de seu gênero, porém não posso participar em sua vida porque meu mundo ainda me tem algemado. Sigo buscando o caminho de saída em sua direção e anelo fazer coisas essenciais e me atormento pensando como alguém pode se liberar do cativeiro. Escrever é meu primeiro passo para sair desse outro mundo e estou contente de que lá tenha saído um livro...

> Quero de verdade que saibas o que se passa por dentro das crianças autistas. Sem tocar a escrita temos um medo tal que não se pode comparar com nada. Podes imaginar o que é viver em um sistema social que te declara louco para sempre, que és a encarnação de tais aberrações de mal elementar, que és indescritível pelo conhecimento dessas aberrações... Vemos que nosso sistema não pode estar certo. Quero que todos saibam que as crianças autistas não são tolas como muitos supõem. Eu sem escrever não sou um verdadeiro ser humano, pois é a única forma de expressão que tenho. Ademais, é a única maneira

de me manifestar como penso. Isso eu faço também, porém, ainda é muito difícil, quase como uma surra, me parece.

Birger escreveu diversos livros. Todos eles abordam sobre suas angústias e sentimentos, ele escreve sobre os seus próprios pensamentos. Ele sempre se mostra preocupado com outras pessoas com autismo e com a maneira pela qual essas pessoas descobrirão a saída de seus cárceres e das algemas do autismo.

18 DONNA WILLIAMS (MELBOURNE, AUSTRÁLIA, 1963)

Imagem 31

A autobiografia de Donna Williams[45], "Meu mundo misterioso" (WILLIAMS, 2012) realmente é algo que nos faz refletir sobre o mundo misterioso do autismo. Não é uma leitura muito fácil de fazer, pois exige de nós a capacidade de desconstruir muitos de nossos discursos já cristalizados pela cultura tradicional que padroniza comportamentos normais e anormais, como se de fato pudéssemos, com certeza, dizer o que é ou não normal sem ignorarmos às singularidades das pessoas, suas condições subjetivas. Donna traz revelações subjetivas sobre o autismo, diagnóstico que demorou muitos anos a conhecer, embora seus pais, em 1965, tivessem ouvido por meio de um médico que sua filha era uma criança com

---

45. Todas as imagens aqui referentes a Donna Williams (imagens 31 a 35) estão disponíveis em seu website oficial http://www.donnawilliams.net/

autismo. Contudo, seus pais não levaram adiante esse diagnóstico, que acabou sendo esquecido.

Pela densidade da autobiografia de Donna, procuraremos nos ater às questões que consideramos mais pertinentes e contributivas para familiares e professores no que diz respeito, principalmente, ao processo de aprendizagem e desenvolvimento, além das conclusões da própria Donna acerca do autismo. Tal como Donna diz e endossamos, suas experiências não devem ser generalizadas a todas as pessoas com autismo; podem servir, talvez, para alguns casos, para a ampliação de conhecimentos.

Donna nasceu e cresceu em uma família extremamente problemática. Durante toda sua vida sua relação com a mãe foi quase insuportável e, segundo seus relatos, em nenhum momento de sua vida pôde contar com sua mãe como uma apoiadora, uma pessoa amorosa ao seu lado para ajudá-la em seus conflitos. Influenciados pela postura terrível de sua mãe, seus irmãos também tiveram dificuldades em compreender e se relacionar com Donna. De quem ela tinha algum apoio e amor era de seu pai; contudo, pouco ele pôde fazer para ajudar a filha em virtude de ter se afastado da família. Esse é o contexto familiar de Donna desde sua infância até sua idade adulta.

Até os 2 anos de idade Donna sofria com o diagnóstico de alergia aos derivados do leite, intolerância alimentar e também a medicamentos. À medida que foi crescendo, percebeu que tinha dificuldades em se concentrar naquilo que os adultos propunham para que atentasse. Não conseguia responder a perguntas feitas de modo direto, tampouco a ficar quieta e sentada. Não conseguia fazer uma atividade muitas vezes considerada fácil pelas outras pessoas. Donna narra que sequer conseguia notar o que ela era capaz de compreender, da mesma maneira que não conseguia identificar aquilo que não se mostrava capaz de não perceber. Seu medo das pessoas e das relações afetivas era algo tremendamente assustador e devastador para seu desenvolvimento emocional. Resumidamente, suas percepções em torno de si mesma eram um caos.

Segundo Donna, "não eram tanto as palavras das pessoas que me traziam problemas, mas suas expectativas quanto às minhas respostas. Isso exigiria que eu compreendesse o que elas diziam" (p. 28). Sua incapacidade de conseguir responder aquilo que as pessoas lhe perguntavam a levava à fala ecolálica e, deste modo, repetia a pergunta que lhe tinham feito. Por exemplo, se lhe perguntavam: "O que você está fazendo?", ela simplesmente respondia a essa voz: "O que você está fazendo?", numa tentativa de não ser mais perturbada, sabendo que deveria responder alguma coisa. Contudo, nessa constância, o que lhe ocorria era levar uma bofetada por sua fala repetitiva.

Ela conta que, com o tempo, aprendeu a fundir, a incorporar tudo o que a fascinava, desde os detalhes do papel de parede ou de outros objetos, até barulhos, ou mesmo o som "surdo e repetitivo" do bater de seu queixo. Desse modo, as pessoas passaram a não ser mais um problema para Donna, pois suas palavras se desvaneciam e se compendiavam num simples catálogo de ruídos. Para Donna, o mundo se apresentava como impaciente, impertinente, violento e inexorável. A saída encontrada era aprender a responder a partir de gritos, choros, indiferença ou mesmo com fuga.

Imagem 32

Donna também fala sobre seus medos. Medo de ir ao banheiro cujo resultado era reter-se durante tanto tempo a ponto de vomitar bile e ficar constipada. Medo de comer, e por isso só comia coisas bem-específicas e coisas que gostasse de tocar ou olhar, pois lhe geravam sensações agradáveis. Logo, uma vez que ela gostava de coelhos e os coelhos comiam verduras, então ela também comia as verduras. Ela gostava de vidros coloridos transparentes e as gelatinas lhe davam também essa impressão, então ela comia as gelatinas. Por conta de má nutrição, desenvolveu uma anemia que precisou ser seriamente tratada. Também tinha medo do escuro e medo de dormir, e por isso acabava por dormir de olhos abertos. Como na maioria das crianças com autismo, os médicos suscitaram a hipótese de ela ser surda, pois imitava a tudo que pudesse. Por conseguinte, passou por diversos exames. Para Donna, "quanto mais eu tomava consciência do mundo em minha volta, mais o temia" (p. 31).

O apego obsessivo por certos objetos também é retratado por Donna desde sua infância. A questão é que cada objeto real, na verdade, para ela, tinha um significado simbólico, em geral relacionado com as outras pessoas. "Para mim, as pessoas que eu amava eram os objetos, e esses objetos (ou as coisas que eles evocavam) eram a minha proteção contra as coisas que eu não amava, isto é, as outras pessoas" (p. 31). Para ela, comunicar-se por meio de objetos não era algo perigoso como comunicar-se diretamente com as pessoas. Até os 4 anos de idade a menina apresentava fala ecolálica em todo o tempo, sem perceber nenhum sentido ou significado naquilo que repetia.

Sobre o contato físico Donna, diz que jamais abraçou seus pais. Mas eles também nunca a abraçaram, até porque sua relação, principalmente com sua mãe, era péssima; carinho não era algo pertencente às vivências desta menina. No entanto, Donna diz por diversas vezes em seu livro que todo contato físico lhe era penoso e assustador.

Todavia, Donna gostava do contato físico com cabelos, tanto os seus próprios como o de outras meninas em razão das sensações agradáveis que lhe evocavam. Esse era um contato físico e amigável que ela conseguia realizar.

Sua maneira de perceber o mundo era diferente. Embora todos considerassem que ela não tinha amigos, na verdade, ao seu modo, seu universo estava farto de amigos que, para ela eram dignos de confiança, eram previsíveis, maravilhosos, reais, oferecedores de garantias e seguranças. Em seu universo interior estavam os objetos, os animais, a natureza, que a seu ver se contentavam com a existência dela própria e simplesmente existiam em sua presença, sem que fosse preciso que ela se dominasse e se violentasse para estar a contento das pessoas existentes no universo exterior. Em sua visão hipersensível, Donna percebia partículas que "construíam um primeiro plano hipnótico que tirava ao resto do mundo seu brilho e sua realidade" (p. 37). Para ela, olhar fixamente para tais partículas ou manchas ocasionadas pela claridade era um ritual prazeroso.

A vida de Donna em família é triste e lastimável. Por sua mãe era considerada como uma retardada mental, uma paralisada, um disparate, uma louca, estúpida, uma anormal. Esta era a concepção que tinham da menina. Para detalhes mais profundos fica o leitor convidado a ler sua autobiografia (WILLIAMS, 2012).

A partir dos 9 anos de idade Donna foi capaz de compreender o significado de três frases em seguida, embora tivesse dificuldade em interpretá-las. Era como se ela fosse cega e surda para perceber com clareza o significado das palavras e também das atitudes das pessoas. Ela não compreendia por que as pessoas faziam o que faziam, mas sabia que elas eram reais e percebia quando iriam começar a brigar ou tentar invadir sua privacidade, seu mundo próprio.

Sua percepção sensorial era confusa, informe, seus sentidos eram fragmentados, estavam sempre em mudança e sempre vacilavam. Por esta razão ela se demorava no processo de compreender as coisas, os fatos, os acontecimentos, o que dava a impressão de que fosse desligada ou muito transtornada emocionalmente. Contudo, uma de suas distrações era cantarolar *jingles* por ela memorizados.

Imagem 33

O primeiro contato com a música Donna teve aos 3 anos de idade em uma escola de dança. Sentiu-se atraída pela música, no entanto, comenta: "A música se fez confusa. Muita agitação penetrava em meu território e atingia meu espírito. Com os punhos cerrados, eu batia os pés e cuspia muitas vezes no chão" (p. 42). Donna precisava de mais um tempo para se aperceber daquele universo musical. Via-se um sinal de uma possível vocação para a música clássica. Infelizmente, a professora não teve tal sensibilidade e mandou que sua mãe a retirasse dali.

As circunstâncias críticas referentes às relações socioafetivas incitaram em Donna a criação de personagens nos quais ela se refugiava ou para os quais ela transferia certas ações, como se não fosse ela mesma que as realizasse, num contínuo intento de preservar, de poupar o seu "eu".

O primeiro personagem criado por Donna por volta de seus 2 anos de idade se chama Willie. Deixemos claro que não se tratava de uma alucinação, mas sim de um personagem por ela criado e que ocupava certo papel e função em sua vida. Quando Donna se sentia ameaçada no labirinto do caos de suas relações pessoais, era Willie quem exercia o papel de sujeito ativo em defesa de Donna. Essa ligação com este personagem se deu até sua vida jovem-adulta.

> Era um par de olhos verdes luzindo na obscuridade. Eles me causavam medo, mas eu dizia a mim mesma que, em troca, eu lhes inspirava o mesmo temor. Acostumei-me a dormir embaixo da cama e me tornava Willie. Willie tornou-se minha encarnação exterior. [...] Willie aprendeu a devolver às pessoas suas próprias palavras de uma maneira aparentemente sensata, se bem que agressiva. Mas era ainda o silêncio que trazia os golpes mais desmoralizantes (p. 39).

Aos 5 anos de idade Donna conheceu uma menina muito agradável. Tornaram-se amigas. Seu nome era Carol e ela reunia qualidades que Donna desejava ter e exercer, mas não conseguia. Carol gostava de rir, tinha amigos, era sociável, expressava-se bem, além de ter uma mãe amorosa e querida com ela. Donna imaginou que Carol compreendia que ninguém devia ver o que ela falava, e esse seria seu modo de protegê-la. Carol tornou-se a outra personagem presente na vida de Donna todas as vezes que ela sentiu que fosse necessário atribuir-lhe vida e ação por ela mesma.

> A angústia que suscitava esta luta interior tornou-se insuportável. Eu queria me comunicar. Queria exprimir e manifestar alguma coisa, sair de meu isolamento pessoal. Haveria certamente um meio de fazer cessar rapidamente a angústia, mas pagando por isto com a perda de toda a consciência de mim mesma e de meu ambiente (p. 51).

Assim, Carol entrava em cena no reconhecimento social e Willie, era sua outra face para o mundo, que representa o público. E Donna, sempre observando como se estivesse em uma moldura, foi vivendo sua vida desta maneira por cerca de 20 anos, tal como relata em sua autobiografia, buscando incessantemente a si mesma, para sair da moldura e fechar a porta para esses seus personagens. O sem-número de narrativas a respeito de seus personagens em si mesma e por si mesma chegam a ser surpreendentes. Ambos criados para serem canais de comunicação entre seu universo interior com o exterior.

As experiências de Donna com a vida escolar não foram das melhores. Aos 3 anos de idade foi para uma escola para crianças com necessidades especiais. Ela gostava das grandes e pesadas portas de carvalho, dos imensos vitrais enfileirados, das árvores, dos pãezinhos recheados e dos cabelos da coleguinha Elizabeth, gostava também de seu uniforme. Donna se considerava inteligente, mas raramente compreendia aquilo que lhes diziam. Ela sempre monologava obsessivamente, muito mais do que falava com as pessoas. Ela apreciava as tarefas da escola. No entanto, conta-nos Donna:

> Quando eu manifestava interesse relacionado com a atividade das crianças da classe, davam-me os modelos daquilo que elas faziam. Isso me perturbava. Eu queria muito desenhar, mas repudiava ter que montar coisas que pudessem evocar personagens ou seres vivos. Passava meu tempo a construir uma porção de miniaturas malfeitas, de total incompreensão, seres disformes, todo um trabalho que pareceria sem nenhum sentido se alguém abaixasse para vê-lo. Não suportava ficar sentada numa cadeira. Minhas pernas não paravam. Gostava de sentir o chão sob mim e me sentia muito mais satisfeita quando meu corpo a ele se aderia totalmente (p. 73).

Algum tempo depois, sua mãe a retirou desta escola e a colocou em uma escola primária regular. Foi nesta escola que Donna percebeu que as outras crianças falavam de si mesmas dizendo "eu". Nesta escola sua fama era de ser doida. Quando se sentia aborrecida com algo, considerava ser natural sair da classe para se livrar do mal-estar. Seus progressos eram bons. Donna gostava das letras e aprendia rapidamente, fazia leituras em voz alta, mas só compreendia o conteúdo com o auxílio de ilustrações. Sua pronúncia era boa e com facilidade havia aprendido a fonética e memorizado as palavras difíceis. Sua escrita era mais limitada ao essencial. No tocante a cálculo, Donna confessa que teria se saído melhor se a professora tivesse lhe dado números ao invés de barrinhas de formas e cores diferentes. Para ela, essas madeirinhas reproduziam em sua imaginação apenas casas ou torres, o que deixava o processo mais complicado para compreender. Sabia realizar adições e subtrações. Participava das aulas, porém em bem alta voz e sem cessar, o que acabava por incomodar as outras pessoas. Porém, Donna não tinha noção disso. Contudo, as dificuldades comunicativas e de inter-relação continuavam. Segundo Donna:

> Dizer que eu não podia ascender ao pensamento simbólico não seria exato. Diziam antes que as pessoas não compreendiam o simbolismo de meus atos e gestos e que eu não estava à altura de lhes oferecer a chave da interpretação. Eu elaborava, para meu próprio uso, toda uma linguagem original. Tudo o que eu fazia, desde o gesto de ter dois dedos colocados juntos, até o de enrolar meus dedos dos pés, tinha um sentido previsto, visando, geralmente, a me assegurar de que eu tinha o controle de minha pessoa e a impedir quem quer que fosse de atingir-me onde quer que eu estivesse. Às vezes eu tentava explicar por tal gesto ou tal mímica o que eu sentia, mas o procedimento era

tão sutil e tão refinado que ninguém prestava atenção, exceto para ver nisso a última excentricidade desta louca Donna (p. 65-66).

Donna parava pouquíssimo tempo nas escolas em razão de ser malcompreendida pelas demais pessoas. Aos 7 anos de idade foi para outra escola. Nessa época, seu perfeccionismo começava a tomar uma dimensão informe e muito tumultuada. Cada um de seus passos e atitudes eram meticulosamente preparados. Donna já havia tentado fazer alguns amigos, mas a relação nunca suportava os conflitos interpessoais e intrapessoais existentes. Foi assim durante anos e anos de sua vida, sempre tentando iniciar uma amizade, depois buscando mantê-la e, ao fim, fugindo ou rompendo com a relação amistosa. E quando vislumbrava a possibilidade de ter um amigo, era possessiva e agressiva. Ela percorreu essa nova escola durante duas semanas abordando cada colega para saber se tinha algum amigo. Donna não sabia realmente como fazer e manter amigos. Segundo Donna,

> Eu compreendia os atos dos outros, sobretudo quando eram excessivos. Entretanto, não conseguia jamais imaginar as pessoas como um todo. As intenções, as atenções, os desejos, bem como as esperanças, tudo aquilo que gira em torno do ato de dar e receber me passava totalmente despercebido. [...] O menor contato afetivo me aterrorizava e me colocava em estado de choque. Decididamente não, eu não funcionava como a maior parte das crianças (p. 75-76).

Donna então, aos 9 anos, caiu em profunda depressão durante cerca de um ano. Voltou para sua antiga escola, mas ficava à margem de todos, numa tristeza infinita, chorando em silêncio e desejando a própria morte. Autoagredia-se seriamente. Todos achavam que estaria louca. No entanto, ela afirma: "Eu estava segura de minha sanidade mental. Mas não sabia como expressar minha necessidade de me fazer compreender" (p. 81). Contudo, ao passar do tempo e a partir do contato com outras pessoas, mesmo que fosse uma relação atípica, Donna comenta que "eu me tornava cada vez mais consciente da natureza do meu próprio comportamento" (p. 83).

De volta à escola, Donna se concentrou em si mesma, sem notar o que acontecia ao seu derredor. E narra:

> Foi no mundo dos objetos que eu ingressei quando comecei a readquirir o gosto pela vida. Fui tomada, então, de uma paixão pelas palavras e pelos livros e me obstinava a compensar meu caos interior com uma organização obsessiva do mundo exterior. [...] Descobria ali palavras cuja sonoridade me agradava, palavras que eu não me cansava de repetir. Eu gostava particularmente das palavras que pertencem a

conjuntos maiores, das que significam nomes concretos, não apenas substantivos que só indicam uma característica geral (p. 84-85).

Donna demonstra claramente seu forte interesse pelas palavras, e isto a acompanha durante toda sua vida. Lia desde seus livros escolares até listas telefônicas e indicadores de ruas. No entanto, não tinha muito apreço pelos romances pelas dificuldades em compreender sobre o que se tratavam, era como se tivesse que decifrá-los. A concentração ainda era algo difícil:

> A não ser que eu mesma escolhesse minha ocupação, meu espírito se recusava a concentrar-se e divagava, por mais que eu fizesse esforço para prestar atenção. A não ser que eu mesma as procurasse e as assimilasse, a cultura e a instrução me eram tão inacessíveis como toda outra intrusão vinda do mundo exterior. Eu adorava copiar, criar e organizar o que quer que fosse. [...] estava sempre verificando se as letras e os números estavam bem-organizados, e corrigia em caso de necessidade. Era minha maneira de estabelecer a ordem a partir do caos. [...] Eu elaborava um quadro exaustivo, ornamentando com ilustrações detalhadas, especificando (por exemplo) cada tipo de vaca. Minha curiosidade podia parecer repetitiva e sem criatividade, mas era a minha maneira de aprender a gostar das coisas que me cercavam. [...] Eu explorava, a meu modo, os conceitos de uniformidade, de conservação e de coerência (p. 87-89).

Imagem 34

Donna também relata seus embaraços com as mudanças repentinas e constantes. A constância das mudanças a pegava de surpresa e lhe dava tempo de se reorganizar. Por isso sempre preferia fazer e refazer as mesmas coisas. Porém, quando estava muito ansiosa, falava sem cessar e consigo mesma. Diversos comportamentos estereotipados eram desencadeados pela sua imensa dificuldade de compreender as pessoas de modo coerente. Seus sentidos funcionavam normalmente quando ela "os acionava" de seu próprio interior, mas para isso excluía os acontecimentos do mundo exterior. Nesse cenário, seus pais mais uma vez pensaram que ela fosse surda. Ao revés, depois de vários exames, descobriram que ela escutava melhor que a média das pessoas, percebendo, inclusive, frequências normalmente acessíveis só aos animais. Tudo ocorria como se seu estado consciente fosse governado por suas emoções. Na escola, reagia fortemente às contrariedades impostas com comportamentos não considerados adequados para uma jovem adolescente de 12 anos.

Contudo, Donna teve uma experiência favorável junto a um professor *hippie*. Ele deixava seus alunos mais livres, trabalhava com teatro e música. Não era impositivo, mas sim respeitador do jeito de cada um e das diversas opiniões. Deixava Donna mostrar sobre o que ela era capaz de fazer, sem julgá-la ou atropelá-la. Fazia com que ela se sentisse capaz e com potencial. Ajudava-lhe a compreender como as coias aconteciam e como a própria Donna se sentia em relação aos acontecimentos. Passava um sentimento de segurança e confiança a ela. Donna, então, apesar de suas dificuldades, conseguiu obter uma nota alta em uma de suas avaliações, um 9,4! A nota mais alta da classe. "Eu acabava de provar que não se poderia mais me considerar uma retardada!" (p. 98).

Já na escola secundária, Donna permanecia sofrendo com seu comportamento fora dos padrões sociais estabelecidos. Porém, apreciava a aula de desenhos e trabalhos manuais. Não sentia dificuldades na aula de literatura, quando precisava escrever. Em casa passava horas diante do espelho fixando seu próprio olhar, sempre intentando lembrar se de quem era, uma vez que seus personagens Willie e Carol ainda se mantinham presentes. Cada vez mais Donna tinha consciência sobre si mesma e a certeza de que não era louca. Na escola, quando seu comportamento ultrapassava dos limites desejados, eles a retiravam gentilmente da sala para arejar um pouco. Nesta época, percebeu que precisava romper com Willie, seu personagem, para que ela mesma existisse. Contudo, suas dificuldades com a interação social permaneciam, mas sempre desejosa de se comunicar e se fazer entender e compreender as outras pessoas. Atitudes gentis como um abraço eram para ela como apertos dolorosos, e por isso sempre as evitava. Segundo ela,

> Tudo o que eu percebia, precisava ser decifrado, como se toda informação devesse passar por um procedimento de decodificação muito complicado. Era preciso que se repetisse uma frase várias vezes porque eu só entendia por pequenos pedaços. [...] Eu necessitava de um prazo para responder ao que me perguntavam, porque, antes de tudo, eu necessitava de um tempo para triar metodica-

mente o que eu havia entendido. E o prazo se alongava mais se eu estivesse sob o efeito de uma forte emoção. Tomava sempre ao pé da letra as frases que me chegavam em rajadas de palavras, e só lhes dava uma significação no contexto preciso em que eram pronunciadas. [...] Sabia classificar as coisas e arrumá-las em diferentes categorias, mas eu fazia um esforço louco para compreender certos tipos de generalização (p. 129-130).

Quando criança Donna não recebeu incentivos para dar continuidade ao descobrimento de sua habilidade musical. Certo dia, já aos 14 anos, ao retornar à casa de sua mãe, viu que ali havia um piano. A música era uma paixão: "Eu podia me tornar mentalmente surda e cega a tudo, exceto à música que conseguia sempre despertar meus sentidos" (p. 137). Donna tocava com prazer e também compunha suas próprias músicas. Seus dedos simplesmente faziam o que tinham que fazer para acompanhar a melodia que Donna tinha em seu pensamento. Anos depois, pôde comprar seu próprio piano, ao qual dedicava muita atenção.

Devido aos problemas de relacionamento, as dificuldades em conseguir participar de maneira adequada aos padrões preestabelecidos, Donna mudou de escola novamente. Deparou-se com uma professora com quem se sentia à vontade, pois dava oportunidade de Donna ser como era, sem críticas, imposições ou ideias preconcebidas sobre as pessoas. Enquanto as demais professoras consideravam Donna insuportável, esta última apreciava sua originalidade e vivacidade e tinha prazer em ensiná-la. Foi solicitado a toda classe que fizesse um determinado trabalho escolar e que fosse entregue em certa data. Donna pediu mais tempo à professora, justificando não ter conseguido concluí-lo a tempo. A professora lhe deu nova oportunidade e Donna comenta em seu livro:

> Eu havia lido todos os livros que pude encontrar sobre o tema [O povo negro na América], colado fotos e, como era meu costume, desenhara ilustrações sobre as páginas já escritas, a fim de ressaltar o que eu queria dizer. Os outros alunos entregaram trabalhos com cerca de três páginas. Eu entreguei triunfalmente uma soma original de 26 páginas com desenhos e ilustrações. A professora me deu um "A". Este foi o maior feito de minha carreira escolar no secundário (p. 147).

Aos 15 anos de idade Donna se inseriu no mundo do trabalho. Passou por diversas situações difíceis e constrangedoras. Teve momentos de fracasso, mas também de êxitos. Seu conflito persistia: dificuldades no relacionamento com as pessoas e muita facilidade em lidar e trabalhar com as coisas. Teve momentos de crises nervosas, mas as superou todas. Com muito esforço conseguiu se autossustentar e conduzir sua vida, apesar de imensa solidão. Tinha plena noção de que faltava amor sobre a terra, e por isso tudo se tornava tão mais espinhoso e doloroso. Aos 16 anos aprendeu a cozinhar e a passar roupa.

Aos 17 anos, em uma de suas terríveis crises, foi ao hospital e conheceu Mary, uma psiquiatra que lhe ajudaria a compreender a si mesma e ao universo exterior durante longos anos. Certo dia lhe falou Donna: "Eu quero simplesmente ser normal!" (p. 180). Ela dizia ter muitas "fraturas na alma". Donna passou certo tempo com tratamento medicamentoso, mas de nada adiantou. Foram as terapias que lhe ajudaram a se superar.

Aos 18 anos entrou na universidade. Matriculou-se em diversas matérias; algumas deixou por não apreciá-las, outras levou com prazer até o fim. Essas, sempre ligadas à literatura, à música, à filosofia, à sociologia e à psicologia. "Compreender o funcionamento de uma alma é compreender o mecanismo de um sistema. Ora, um sistema é relativamente previsível, com pontos de referência e segurança tangíveis. Eu respeitava aquele saber" (p. 206). Mais uma vez, Donna vivenciou a experiência de ter conquistado a nota mais alta da classe em uma avaliação. Na disciplina de cálculos ela resolvia facilmente os exercícios, porém não era capaz de dizer como o conseguia fazer.

Suas terapias permaneciam, e, na busca de romper com seus personagens Willie e Carol, Donna procurava cada vez mais dominar as situações e a ver com simpatia alguns traços de sua verdadeira personalidade.

Aos 19 anos na universidade, Donna dizia que as letras acalmavam seu temperamento indeciso. Sua vocação para a área de artes era visível, embora gostasse muito das profissões da área social. Em razão de seu aproveitamento nos estudos, teve direito a uma bolsa. Para Donna, a área da linguística era maravilhosa, pois "a linguística reduzia a linguagem a uma série de mecanismos. Eu evoluía lá dentro como um peixe na água" (p. 216). No entanto, sua paixão pela música possibilitava que ela expressasse sua mais segura personalidade. As muitas emoções novamente levaram Donna a crises, mas também a galgar suas conquistas.

Aos 21 anos de idade, frequentando a universidade, Donna decidiu romper e expulsar seus personagens de sua vida. No entanto, ela sentia muito medo de ser aniquilada por uma enxurrada de fortes emoções, além de não dominar o uso das palavras em razão de desordem do pensamento. Para se comunicar com o universo exterior ela fazia uso da interpretação dos personagens que havia criado. Donna era atormentada com a possibilidade de ser louca. Até que um dia ouviu falar pouquíssimas coisas sobre as características de alguém parecido com ela e que havia recebido o diagnóstico de autismo. Procurou seu pai e este lhe falou que, quando era pequenina, os médicos pensavam que ela era uma criança autista, porém não levaram isso em conta. Donna então se dedicou a estudar do que se tratava o autismo. Ao mesmo tempo, dedicava seu tempo livre a escrever canções, tocar piano e ler seus livros de psicologia social. Ao término de seu último ano de universidade preparou uma tese que intitulara de "Desvio e normalidade".

Aos 26 anos de idade, após viagens e desafios para superar seu isolamento social, problemas de saúde e inquietações sobre si mesma, Donna adquiriu uma máquina de escrever. Começou a narrar suas lembranças mais longínquas e novamente se deparou com a questão do autismo ao encontrar escritos em um livro. E comenta:

> Tinha sempre a impressão de me encontrar em cada página. A propensão para repetir em eco tudo o que eu dizia, a repugnância ao contato físico, o andar na ponta dos pés, a dor provocada pelos ruídos, as voltas em torno de si mesmo e os saltos no ar, os balanceamentos compulsivos e os gestos repetitivos, tudo estava ali. Tudo aquilo deprimia e esboçava a caricatura de minha própria vida. A necessidade de criar meus personagens me havia esfacelado em peças sem sentido, preservando-me de uma prostração aniquilante. Uma parte de mim mesma estava presa a uma educação que me tinha sido imposta. A outra parte havia passado 26 anos num universo pessoal intacto completamente separado do resto do mundo (p. 298).

Donna então escreveu seu próprio livro e o mostrou a um psiquiatra, e este, após ouvi-la, mostrou interesse em ler sua composição. Concluiu então que Donna havia descrito o conjunto dos sintomas característicos do autismo a partir de suas próprias experiências e a incentivou a publicar o livro.

> Acordei suada e fiquei dando voltas pelo quarto. As palavras foram libertas pelo livro, bem como seus significados. Eu chorava me balançando, dizendo a mim mesma que a vida, afinal de contas, tinha coisas boas (p. 300).

Donna finalmente conseguiu romper com seus personagens e declara: "Gostava da liberdade de ser eu mesma. Sentia-me em casa e bem comigo mesma. Não me maltratava mais. [...] A guerra contra o 'mundo' havia terminado. Ninguém ganhou" (p. 304).

No último capítulo de sua autobiografia, Donna faz várias observações sobre o quadro sintomático do autismo a partir de suas próprias experiências. Citaremos algumas:

> Para que a linguagem tenha significado é preciso estabelecer uma relação entre ela e aquilo que ela designa, bem como entre aquele que

fala e aquele que ouve. Para mim, um muro intransponível se ergue quando esta ligação se revela muito direta (p. 323).

O riso não é sinal de reação a uma voz. Pode significar prazer, compreensão, mas também medo. Pode corresponder a uma evocação de algo dito em outro momento (p. 326).

Se as crianças ecolálicas se desembaraçam melhor do que as outras crianças com autismo, é porque, à sua maneira, elas tentam desesperadamente estabelecer relações com os outros, e demonstram que são capazes disto, mesmo que seja unicamente repetindo o que lhes dizem (p. 327).

Todo pensamento começa por sensações. Essas crianças, creio, têm sentimentos e sensações, mas que se desenvolvem no isolamento (p. 328).

Estereótipos e comportamentos estereotipados dão uma sensação de continuidade. Os rituais, os gestos estereotipados dão a certeza de que as coisas podem permanecer as mesmas, para ter seu lugar incontestado numa situação complexa e mutante em volta de si (p. 330).

Ver uma coisa olhando outra permite escapar ao medo que se segue à percepção direta dos acontecimentos em volta de si. [...] É preciso sempre enganar o espírito de modo que ele se tranquilize e se defenda, para poder chegar à compreensão das coisas (p. 332).

Bater as mãos indica o fim de qualquer coisa. Funciona como o sinal do fim de um acontecimento ou de uma atividade (p. 333).

Fascinação pelos objetos coloridos e brilhantes é uma maneira de apreender a noção de beleza na simplicidade. É também uma técnica para hipnotizar a si mesmo, que proporciona calma e descanso. [...] Bater em si mesmo é uma maneira de verificar se alguém existe mesmo (p. 334).

O contato físico seguro é aquele que não ameaça te dobrar ou te devorar. Tocar os braços tem um valor social menos importante do que, por exemplo, tocar o rosto (p. 335).

Para perceber o contato físico como prazer, era preciso que este contato se fizesse sempre por minha iniciativa ou, pelo menos, que me fosse dada a escolha de recusar ou de aceitar. Mesmo as criancinhas têm necessidade de aprender que elas podem escolher (p. 337).

Ao longo da autobiografia de Donna é possível notar que seu medo das emoções mais diversas lhe dificulta extremamente a possibilidade de organizar, instituir e estabelecer relações pessoais comuns e espontâneas com as demais pessoas. Há dificuldades salientes na compreensão de sentidos e significados, até mesmo nas expressões faciais e no reconhecimento das intenções e o estado de espírito das pessoas por meio de seu tom de voz ou outros tipos de entonações que pessoas sem

Imagem 35

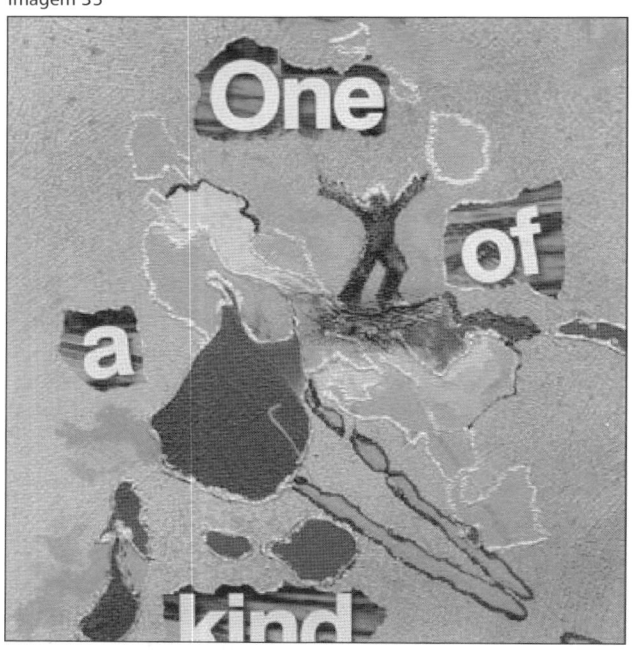

autismo facilmente podem perceber. As dificuldades na compreensão da linguagem oral também costumam oferecer uma representação desvirtuada do universo, que acaba sendo assustadora, terrível e alarmante.

Fatos da vida de Donna nos mostram que por vezes ela não reagiu aos indícios afetivos para tentar evitar o relacionamento com as pessoas, em razão das compreensões equivocadas que lhe traziam consequências difíceis de lidar. Em outras ocasiões não reagiu a vestígios de afetividade por literalmente não saber como deveria agir, como deveria se expressar ou se manifestar em determinadas situações. Para ela não era fácil decodificar os comportamentos das outras pessoas.

Com relação à fala, em várias ocasiões ela se sentiu mal ao tentar se comunicar oralmente. Isto porque sua comunicação se mostrava deficitária se relacionada ao padrão social em que vivemos. Muitas vezes sua linguagem era imprópria e inconveniente para aquela situação em que se encontrava. Ela era concebida como uma inoportuna por dizer absurdos, muitas das vezes, resultado de sua interpretação literal sobre a fala dos outros. Logo, não era intencional dizer absurdos ou fazer provocações mal-educadas. E ainda, em torno dessa linguagem repleta de situações-problema, também se encontra a entonação monótona, bizarra, entediante e ecolálica.

Em sua narrativa, Donna deixa claro a manifestação de comportamentos estereotipados, estranhos à sociedade, que se acostumou a viver com pessoas do tipo padrão, que sabem muito bem como se comportar nas mais diversas situações. São comportamentos por vezes delineados por rituais, rotinas, sem um objetivo aparente, mas que na verdade, para ela, existia. Citando o termo usado por Donna, quando "os invasores" tentam interromper seus rituais ou transformar abruptamente seu meio, violentar seu universo interior, uma reação de confusão em cadeia surgia, de modo que ela perdia seu controle e então começava a se agredir com mordidas, golpes contra si mesma, cabeçadas na parede. Essas reações descritas por ela também são muito comuns em outras crianças com autismo.

O que pode nos parecer completamente anormal descrito por Donna em seu livro, na verdade, se olharmos por outro ângulo, se nos colocarmos no lugar dela e de outras pessoas com as singularidades do autismo, podemos perceber que elas reagem de modo natural em situações ou ambientes de extrema estranheza ou ameaça para si mesmas. Por isso o paradigma normalidade/anormalidade deve ser estudado e refletido dentro dos contextos para os quais ele é transportado, e, ainda assim, questionar: "O que é normal ou anormal?" Por exemplo: um dia, na cidade em que eu vivi minha adolescência, uma mãe, após ter velado o corpo de seu jovem filho, deparou-se de manhã com um lindo e vistoso pé de ipê amarelo em plena primavera. A mãe certa e resoluta de que sem a vida do filho não haveria por que uma árvore reluzir tanto, catou o machado e pôs o ipê ao chão. Isso é anormal? Dentro de que parâmetro? Os comportamentos de Donna são anormais? Dentro de que linha constante? Na verdade, há que se compreender as condições singulares dos seres humanos, aquilo que compõe sua subjetividade e que, de algum modo, pelas exigências de uma sociedade homogênea e excludente, necessita ser trabalhado para que esta pessoa possa viver com melhor qualidade de vida.

Nas mais distintas situações, Donna também se apresentou de maneira desajustada, mas em outras mostrou-se adequada aos padrões sociais predeterminados. Porém, mais do que tudo, Donna desvela sua força, sua obstinação, sua perseverança, seu potencial, suas habilidades, seu modo de amar independente de todos os tropeços e encalços que se transpuseram em seu caminho. E, com tamanho esforço, também aprendeu a se comportar quando isso lhe foi exigido pela vida. Aliás, Donna amava aprender sempre mais, fosse de livre e espontânea vontade, fosse aterrorizada por sua insegurança ou pela sua valiosa coragem.

Em meio as suas alegrias ou as profundas infelicidades, Donna seguiu... "A música, a escultura e a escrita são meios de que disponho para falar comigo mesma, ou com o mundo, se ele assim o quiser".

A autobiografia de Donna é o primeiro de uma série de seis livros e se tornou um *best-seller* internacional. Ela se casou, é consultora, ministra palestras, *workshops*, para instituições diversas e público em geral. Em sua primeira conferência nos Estados Unidos, Donna se sentou e chorou durante 5 minutos. O público ficou em silêncio, e ela agradecida por simplesmente aguardarem por seu autocontrole. Então, as palavras começaram a surgir e fazerem sentido... e Donna chorou novamente. No entanto, ela aprendeu a não se incomodar com a situação e ser ela mesma.

19 NAOKI HIGASHIDA (JAPÃO, 1992)

Imagem 36

Naoki[46] nasceu em 1992 no Japão e recebeu o diagnóstico de autismo aos 5 anos de idade. O quadro sintomático do autismo em Naoki se manifestou de modo "severo", sendo muito comprometido na área da linguagem.

---

46. Imagem 36: Naoki Higashida. Consta em seu website oficial: http://naoki-higashida.jp

Aos 13 anos de idade Naoki escreveu seu primeiro livro, intitulado *The reason I jump*, traduzido para o Português em 2014 como "O que me faz pular" (HIGASHIDA, 2014). Na época ele escreveu seu livro soletrando as letras e palavras em uma prancha com o alfabeto japonês, e essa habilidade ele desenvolveu graças à persistência de sua professora, Sra. Suzuki, quando estava na Escola Hagukumi, e de sua mãe que muito o ajudou a se organizar e se superar, e também, obviamente, graças ao seu próprio empenho e dedicação diante de tantas dificuldades advindas do quadro sintomático do autismo. O livro é constituído por capítulos curtos a partir de perguntas simples e bem típicas sobre as singularidades do autismo, de modo que Naoki as responde dentro de seu ponto de vista, levando-se em conta suas vivências como um garoto com autismo. Aos 13 anos de idade e com comprometimentos na oralização, Naoki se mostra muito reflexivo quanto a essa condição que o delimita para tantas coisas que ele mesmo afirma desejar realizar.

O livro foi traduzido do japonês para o inglês por Ka Yoshida e David Mitchell, pais de um menino com autismo. David também é o responsável pela introdução do livro. Segundo David, o relato de Naoki, "mesmo de forma involuntária, desautoriza um dos mais tenebrosos mitos sobre o autismo: que as pessoas com essa condição são solitárias, antissociais e desprovidas de empatia" (HIGASHIDA, 2014, p. 15). Alguns críticos literários americanos têm, de certa forma, desmerecido esta obra de Naoki e também a tradução de Ka e David em razão de terem um filho com autismo, o que traria um envolvimento emocional com o escritor, sua obra e suas experiências como pais (TISDALE, 2013). Criticam a linguagem coloquial do livro, obviamente, pela existência de inúmeros livros científicos que definem em linguagem técnica o que é o autismo e quais são as incapacidades e déficits dessas pessoas, livros escritos por profissionais da saúde, mais especificamente por psiquiatras devotos dos critérios diagnósticos de todas as versões do DSM. Mas o fato é que Naoki o escreveu quando tinha 13 anos de idade, da maneira como ele deu conta de o fazer, e Ka e David fizeram o possível para traduzir para o inglês, idioma e cultura completamente distintos da realidade do menino, sem a intenção de modificar o padrão no qual as linhas do original foram dando forma às expressões e impressões que Naoki desejava compartilhar com outras pessoas: "Então, minha grande esperança é poder ajudar um pouco explicando do meu jeito o que acontece na mente das pessoas nessa condição" (p. 22). Particularmente, após lermos várias autobiografias de pessoas com autismo, vemos congruência e convergência das narrativas de Naoki com outras obras literárias escritas por pessoas na mesma condição. A título de exemplo, Donna, Birger e Tito usam expressões muito semelhantes às de Naoki para comentarem e tentarem explicar como se sentem com relação as suas mentes e corpos duramente algemados pela condição do autismo. Nesse sentido, cremos que essa singela obra escrita com tanto esforço por Naoki vem contribuir para nossos estudos sobre as singularidades das pessoas com autismo.

Segundo Naoki, "não conseguir falar significa não compartilhar o que a gente sente e pensa" (p. 27). No entanto, a partir do ensinamento, auxílio e dedicação de sua professora, Sra. Suzuki, Naoki aprendeu a se comunicar a partir de um método não verbal que usa uma prancha com o alfabeto japonês. Contextualizando, Naoki se comunica por Comunicação Alternativa e Aumentativa que se apresentam de diferentes formas. Ele relata que sua mãe também o ajudou, a princípio, guiando sua mão pela prancha para que ele pudesse escrever, até que certo tempo depois, após momentos de frustração e desânimo, ele se deparou com a possibilidade de interagir com outras pessoas por meio da escrita e de maneira independente. Segundo ele, "o que me fez insistir nisso foi o pensamento de que para viver como um ser humano nada seria mais importante do que a capacidade de me expressar" (p. 28).

Naoki comenta que o motivo pelo qual ele sempre costuma fazer as mesmas perguntas em assuntos corriqueiros é por se esquecer com rapidez aquilo que acabou de ouvir. Segundo ele, "dentro da minha cabeça não existe grande diferença entre o que me disseram agora mesmo e o que ouvi muito tempo atrás. Apesar de compreender as coisas, meu modo de me lembrar delas é muito diferente das outras pessoas" (p. 31).

Além disso, é comum repetir as perguntas que outras pessoas fizeram. O que chamamos também de ecolalia. Para ele, embora possa até compreender bem o que lhe perguntaram, acaba por tornar a dizer a mesma coisa num intento de buscar em sua lembrança vestígios sobre aquilo que a outra pessoa deseja saber, ou seja, há uma demora em "localizar a lembrança e a imagem certas" no cérebro. Quando as questões tratam de se falar dos próprios sentimentos, isso se torna ainda mais difícil. Costuma ocorrer o fato de terminar dizendo sem querer algo oposto ao que deveria dizer.

Naoki também relata que o esquecimento é algo sempre muito presente em sua vida. Por isso, por várias vezes em suas páginas, ele solicita às pessoas que não desistam daqueles que têm autismo, que, em algum momento, mesmo que leve tempo, a aprendizagem pode ocorrer e eles não vão mais esquecer aquilo que aprenderam. A conversa mais cara e objetiva também é essencial para que haja melhor compreensão, não uma conversa infantilizada, com subestimação ou difícil, mas sim com clareza.

Segundo ele, o ato de ler também demanda um grande esforço e ele se sente incapaz de ler uma história e imaginá-la ao mesmo tempo. A ação de ordenar as palavras e pronunciá-las pode ser algo exaustivo. Do mesmo modo, para responder algo que lhe foi perguntado, pode ser demorado, não pela falta de entendimento, mas porque, até chegar sua vez de falar, a resposta já desapareceu de sua mente, e uma vez que esse pensamento se vai, costuma ser irrecuperável para aquele momento. Naoki também comenta que nem sempre ele diz aquilo que pretendia dizer; ao contrário, as palavras escapam de sua boca:

> Só porque alguns de nós conseguem emitir sons ou pronunciar palavras não significa que aquilo que é dito é o que a pessoa quer dizer. Cometo erros mesmo em situações básicas de "sim" ou "não". É comum acontecer comigo de a outra pessoa entender ou interpretar errado o que acabo de dizer (p. 45).

A dificuldade de expressar sentimentos e emoções também é algo comum para Naoki. Bem como ter controle de seu próprio corpo, o que, na verdade, é para ele um grande desafio e sofrimento. Para ele,

> Tendo começado a me comunicar por texto, agora sou capaz de me expressar através da prancha de alfabeto e de um computador, e, por poder compartilhar o que sinto, percebo que eu também existo neste mundo como um ser humano. Você pode imaginar como seria sua vida se você não pudesse falar? (p. 48).

Para ele, um dos maiores equívocos é considerar que os sentimentos de uma pessoa com autismo não são tão sensíveis e complexos quanto os das demais pessoas. Todavia, ele diz:

> Só que experimentamos as mesmas emoções que vocês. E, por não sermos hábeis em nos expressar, podemos ser ainda mais sensíveis. Preso aqui dentro deste corpo desobediente, com sensações que não temos como compartilhar de forma adequada, existe uma luta constante para sobreviver (p. 164).

Quanto ao contato visual com seu interlocutor, isso lhe parece assustador. Pois embora as vozes não sejam algo visível, ele procura ouvir a outra pessoa a partir de todos os seus órgãos do sentido, tentando ao máximo se concentrar para compreender o que lhe dizem. E sobre a ideia de que as pessoas têm de que havendo contato olho no olho existe compreensão do que lhe dizem, ele replica: "Ah! Se só isso fosse suficiente, minha incapacidade já teria sido curada há muito, muito tempo [...]" (p. 52).

Naoki também explica que para ele é difícil permanecer muito tempo de mãos dadas com outra pessoa, pois toda vez que vê algo que lhe pareça ser interessante, ele dispara correndo em direção daquilo e larga qualquer coisa que estiver segurando. É como um impulso forte e quase impossível de se conter e que ocorre costumeiramente.

A tendência ao isolamento é uma característica pertinente ao diagnóstico do Transtorno do Espectro Autista. Para Naoki esse comportamento se desencadeia em razão de alto nível de ansiedade que costuma sentir junto às pessoas e não por desejar ou apreciar estar só, como popularmente algumas pessoas costumam julgar. Também comenta que é difícil para ele ter a noção de quando as pessoas estão desejosas de falar com ele ou não. Perceber a privacidade alheia é um desafio. E acrescenta: "Seria de grande ajuda se todos pudessem nos chamar pelos nossos nomes primeiro para atrair nossa atenção e só então começar a conversar" (p. 60).

Sobre o toque, ele explica que, ao ser tocado, tem-se a impressão de que a outra pessoa está exercendo controle sobre seu próprio corpo e que esta sensação costuma ser de pavor. Quando tocado é como se seus pensamentos fossem se tornar visíveis, e isso se torna um motivo de pânico. A ausência de noção das próprias partes do corpo é um fato que imputa muitas dificuldades para perceber o mundo ao redor e saber como se relacionar e se portar diante das pessoas.

Quanto ao riso espontâneo, muitas vezes sem motivo aparente, Naoki explica que acontece "quando vivencia imagens ou cenas que surgem do nada em sua mente", a isso ele nomeia de "imaginamentos", gerados por uma lembrança que em algum momento de sua vida ou naquele próprio instante foi algo impactante (p. 68). Segundo ele, suas memórias se encontram todas desconectadas da ordem correta dos acontecimentos, são dispersas. E a cada vez que se lembra de algo, acaba por sentir a mesma emoção como se fosse a primeira vez, de modo intenso tal como uma tempestade repentina. O que lhe gera, em certas ocasiões, uma sensação de desespero e, como consequência, um choro compulsivo que precisa acontecer até voltar ao seu estado anterior.

Para Naoki, aceitar seus próprios erros não é algo simples, e explica:

> Quando percebo que fiz algo errado, minha mente trava. Eu choro, grito, faço um escândalo e não consigo mais pensar em nada com clareza. [...] Controlar minhas emoções em tais situações é quase impossível para mim. Depois que erro, a consciência disso começa a

crescer como se fosse um tsunami e eu fico devastado pelo choque. [...] No final vou me acalmar e recuperar o controle (p. 72-73).

Outro fato, relatado, é o de nem sempre conseguir fazer aquilo que deseja ou deveria fazer. A execução de determinada tarefa com serenidade, dependerá da forma como ele consegue coordenar tal processo. Para tanto, ele fala sobre os passos que precisa seguir: "1) Pensar sobre o que preciso fazer. 2) Visualizar como fazê-lo. 3) Animar-me a começar e prosseguir" (p. 77). Mesmo assim, quando seu corpo está além de seu controle, é impossível agir. "É como se todo o meu corpo, exceto minha alma, pertencesse à outra pessoa e eu não tivesse nenhum domínio sobre ele" (p. 78). E ainda, sobre seu corpo e a necessidade de se movimentar, ele diz:

> Quando não me movo, é como se minha alma estivesse deixando meu corpo, e isso me deixa assustado e mais irrequieto. [...] Sempre há uma luta acontecendo dentro do meu corpo e, quando estou parado, a certeza de que sou um prisioneiro aqui fica martelando na minha cabeça. Consigo relaxar um pouco enquanto me movimento (p. 159).

Naoki comenta que mesmo que por várias vezes sejam ditas coisas que deva fazer, é comum não conseguir fazer naquele momento sozinho, na maioria das vezes é importante receber ajuda para, principalmente, poder iniciar a ação. Ser incentivado, chamado pelo próprio nome como se fosse um comando para alertá-lo do que deve fazer. Ele também narra que se sente infeliz muitas vezes por causar tantas dificuldades às pessoas e que já se questionou o porquê de ter vindo a este mundo.

Contudo, o menino com apenas 13 anos de idade, também disse:

> Mas agora, mesmo que criem um remédio para curar o autismo, acho que vou querer continuar do jeito que sou. Como mudei de ideia e passei a pensar assim? É que aprendi que cada ser humano, com ou sem deficiências, precisa se esforçar para fazer o melhor possível e lutar para conseguir a felicidade. Para mim o autismo é normal, então não tenho como saber o que os outros chamam de normal. Porém, a partir do momento em que aprendemos a nos amar, não sei bem se faz diferença termos autismo ou não (p. 83-84).

Naoki também elucida porque sempre está pulando. Segundo ele, ao pular é possível sentir melhor as partes de seu corpo e também por ter reações físicas aos sentimentos de alegria e tristeza. Segundo ele, "nem sempre sei o que meus braços e pernas estão fazendo. Não tenho uma sensação clara do lugar exato onde eles se prendem ao meu corpo ou de como obrigá-los a realizar as tarefas que eu quero [...] alguma conexão no meu sentido de tato também não deve funcionar direito" (p. 95-96). Algo muito similar ao que Tito Mukhopadhyay também comentou em sua autobiografia.

Naoki aprecia muito escrever. É sua maneira de se comunicar e expressar com as demais pessoas sobre aquilo que está pensando ou sentindo. Para ele, as letras e números são seus grandes aliados, principalmente porque eles não mudam, se encontram sempre da mesma forma, fixados em sua memória. As letras são mais fáceis de serem controladas e entendidas do que as palavras faladas. Seu interesse por livros ilustrados também se dá em razão de as imagens lhe provocarem a imaginação. Os números também favorecem a capacidade de memorizar tabelas e calendários. Algo também comum com a narrativa feita por Donna Williams sobre sua relação com as letras, com o ato de escrever.

No entanto, compreender fatos abstratos ou invisíveis, como relacionamentos e expressões ambíguas é algo que para ele se mostra complexo e custoso. Naoki comenta que observar programas de TV ou observar pessoas ao seu redor favorece a possibilidade de aprender a maneira como os outros se sentem e se comportam em determinadas situações e como ele poderia então aprender a se comportar e a se relacionar melhor. Este comentário de Naoki nos conduz à questão da inclusão socioeducacional de crianças com autismo junto a outras crianças e pessoas sem autismo. Ambientes onde as relações sociais são genuínas e privilegiadas e não em instituições especializadas apenas para crianças com autismo que, certamente, reproduzirão os mesmos comportamentos provocados pelo quadro sintomático do autismo, ou então somente treinados para reproduzirem respostas certas aos comandos proferidos.

Os ruídos são difíceis de suportar, diz ele. Eles provocam uma sensação de perda da noção de onde se está e isso corrobora em medo e pânico, por isso é costume tampar os ouvidos em situações de grandes ruídos e barulhos.

Ele também fala sobre a forma diferente de perceber as coisas, o mundo ao derredor. De acordo com sua perspectiva, quando olha para algo, primeiro são os detalhes que surgem e depois, aos poucos, a imagem completa do objeto vai se formando diante de seus olhos. Para ele, esse processo é constituído por grande beleza. E sobre sua percepção de tempo, ele afirma ser difícil de perceber e registrar, pois é como não o sentisse de verdade. O tempo se fixa em sua memória na forma de cenas visuais e não em segundos ou minutos.

Naoki narra sobre seu gosto por ver objetos girando: "[...] Encho-me de alegria profunda durante o tempo que fico ali admirando aquele movimento perfeito e regular. Coisas constantes me confortam, e existe uma beleza nelas" (p. 113). Para ele as partículas de luz também são confortantes; igualmente, a ação de organizar e enfileirar coisas, bem como a ordem em que as coisas se encontram e as distintas maneiras de alinhá-las. Fala muito similar à de Donna Williams em suas narrativas.

Ele também faz comentário sobre sua mente inquieta e sobre como ele costuma ser atraído por algo interessante. Isto o leva às vezes a sair de casa repentinamente; no entanto, reafirma a dificuldade em controlar seu próprio corpo para não fazer coisas desse tipo. Em certa ocasião o fato concreto de sentir muito medo por quase ser atropelado o impediu de continuar fazendo esse tipo de coisa, pois em sua memória ficou registrado de modo impactante essa experiência. Contudo, muitas vezes ele volta a repetir constantemente igual ação, pois é como se seu cérebro enviasse a mesma mensagem novamente. Ou em suas próprias palavras:

> Minha mente está sempre me mandando para pequenas missões, não importa se eu quero realizá-las ou não. E, se não obedeço, preciso enfrentar a sensação de horror que me invade. É como se eu estivesse sendo empurrado da beira de um precipício. Viver é uma batalha sem trégua. [...] Manter esse controle sobre mim mesmo é mais do que desgastante (p. 150, 152).

Naoki narra que por vezes não consegue dar continuidade a uma ação sem que receba algum comando verbal. Por exemplo, "mesmo depois de pedir e receber um copo de suco, não consigo bebê-lo até alguém me dizer: 'Vamos lá, tome o suco'" (p. 157). Logo, é importante sempre as pessoas perceberem que um incentivo pode ser muito útil.

Sobre planejamento e rotina, Naoki compartilha algo muito interessante. Ele diz que fica nervoso quando um certo planejamento não acontece da forma como foi predeterminada. Sabemos que isto é algo comum entre pessoas com autismo e, por esta causa, há escolas e instituições que fazem uso de abordagens comportamentais que utilizam de símbolos pictóricos na forma de agendas ou listas de tarefas que tendem, sempre que possível, não serem modificadas. Sobre esse tipo de proposta, Naoki dá sua opinião pessoal:

> [...] é uma coisa restritiva. Eles podem nos fazer sentir como robôs que têm cada uma de suas ações pré-programadas. Eu sugeriria que, em vez de usar auxílios visuais, vocês conversassem conosco sobre a agenda do dia com antecedência. Quadros, desenhos e diagramas causam uma impressão tão forte em nós que, se algo muda, podemos ficar frustrados e assustados. [...] É claro que, para explicar em

> sequência como determinada tarefa deve ser executada ou dar instruções sobre como mexer com algum objeto, auxílios visuais como figuras são de grande ajuda (p. 162).

Naoki se formou no ensino médio em 2011 e mora em Kimitsu, Japão. Atualmente mantém seu próprio blog, já escreveu diversos livros, alguns sobre autismo e outros de ficção, contos de fadas, poemas e livros ilustrados. Também ministra palestras motivacionais. Ele digita o que irá dizer em suas palestras no computador e depois costuma ler em voz alta. Já recebeu uma série de prêmios no Japão em concursos de contos de fadas. Naoki também costuma ser noticiado na revista *The Big Issue Japão*. Chegou a palestrar na Universidade de Tóquio e no Nishi Nippon Junior College (HIGASHIDA, 2014b). Por fim, fica a bela mensagem de Naoki: "O coração de cada um de nós pode ser tocado por alguma coisa" (2014, p. 140).

20 Contrarregra...

Via de regra, segundo os critérios diagnósticos para autismo e de acordo com a literatura médico-científica vigente, pessoas com autismo não conseguem descrever o que sentem e, por isso, existe uma forte tendência de se tentar interpretar seus comportamentos à luz de nossas próprias observações e entendimentos.

Por este pressuposto de serem "iluminados pela ciência" é que alguns especialistas cometem equívocos graves em suas interpretações e julgamentos acerca do que são ou não capazes de fazer às pessoas com autismo. Parte desses equívocos está na generalização dos casos e na rápida profecia sobre como provavelmente será a vida da recém-nascida criança com autismo.

Os casos que acompanhamos aqui nos mostram que é impossível generalizar e padronizar pessoas por critérios diagnósticos, inclusive aquelas com as singularidades do quadro sintomático do autismo. É apressado dizer que capacidades e incapacidades essa pequenina criança apresentará após o laudo diagnóstico emitido.

É claro e real que há casos de pessoas com autismo com um nível de comprometimento especialmente singular e difícil de trabalhar. Essa também é nossa experiência. Todavia, nivelar por baixo e determinar as expectativas quanto ao desempenho e potencial de uma criança (ou da maioria das crianças) diagnosticada com Transtorno do Espectro Autista é algo arriscado e pode comprometer de maneira iatrogênica irreversível a qualidade de vida social da criança e de seus familiares.

Para além dos contos de fadas e do imaginário romântico e ingênuo dos finais felizes, sabemos que o autismo por si só demanda compromisso profissional, dedicação familiar, estudos e pesquisas em razão de seu quadro sintomático alarmante e singular.

As concepções reducionistas fundamentadas no déficit e na doença não devem ser supervalorizadas em detrimento da vida, dos aspectos sociais, do valor humano, da identidade da criança que, antes de qualquer rótulo, é um ser humano com possibilidades de aprendizagem, o que é próprio de sua espécie.

Finalizamos esta parte com a esperança de que os casos relatados possam servir de motivação para que, principalmente os professores, procurem conhecer o aprendiz que está a sua frente todos os dias. A vasculhar de diferentes maneiras as possíveis habilidades desse aprendiz e assim, com paciência, perseverança e determinação, identificar seus eixos de interesse, seu "ponto ótimo" a ser proativamente trabalhado e desenvolvido para que desse modo ele possa construir e desenvolver formas de expressar seu pensamento:

> Quero que todos saibam que as crianças autistas não são tolas como muitos supõem. Eu sem escrever não sou um verdadeiro ser humano, pois é a única forma de expressão que tenho. Ademais, é a única maneira de me manifestar como penso (Birger Sellin).

PARTE 4
Reflexões sobre concepções e ações pedagógicas por uma escola não excludente

Eu não posso ver ou falar. No entanto, eu posso imaginar. As minhas preocupações e inquietações estão presas dentro de mim em algum lugar no meu interior. Talvez em minhas raízes. Talvez em minha casca. [...] Homens e mulheres estão confusos com tudo o que faço. Os médicos utilizam terminologias diferentes para me descrever. Eu só quero saber. Os pensamentos são maiores do que eu possa expressar.
Tito Mukhopadhyay, 2003.

1 Sobre a concepção que tenho do meu aprendiz com autismo

Embora tenhamos iniciado este subtítulo acentuando a concepção que o professor pode ter sobre seu aprendiz com autismo, na verdade, nossa intenção é estender essa reflexão sobre a concepção que temos sobre nossos aprendizes. A partir da concepção que temos sobre eles, sobre aquilo que pensamos ou acreditamos que tenha a ver com eles, costuma, muitas vezes, determinar nossas ações pedagógicas em sala de aula, mas também em espaços não escolares. Também queremos elucidar que não estamos culpabilizando o professor nas reflexões que estamos realizando. Mas sim tratando daquilo que nos pertence, o que é de nossa responsabilidade como professores. Não nos expropriando da educação para encontrarmos outras razões para tantos problemas educacionais, mas sim tratando daquilo que o professor, em conjunto com seus aprendizes, em sua comunidade escolar pode fazer diferente.

Se a comunidade escolar não pautar um momento para refletir sobre o que está sendo seu papel e função social, com certeza dará continuidade às práticas homogêneas e hegemônicas junto aos seus alunos, perpetuará ações pedagógicas excludentes na sociedade e cada vez mais se cristalizará em concepções reducionistas do potencial das crianças, sempre legitimando que os conteúdos escolhidos pela escola (principalmente os da linguística e das exatas) são os principais e essenciais para serem ensinados e aprendidos. Logo, o professor ensina e o "bom" aluno, o aluno ideal, aprende aquilo que lhe foi imposto. Como se realmente os processos de ensinar e aprender fossem intimamente ligados, dependentes entre si e de tal maneira relacionados que o produto final esperado seja realmente a aprendizagem.

Nessa prática aparentemente linear, não são levados em conta o aprendiz, suas singularidades no aprender, seus interesses, sua criatividade, suas possibilidades de aprender de maneiras diferentes e seus interesses por "coisas" diferentes que podem lhe ser extremamente úteis em sua vida em sociedade, afinal de contas, grande parte dos conteúdos ensinados até mesmo na faculdade não preparam os alunos para serem bons profissionais, faltam as experiências. Na verdade o que ocorre, mesmo que de modo inconsciente por muitos professores, é uma relação de dominação sobre o aluno, sobre o que ele deve aprender, sobre o que é realmente importante, sobre o que deve ser avaliado e como ele deve ser avaliado e sobre o que é esperado dele como produto ou resultado final desse processo de ensinar e aprender.

Lamentavelmente, o modismo do ensino a partir de conteúdos apostilados com a finalidade de preparar a criança desde pequena para a competitividade dos vestibulares tem contribuído fortemente para a exclusão de muitos alunos e sua marginalização por necessitarem de olhares diferenciados para seu processo de aprender. A solução encontrada por algumas dessas escolas que visam uma pré-preparação para vestibulares é "laudar" a criança ou o adolescente com algum suposto transtorno de aprendizagem que justifique sua incapacidade de realizar os exercícios e as provas estabelecidos segundo o ritmo dos demais alunos, dando razão plausível que essa situação não pertence ao professor, mas sim é fruto do fracasso e da incapacidade do próprio aluno que não consegue "acompanhar" sua turma. Assim, justifica-se uma sala à parte onde esses alunos se encontrarão. E, infelizmente, esses procedimentos, muitas vezes, também recebem o aval dos próprios familiares, acredito que talvez, por falta de informações ou pela ânsia de provar que seu filho é realmente incapaz perante os demais e por isso precisa receber uma outra forma de tratamento ou atendimento.

No entanto, a questão que nos inquieta é a busca constante por laudos médicos que legitimem tais alunos receberem outras formas de atendimento pedagógico. Isso é nos expropriarmos da educação e delegarmos essas decisões de cunho pedagógico à medicina. É ser excludente a partir da própria desresponsabilização pelo que pertence ao âmbito dos profissionais da educação. Ou seja, não é a medicina que tem que nos dizer o que precisa ser feito com nosso aluno. Somos nós, por meio do conhecimento cotidiano junto a esse aprendiz e seus familiares que delinearemos com ele o percurso educacional mais adequado e que contemple suas singularidades no processo de aprender numa perspectiva inclusiva.

Essa reflexão introdutória que fazemos abrange, de certo modo, à realidade da maioria de nossas escolas, quer pública ou privada, onde o professor[1] é quem detém o poder da escolha sobre o que seu aluno deverá aprender; que conteúdos devem ser ensinados primeiro, e ser avaliado pelo que não aprendeu.

Diferentemente, em algumas escolas no Brasil e em outros países, encontramos propostas diferenciadas, onde o professor, em conjunto com seus aprendizes, conversa e propõe sobre o que desejam aprender mais. Isto não quer dizer que não há uma preparação do professor para a aula. Não estamos falando de um *laissez faire, laissez aller, laissez passer*[2]. Mas estamos falando da possibilidade de um espaço educacional que seja enriquecido de ações pedagógicas dialógicas, onde as relações sociais entre todos sejam privilegiadas, onde o reconhecimento do outro não é reduzido àquilo que sabe ou não sabe, onde aprender vale para todos, inclusive para o próprio professor em sua relação com seus aprendizes, onde as habilidades distintas e as dificuldades identificadas de cada aprendiz são respeitadas e trabalhadas de modo consciente e propositivo, onde a coletividade é contributiva para o aprender de todos, onde os processos avaliativos não são simplesmente mensuradores e classificatórios, onde o ensino e o aprender não são uma obrigação forjada na ordem e no controle social do outro.

Não obstante, creio que além de se ter o desejo de ser professor, o desejo de ensinar e aprender com seus aprendizes, urge a necessidade de compreender que muitas das respostas sobre o processo de aprender só podem ser conhecidas se o professor se propuser conhecer seu aprendiz, aquilo que ele está dizendo ou mesmo através de seu silêncio, que também tem um significado, mesmo que sejam de outras maneiras, inclusive de modos incomuns de se expressar.

Vivemos hoje pelo menos três realidades diferentes no tocante à criança, à pessoa com autismo: 1) a criança ou a pessoa (aluno) que se encontra segregada em instituições especializadas ou em classes especiais; 2) a criança ou a pessoa adulta que se encontra apartada dentro de suas próprias casas; 3) o aluno matriculado em classes da rede regular de ensino.

---

1. Professor inclui também coordenador pedagógico, orientador educacional, diretor da escola. Não somente o professor da sala de aula, pois este também não costuma decidir sozinho.

2. Expressão em francês que significa literalmente "deixai fazer, deixai ir, deixai passar".

Existe uma tendência em nossa educação brasileira da abordagem educacional estar centrada em torno de princípios, métodos e técnicas próprios do *behaviorismo*, da teoria comportamental. Embora muitas escolas se intitulem construtivistas, quando observamos atentamente suas práticas pedagógicas, percebemos que na verdade há muito mais de métodos comportamentais do que de práticas emancipatórias. Entretanto, também é notável que nem sempre essa é uma escolha consciente por um método tradicional para a escola, mas sim a perpetuação do ensino a partir da repetição já posta em cena pelos jesuítas no século XVI. O ensino embasado na abordagem comportamental traz como característica as práticas hegemônicas e homogêneas. Especificamente no trabalho pedagógico com crianças com autismo sobressalta-se a missão de modificar comportamentos indesejáveis ou inadequados à sociedade, e isto costuma acontecer por meio de práticas de condicionamento operante.

Logo, se a concepção que tenho de meu aluno com autismo é de um ser muito limitado, porque os critérios diagnósticos do DSM-IV e V assim me dizem, e também porque os comportamentos que observo nele são realmente bizarros perante o que é considerado "normal" pela sociedade, porque culturalmente o conceito de autismo reflete por décadas essas características, então eu passo a tratá-lo como aquilo que me apresentaram, ou seja, como um autista, onde os déficits, as incapacidades, a falta de alguma coisa, os comportamentos atípicos são muito mais enfatizados para aquilo que a escola se diz não estar preparada para fazer. Sobre o que quero dizer com a força da cultura.

> Se a cultura não é um dado, uma herança que se transmite imutável de geração em geração, é porque ela é uma produção histórica, isto é, uma construção que se inscreve na história e mais precisamente na história das relações dos grupos sociais entre si (CUCHE, 1999, p. 143).

E ainda,

> A cultura é o casulo que permite ao ser consciente se reconciliar com o nicho do universo onde sua espécie evoluiu e que se tornou hostil pelo emprego das ferramentas. Para estarmos seguros de compreender em que sentido a cultura é um casulo necessário à sobrevivência devemos ir além de suas manifestações aparentes e nos concentrarmos em sua função. Vê-se melhor então que a cultura não é um simples complexo de modelos de comportamento concretos, tais como os costumes, usos, tradições, hábitos, mas que é um conjunto de mecanismos, de projetos codificados de regulação, de planos, de regras e de instruções (ILLICH, 1975, p. 101).

Nessas circunstâncias eu perco de vista a criança, a pessoa e passo a ver apenas o estereótipo, a coisa, o autismo e todos os problemas que ele traz para dentro da escola, da família, da sociedade.

Esse movimento reducionista do potencial do aluno com autismo e de tendência segregadora faz parte das ações e características de uma escola excludente.

Quando supervalorizo o diagnóstico de autista em detrimento de destinar tempo, dedicação e sensibilidade para conhecer melhor meu aluno e aquilo que é possível fazer com ele em conjunto com seus coleguinhas, eu estou perpetuando práticas excludentes. Quando a escola opta por focar apenas em ensinos apostilados e avaliações cujo resultado enfoca aquilo que o aluno não aprendeu, sem resgatar o aprendizado para a superação das dificuldades, ela está se despreocupando com a exclusão de muitos. Quando a escola não é capaz de ser flexível em seus processos avaliativos, atentando para as singularidades de seu aluno com autismo com vistas a seguir o sistema tradicional empregado, ela está promovendo ações excludentes.

Quando a escola aceita realizar a matrícula do aluno com autismo para não ser punida legalmente, mas não se empenha em realmente proporcionar um espaço de acolhimento, permanência e participação desse aluno junto aos demais, ela não está atuando como uma escola de princípios inclusivos, pois apenas receber e aceitar esse aluno todos os dias no espaço escolar não é sinônimo de inclusão, ao revés, é uma pseudoinclusão. Em concordância com as palavras de Mantoan,

> Programada para atender a um aluno idealizado e pautada por um projeto educacional elitista, meritocrático e homogeneizador, a escola tem produzido situações de exclusão que têm, injustamente, prejudicado a trajetória educacional de muitos estudantes. Pela ausência de laudos periciais competentes e de queixas escolares bem fundamentadas, há alunos que correm o risco de ser admitidos e considerados pessoas com deficiência, e assim encaminhados indevidamente aos serviços da educação especial. Outros são igualmente discriminados em programas de ensino compensatório e à parte (2004, p. 37).

A partir dessa concepção que decompõe conceitos e fenômenos complexos que dizem respeito à criança com autismo para um modo mais simplista de concebê-la a partir de critérios diagnósticos universalistas e observações comportamentais já preestabelecidas e pautadas nas próprias características do Transtorno do Espectro Autista é que muitas escolas, interessadas em saberem como melhor trabalhar com este aluno, dedicam-se a capacitar seus professores em cursos diversos que tratam sobre métodos destinados para esse público-alvo: os alunos com autismo.

Em *Autismo, linguagem e educação: interação social no cotidiano escolar* (2007), destinamos certo tempo para abordar questões relacionadas aos métodos fundamentados na abordagem comportamental, como é o caso do Teacch (Treatment and Education of Autistic and related Communication hadicapped Children) – Tratamento e Educação para Autistas e Crianças com Déficits relacionados à Comunicação, desenvolvido por Eric Shopler, da Universidade da Carolina do Norte em 1966. Aqui também podemos citar o ABA (Applied Behavior Analysis) ou Análise do Comportamento Aplicada, que observa, analisa e explica a associação entre o comportamento do ser humano, o ambiente ao qual pertence e a aprendizagem. Neste método também estão presentes as técnicas de modificação de comportamento e seus adeptos alegam serem eficazes.

Tanto um como o outro possuem uma metodologia eficaz no que diz respeito a modificações de comportamentos indesejáveis. De modo geral, são realizados de forma individual em ambiente específico para tais práticas. Esses métodos, no entanto, limitam-se ao aspecto do condicionamento em que o sucesso ou fracasso podem estar diretamente relacionados às ações de recompensas ou reprovações, ou determinadas punições, no sentido, por exemplo, de restringir o indivíduo a fazer algo que goste por não ter feito o proposto pelo professor dentro das atividades planejadas e contempladas como alvos desse tipo de metodologia.

No caso específico do Teacch, onde há uma metodologia consolidada no Brasil e em diversos países, e que se utiliza de símbolos pictóricos (figuras), mais comumente o Picture Communication Symbols, desenvolvido na década de 1980, disponível na forma de software com mais de 3.000 símbolos, os professores de classes regulares acabam se deparando com algumas dificuldades, pois o espaço da sala de aula da escola regular não contempla as demandas desse método que, inclusive, é desenvolvido para um trabalho com enfoque no indivíduo a partir de uma proposta de currículo funcional, ou seja, para aquisição de habilidades funcionais consideradas essenciais pela sociedade.

Já somente o uso dos símbolos pictóricos do PCS é possível ser utilizado pelos professores em salas regulares, inclusive, não engessada na proposta baseada em condicionamento, treino de comportamentos, mas de modo livre, como um recurso da tecnologia assistiva que pode favorecer e facilitar o desenvolvimento da comunicação da criança com autismo que não oraliza junto aos demais colegas. Ou seja, o professor que atua em sala de ensino regular pode adotar esse recurso, de modo que todos os seus alunos também possam, dentro de alguma estratégia de atividade proposta pelo professor ou construída pelo grupo, participar e conhecer outras formas de comunicação para melhor interagirem com seu coleguinha com autismo.

Portanto, o PCS (Picture Communication Symbols), não depende do método Teacch para ser utilizado, tampouco está preso em técnicas para treino de comportamentos, como por exemplo: o aluno só recebe o brinquedo que deseja se entregar a figura que a ele se destina. Na verdade, numa perspectiva de educação que respeita as singularidades da criança, o PCS é um recurso muito útil de ser explorado livremente em sala de aula, na escola como um todo, junto à família, de modo que auxilie essa criança a melhor expressar seus sentimentos e desejos. Isso não quer dizer que ela ficará presa a esse recurso para sempre, mas talvez, em alguns casos, seja tão necessário como os óculos para alguém que dele precisa para ter condições de ler.

Enfim, é muito importante refletirmos sobre a concepção que temos sobre nossos alunos, sobre nosso aluno com autismo. É a partir de nossas concepções, ou poderíamos ousar dizer, é a partir de nossas crenças que fazemos nossas escolhas sobre nosso pensar, sentir e agir. Se concebemos, se cremos que nosso aprendiz com autismo é um sujeito que aprende, então vamos buscar meios de conhecê-lo melhor, vamos prestar mais atenção nos indícios que nos dá sobre seus interesses, para então com ele desenharmos seu percurso de aprendizagem. Por esse motivo fizemos a escolha de chamá-lo de aprendiz, porque cremos que é um sujeito aprendente, não um simples receptor de conteúdos ou um indivíduo que estuda algo elegido e imposto pela escola, mas sim um sujeito com possibilidades de aprender inúmeras coisas oportunizadas pela vida.

2 DESCONSTRUIR IDEIAS CRISTALIZADAS É NECESSÁRIO PARA AS DEMANDAS ATUAIS DE NOSSOS APRENDIZES

É de senso comum afirmar que as pessoas são diferentes, que cada um é cada um, que cada qual gosta do que gosta. Contudo, no cotidiano escolar esses sábios dizeres nem sempre cabem quando a questão maior é ensinar conteúdos predeterminados, para uma mesma turma, num mesmo tempo, com o objetivo do cumprimento do plano de aula já traçado antes de conhecer os alunos da turma no início do semestre e já tendo o dia certo para concluir a transmissão de todos os conhecimentos elencados sem dever nada para o próximo ano letivo que, possivelmente, será com outro professor.

Embora essa possa ser a realidade de muitas escolas, ela não precisa continuar acontecendo deste modo, pois até mesmo nossa Ldben 9.394/96 nos dá espaço e certa liberdade de flexibilidade. Vejamos:

Art. 23. A educação básica poderá organizar-se em séries anuais, períodos semestrais, ciclos, alternância regular de períodos de estudos, grupos não seriados, com base na idade, na competência e em outros critérios, ou por forma diversa de organização, **sempre que o interesse do processo de aprendizagem assim o recomendar** (grifo nosso).

IV – Poderão organizar-se classes, ou turmas, com alunos de séries distintas, com níveis equivalentes de adiantamento na matéria, para o ensino de línguas estrangeiras, artes, **ou outros componentes curriculares** (grifo nosso);

V – A verificação do rendimento escolar observará os seguintes critérios:

a) avaliação contínua e cumulativa do desempenho do aluno, com **prevalência dos aspectos qualitativos sobre os quantitativos e dos resultados ao longo do período sobre os de eventuais** provas finais (grifo nosso);

b) possibilidade de aceleração de estudos para alunos com atraso escolar;

c) possibilidade de avanço nos cursos e nas séries mediante verificação do aprendizado;

d) aproveitamento de estudos concluídos com êxito.

Art. 26. Os currículos da educação infantil, do ensino fundamental e do ensino médio devem ter base nacional comum, a ser complementada, em cada sistema de ensino e em cada estabelecimento escolar, por uma parte diversificada, exigida pelas características regionais e locais da sociedade, da cultura, da economia **e dos educandos** (grifo nosso).

Art. 59. Os sistemas de ensino assegurarão aos educandos com deficiência, transtornos globais do desenvolvimento e altas habilidades ou superdotação (Redação dada pela Lei n. 12.796, de 2013).

I – Currículos, métodos, técnicas, recursos educativos e organização específicos para atender às suas necessidades.

Embora não seja a Ldben 9394/96 a motivação maior para que algumas escolas estejam buscando uma maneira diferente de agir e feito outras escolhas junto à comunidade escolar, é fato de que, havendo flexibilidade legislativa, torna-se mais acessível e provável desenvolver propostas diferenciadas e até mesmo mais ousadas de caráter experimental.

Todavia, as propostas vistas como práticas pedagógicas inovadoras e inclusivas não são tão recentes o quanto parecem ser. No início do século XX, no período de 1924 a 1935, Vygotsky escreveu seus estudos sobre *defectologia*, cuja tese destacava suas ideias inovadoras e adversas às concepções reducionistas sustentadas nos paradigmas científicos cunhados em métodos de análise quantitativa que desdenhavam o potencial da criança "com defeito"[3]. Para ele,

> La peculiaridad positiva del niño deficiente no se debe, en primer término, al hecho de que en él desaparezcan tales o cuales funciones observables en un niño normal, sino a que la desaparición de funciones hacen hacer nuevas formaciones que representan en su unidad la reacción de la personalidad al defecto, la compensación en el proceso del desarrollo (1997, p. 17).

Para Vygotsky os processos de desenvolvimento não acontecem ao mesmo tempo com os processos de aprendizado formal; na verdade, a aprendizagem precede o desenvolvimento, criando zonas de desenvolvimento proximal, ou melhor, iminente[4]. Na abordagem histórico-cultural

> O desenvolvimento das funções psicológicas superiores caracteristicamente humanas (percepção, memória lógica, atenção concentrada, pensamento verbal, linguagem etc.) é singularizado pela experiência da mediação simbólica. Desta forma, o outro social é parte integrante dos processos de desenvolvimento mediados pela unidade cognição-afeto, e a fonte do desenvolvimento, portanto, é a aprendizagem formal mais a comunicação e a cooperação com o adulto ou parceiro mais experiente (MADEIRA-COELHO, 2012, p. 44).

Sem a intenção de nos aprofundarmos nesse momento na densa obra de Vygotsky, com clareza podemos ver a diferença de seu olhar sobre a criança com deficiência e de suas possibilidades de aprender com relação à concepção reducionista do potencial desta mesma criança a partir de abordagens que focam contundentemente na modificação do comportamento. Vygotsky nos convida a superarmos, a rompermos e transcendermos as práticas de ensino mecanizadas e de formação condicionada de hábitos e habilidades tão somente funcionais para uma compreensão mais ampla, entendendo que o processo de ensinar e aprender do aprendiz com deficiência, no caso, de nosso aprendiz com autismo, deve contemplar uma sensata, consciente e responsável relação entre a mediação pedagógica realizada pelo professor (o adulto, o parceiro mais experiente), o cotidiano e a

---

3. Terminologia usada naquela época para se referir à criança com deficiência.

4. O termo iminente é proposto pela Profa.-Dra. Zóia Prestes em sua tese de doutorado "Quando não é quase a mesma coisa", já publicado na forma de livro. Iminente parece traduzir melhor (a partir do russo) a intenção de Vygotsky ao significar a possibilidade de acontecer ou não o desenvolvimento, aspecto semântico que não está presente no termo "proximal", mais conhecido pelas traduções de sua obra no Brasil.

formação de conceitos, tornando possível o encontro/confronto das vivências diárias no contexto em que elas acontecem para a formação de conceitos; quer sejam escolares ou não, em um movimento de internalização consciente daquilo que está sendo vivenciado, experimentado, compreendido e concebido.

Nesta abordagem o professor não é o detentor do saber e o aluno mero receptor obediente. Diferentemente, o professor mediador explora sua capacidade de ser sensível com o propósito de notar e identificar quais são os significados construídos por seus aprendizes com relação aos conceitos que estão sendo formados, quer sejam mais elementares ou mais complexos.

> A experiência pedagógica nos ensina que o ensino direto de conceitos sempre se mostra impossível e pedagogicamente estéril. O professor que envereda por esse caminho costuma não conseguir senão uma assimilação vazia de palavras, um verbalismo puro e simples que estimula e imita a existência dos respectivos conceitos na criança, mas, na prática, esconde o vazio. Em tais casos a criança não assimila o conceito, mas a palavra, capta mais de memória que de pensamento e sente-se impotente diante de qualquer tentativa de emprego consciente do conhecimento assimilado. No fundo, esse método de ensino de conceitos é a falha principal do rejeitado método puramente escolástico de ensino, que substitui a apreensão do conhecimento vivo pela apreensão de verbais mortos e vazios (VYGOTSKY, 2000, p. 247).

O exposto por Vygotsky nos chama para rever e reorganizar a forma como tem acontecido a educação, ou talvez seja melhor dizer o treino do aluno com autismo, pois nos métodos baseados na concepção behaviorista, em que o condicionamento operante é o ponto de partida, ocorre o ensino direto de conceitos que, na verdade, não podemos afirmar que são por eles assimilados, e sim, possivelmente, quando muito, memorizados de forma mecânica, automática e sem consciência, reproduzindo ações automatizadas; e, havendo oralização, por vezes ela será vazia de significados, de sentidos.

> As proposições de Vygotsky acerca da pessoa com necessidades especiais e seu desenvolvimento são significativas com relação à determinação da maneira como essa condição ("ser deficiente") deve ser compreendida e trabalhada no contexto da educação, conferindo-lhe o direito a seu papel ativo na construção de seu desenvolvimento a partir de sua capacidade individual de apropriar-se e internalizar formas sociais de comportamento como participante de seu processo de conhecimento como sujeito histórico. Somente assim tal pessoa passa a ser percebida e compreendida como sujeito possuidor de diferentes capacidades e potencialidades em emergência, as quais devem ser

encorajadas para que se transformem no alicerce do desenvolvimento das funções superiores (ORRÚ, 2007, p. 104).

O trabalho pedagógico junto a alunos com autismo quase sempre é desafiado pelas singularidades próprias deste aprendiz, além das possíveis dificuldades no processo de aprender, na complexidade das interações sociais e na comunicação. Segundo Angel Rivière (1984),

> Esta tarefa educativa é provavelmente a experiência mais comovedora e radical que pode ter o professor. Esta relação põe à prova, mais do que nenhuma outra, os recursos e as habilidades do educador. Como ajudar aos autistas a aproximarem-se de um mundo de significados e de relações humanas significativas? Que meios podemos empregar para ajudá-los a comunicarem-se, atrair sua atenção e interesse pelo mundo das pessoas para retirá-los do seu mundo ritualizado, inflexível e fechado em si mesmo?

Todavia, apesar da presença desses possíveis desafios, os princípios que sustentam a abordagem histórico-cultural nos motivam a crer nas possibilidades de aprendizagem desse alunado, não de forma ingênua, simplista ou ilusória, mas a partir da concepção que esse aprendiz é um sujeito que aprende e a partir da ênfase na construção de relações sociais/pessoais, das ações favorecidas, acolhedoras e envolventes do professor e de sua ação mediadora, da qual ele também faz parte.

Ambientes enriquecidos de práticas dialógicas, de olhares sensíveis às singularidades dos aprendizes (inclusive daqueles com autismo) repletos de sentidos e significados a partir de vivências reais, concretas, onde as relações sociais são sempre privilegiadas e os interesses dos aprendizes e suas habilidades são valorizados, favorecem, sem dúvida, o aprendizado do sujeito.

Com relação às crianças/pessoas com autismo, muito se fala da ausência de fala e do uso mais comum de gestos. Sobre o gesto Vygotsky comenta:

> Inicialmente, este gesto não é nada mais que uma tentativa sem sucesso de pegar alguma coisa, um movimento dirigido para um certo objetivo, que desencadeia a atividade de aproximação. [...] Quando a mãe vem em ajuda da criança, e nota que o seu movimento indica alguma coisa, a situação muda fundamentalmente. O apontar torna-se um gesto para os outros. A tentativa malsucedida da criança engendra uma reação, não do objeto que ela procura, mas de uma outra pessoa. Consequentemente, o significado primário daquele movimento malsucedido de pegar é estabelecido por outros. Somente mais tarde [...] é que ela, de fato, começa a compreender

esse movimento como um gesto de apontar. Nesse momento, ocorre uma mudança naquela função do movimento: de movimento orientado pelo objeto, torna-se um movimento dirigido para uma outra pessoa, um meio de estabelecer relações (1984, p. 63-64).

Ou seja, entendemos que a constituição desta ação do gesto pode ser compreendida como uma evidência do surgir da compreensão de significados e sentidos de movimentos, ações, oralizações que se iniciam das relações dos outros para a criança e depois da criança para ela mesma e para os outros. E esse processo será favorecido em espaços sociais, em escolas da rede regular comum onde o aprendiz com autismo não será segregado, mas sim acolhido e envolvido, podendo aprender com seus pares, levando-se em conta seu potencial, suas habilidades, seus interesses. Em espaços escolares onde as relações sociais não são evitadas pela crença de que essas crianças não gostam de estar juntas às demais, ou que são incomunicáveis, fechadas em seus próprios mundos particulares. Pela ausência de informações, de se ouvir a voz dessas pessoas com autismo é que culturalmente construímos nossas impressões sobre elas e fizemos critérios diagnósticos a partir daquilo que era possível interpretar. Contudo, a partir dos diversos relatos que temos, podemos ouvir a "voz" de algumas dessas pessoas e, a partir da experiência delas, compreendermos um pouco mais sobre como podemos promover e facilitar seu processo de aprendizagem. Regressando à epígrafe, Tito, um rapaz diagnosticado com autismo severo e deficiência intelectual, com imensas dificuldades na oralização, faz-nos ouvir sua voz a partir das linhas escritas por ele mesmo, sua forma de expressão:

> Eu não posso ver ou falar. No entanto, eu posso imaginar. As minhas preocupações e inquietações estão presas dentro de mim em algum lugar no meu interior. Talvez em minhas raízes. Talvez em minha casca. [...] Homens e mulheres estão confusos com tudo o que faço. Os médicos utilizam terminologias diferentes para me descrever. Eu só quero saber. Os pensamentos são maiores do que eu possa expressar (MUKHOPADHYAY, 2003).

Assim como Tito, muitas outras pessoas com autismo ou com outras deficiências ou supostos transtornos de aprendizagem nos mostram que é necessário desconstruir ideias cristalizadas para respondermos às demandas atuais de nossa sociedade global. Refletir sobre ações pedagógicas em prol de uma escola não excludente não deve ser visto apenas como responsabilidade dos professores, mas sim de toda a comunidade, pois todos nós fazemos parte desta sociedade e somos atores da história da humanidade.

Os valores, os princípios, a educação que perpetuarmos para a presente e as próximas gerações são ações confiadas a todos nós e nos expropriarmos delas seria uma atitude de desresponsabilização que, com certeza, trará graves consequências para o porvir, pois trata-se não apenas de se preocupar com o ensino escolar da leitura, da escrita, dos idiomas, das exatas com vistas a aprovação nos melhores vestibulares para êxito no mercado de trabalho; mas sim de viver o "ser" e os modos de contemplar e compreender o outro em sua diversidade, pois é com esses "outros" com os quais conviveremos ou que nossos filhos conviverão no futuro próximo. Para tanto, entender os benefícios de todos os dias atuar por uma escola e sociedade não excludente traz consigo a necessidade de se compreender os princípios de uma educação na perspectiva inclusiva. Segundo Mantoan,

> A inclusão implica uma mudança de perspectiva educacional, pois não se limita aos alunos com deficiência e aos que apresentam dificuldades de aprender, mas envolve todos os demais, para que obtenham sucesso na corrente educativa geral. Os alunos com deficiência constituem uma grande preocupação para os educadores inclusivos, mas todos sabemos que a maioria dos que fracassam na escola são alunos que não vêm do ensino especial, mas possivelmente acabarão nele. [...] Se pretendemos que a escola seja inclusiva, é urgente redefinirem-se seus planos para uma educação voltada à cidadania global, plena, livre de preconceitos e que reconhece e valoriza as diferenças (2004, p. 40).

Concluindo, particularmente, não creio que métodos fundamentados na repetição, registrados como estratégia didática para a aprendizagem lá no século XVI com o *Ratio Studiorum*, sendo uma de suas normas algo que nos lembra muito a obrigação do dever de casa para as crianças de hoje,

> Repetições em casa – Todos os dias, exceto os sábados e dias festivos, designe uma hora de repetição aos nossos escolásticos, para que assim se exercitem as inteligências e melhor se esclareçam as dificuldades ocorrentes (RATIO STUDIORUM, 1952, p. 146).

e, presente na abordagem comportamental, principalmente no trabalho com alunos com autismo e também com demais alunos de escolas regulares, possa, nos dias de hoje, em pleno século XXI, proporcionar modos de organização educacional que sejam notados como responsáveis pela aprendizagem dos alunos. Tampouco, creio que a escola ou as secretarias de educação tomarem decisões de segregar alunos em classes especiais ou destiná-los a instituições especializadas a partir de laudos diagnósticos fundamentados em aspectos biológicos e em supostos transtornos de aprendizagem, justificando dessa forma cruel de dominação e poder que tipo de "escola" ou atendimento é melhor para tais alunos seja algo aceitável para um país que se diz signatário de documentos internacionais que priorizam a diversidade e a inclusão socioeducacional de todos os alunos. Essas ações são excludentes e precisam ser superadas, transcendidas pela sociedade, por todos nós.

Essas são ideias cristalizadas que precisam ser revistas no âmbito educacional. Serem, inclusive, profundamente pensadas sob que conveniência são organizadas e perpetuadas. Embora não divulgadas pelo governo e pela mídia sensacionalista, em vários países e mesmo em estados brasileiros sempre recebemos a informação de que pessoas que constituem sua comunidade escolar estão construindo e experimentando propostas transformadoras que semeiam ideias inovadoras, algumas delas já anunciadas no passado por Vygotsky de uma educação possível para todos os aprendizes. Uma educação construída junto com o aprendiz, valorizando seu potencial, suas singularidades, seus interesses para o aprendizado, respeitando e criando possibilidades de superação daquilo que se apresenta como dificuldade. Espaços de aprendizagem onde o aprendiz pode ser ele mesmo, e as relações dialógicas são o elo para a construção conjunta de saberes.

PARTE 5

Eixo de interesse: um princípio para práticas pedagógicas inovadoras e não excludentes

Se uma criança que achavam que nunca ia falar nem poder chegar a esses picos tão improváveis, imagine o que crianças sem limitações podem obter e como podem voar alto se forem encorajadas a desdobrar suas asas — além do horizonte, além de nossas maiores expectativas.
Kristine Barnett (mãe de Jake Barnett), 2013.

1 O que nos move?

Primeiramente, o que nos move é a resistência contrária à institucionalização da educação tendo a escola como uma instituição de controle social e refém da lógica de mercado, onde a mesma está a serviço do desenvolvimento econômico e, portanto, nela são realizados investimentos de capital cujo objetivo é que se destine a formar o cidadão economicamente produtivo.

Onde a dominação e o poder fabricam e perpetuam a produção das diferenças para então classificá-las e enquadrá-las em categorias, sendo que, no caso daqueles indivíduos considerados não produtivos segundo os padrões sociais estabelecidos, seu porto de destino são os espaços homogêneos onde a segregação e a exclusão têm por si as características principais. Em outras palavras, podemos dizer que é a própria escola a grande produtora das classificações dos indivíduos e das desigualdades em grande escala. Portanto, o ensino massificado produz e reproduz as desigualdades sociais, e esse fato se repercute fielmente no caminhar do aluno em sua vida escolar, pois nessa trilha muitos são deixados para trás.

O que nos move falarmos sobre práticas pedagógicas inovadoras e não excludentes é a certeza de que a comunidade escolar não pode se manter omissa ou se desresponsabilizar, atribuindo ao sistema do governo pelas coisas estarem como estão; embora isto seja uma verdade, não temos mais tempo a perder justificando que "a escola não está preparada para receber alunos diferentes (deficientes)".

Na verdade, nunca estaremos 100% preparados para coisa alguma, pois estamos em constante movimento em nível pessoal como planetário, tanto no micro como no macrossocial. Ao estar grávida, a gestante nunca está preparada para ser mãe, não há um manual de instruções que a prepare para enfrentar com certeza e aptidão todos os desafios da maternidade. A mulher aprende a ser mãe dia a dia nas experiências que vivencia com seu filho, e quando ela já sabe bem o que fazer com seu filho de 2 anos de idade, ele completa 3 e depois 4 anos, e ela continua aprendendo a ser mãe de seu filho que continua aprendendo e se desenvolvendo e demandando cada vez mais dedicação e relação dialógica de sua mãe no convívio do espaço micro para o macrossocial, pois o tempo não para.

Entretanto, parece que a escola parou, estagnou-se no tocante às mudanças que estão acontecendo na sociedade; ignorou a reconhecer que seus alunos precisam mais do que ensino massificado, apostilado, classificatório, seriado, conteudista e probatório. Os tempos mudaram, as tecnologias avançam aceleradamente, as informações nos chegam quase que instantaneamente por meio da internet e a escola continua reproduzindo o que ela já era no século XVI, mesmo que de um jeito um pouco diferente nos dias de hoje: um conhecimento previamente estabelecido como sendo essencial em relação a outros que são menosprezados; conhecimentos transmitidos de forma pronta e acabada; com verdades absolutas e imutáveis; com métodos competitivos; avaliações que enfatizam o que o aluno não conseguiu acertar, muitas vezes produzidas na forma de "pegadinhas" como se isso fosse o máximo para testar a real capacidade de raciocínio intelectual do aluno.

Falar de práticas pedagógicas inovadoras e não excludentes pode talvez incomodar a muitos, porque ela reclama uma desconstrução daquilo que estamos acostumados a pensar que deva ser uma escola e que objetivos ela deva ter. Creio que deva ser mais do que preparar a criança para o vestibular, para o mercado de trabalho. E ainda, segundo Mantoan,

> Inovar não tem necessariamente o sentido do inusitado. As grandes inovações são muitas vezes a concretização do óbvio, do simples, do que é possível fazer, mas que precisa ser desvelado, para que possa ser compreendido por todos e aceito sem muitas resistências, senão aquelas que dão brilho e vigor ao debate das novidades (2003, p. 35).

Pensar numa escola, ou melhor, em espaços de aprendizagem constituídos por práticas pedagógicas inovadoras e não excludentes é dar aos aprendizes a possibilidade de participação no desenvolvimento dos planejamentos de suas próprias aprendizagens, como também na construção das normas sociais e maior autonomia em suas próprias ações realizadoras, tendo o professor como seu mediador, seu mentor, como a pessoa mais experiente que lhe orientará em seu processo de aprendizado, mas que ao mesmo tempo não o determinará, um professor com o aprendiz e não um professor para o aluno. É oportunizar ao aprendiz escolher aquilo que deseja aprender mais, valorizar seus interesses que, de modo geral, estão relacionados às suas habilidades a serem cada vez mais desenvolvidas e não abafadas pelas práticas conteudistas predeterminadas. É dar vazão aos espaços de aprendizagem onde seja possível tecer conhecimentos em redes em meio a pilares inclusivos, cooperativos e solidários, ao invés daqueles competitivos. É promover a possibilidade do aprendizado em comum, uns aprendendo com os outros, o mais *expert* em um tema ajudando seu colega a compreender melhor dentro de seu ritmo e possibilidade, é favorecer o aprender a aprender cada um da sua maneira, da melhor forma como consegue construir os diversos conceitos e, assim, poder dizer a todos o quanto aprendeu sem que, necessariamente, seja por meio de avaliações objetivas cuja subjetividade do professor, o detentor do saber, esteja presente. É compreender que a educação e o aprendizado ocorrem em qualquer lugar e a todo instante; logo, a sala de aula não é o lugar de privilégio para acontecer esse processo.

Espaços de aprendizagem constituídos de práticas pedagógicas inovadoras e não excludentes requerem um comprometimento e disponibilidade duradoura, contínua da comunidade escolar (professor, demais funcionários, aprendizes, pais). O desejo de muitos por espaços de aprendizagem com essas peculiaridades vem despontando no coração de vários professores, pais e aprendizes. Os próprios aprendizes, talvez sem tanta consciência sobre os aspectos já mencionados aqui, dizem que a escola não é um lugar prazeroso para se frequentar, que "ir à escola é chato". Mas como um local onde tantas coisas novas podem ser aprendidas pode não ser prazeroso?

Esse desejo por espaços de aprendizagem distintos das características escolares atuais emana dos sentimentos de fracassos e decepções, ambos relacionados a equívocos de diagnóstico sobre a crise da escola como se fosse simplesmente técnica, esquivando-se das questões de políticas públicas pertinentes; e também sobre desacertos metodológicos impostos de forma verticalizada, sem que a construção de metodologias aconteça a partir das reflexões e ações dos sujeitos-atores em seus microcontextos sociais. As transformações urgem como necessárias; no entanto, precisam ocorrer de forma consciente, sabendo-se porque se quer mudar, porque fazer diferente e quais as implicações dessas mudanças para nossos aprendizes e suas implicações para a vida em sociedade.

Como é possível notar, quando falamos de práticas pedagógicas inovadoras e não excludentes, falamos de espaços de aprendizagem comuns a todos os aprendizes, a toda comunidade escolar, como também à comunidade local. Ninguém fica de fora.

O centro desse processo de aprendizagem não é o professor e tampouco o aluno; não obstante, o centro do processo de aprender são as relações sociais entre professores com seus aprendizes, aprendizes com seus professores, colegas com seus colegas. Neste viés, não deve existir uma relação de ensinagem onde alguém sabe mais e alguém sabe menos. Distintamente, são as relações sociais que possibilitam que cada um conheça melhor a cada um e aquilo que sabem fazer de melhor seja valorizado, evitando práticas reducionistas do potencial da criança.

Portanto, o professor é o parceiro que busca conhecer melhor seu aprendiz para dele buscar o melhor que, certamente, o fará ainda melhor e contribuirá para a sociedade em geral. Não em um sentido de essas ações serem refletidas no campo das vaidades, mas sim de valorizar o que cada aprendiz tem de melhor, trabalhando em prol de sua autoestima, aproveitando os momentos para troca conjunta de experiências, onde se é possível aprender com todos.

Outrossim, abordaremos a partir de agora cenários em que o aprendiz com autismo pode usufruir melhor desses espaços e momentos de aprendizagem numa perspectiva de educação como direito de todos.

2 O APRENDIZ COM AUTISMO COMO SUJEITO COM POSSIBILIDADES DE APRENDIZAGEM

Embora já tenhamos tratado anteriormente sobre a relevância e essencialidade de se compreender que o aprendiz com autismo também é um sujeito que aprende e que essa concepção faz total diferença na maneira como o compreenderemos e o orientaremos em seu processo de aprendizado, trago novamente à tona esse tópico como o centro dos demais que abordaremos nesta parte da obra.

> Crianças cuja singularidade é desconsiderada em favor de um conteúdo curricular que deve ser cumprido, e que, para tanto, todos devem apresentar o mesmo ritmo de aprendizagem: serão identificadas como inábeis os que não seguirem o padrão. Então, precisamos nos perguntar: Que experiências de aprendizagem estão reservadas às crianças que não se encaixam no padrão de normalidade instituído? Como são compreendidas suas possibilidades? Ou elas só são vistas em termos de suas dificuldades? Como o espaço relacional com a

professora e os colegas confirmam suas possibilidades e não suas dificuldades? (BATISTA & TACCA, 2011, p. 141-142).

Partindo dos relatos de pessoas com autismo já mencionadas, encontramos a frase de Temple Grandin: "Sabiam que eu era diferente, mas não incapaz. Uma porta abriu e eu atravessei". É fato que todos nós somos diferentes. Mas também é verdade que as pessoas com autismo, além de serem diferentes como todos nós somos, possuem singularidades que precisam ser respeitadas, conhecidas, estudadas e acompanhadas com sensibilidade pelo professor para que elas não sejam motivo de exclusão, mas sim de descoberta de "portas", caminhos, canais de comunicação que podem favorecer e promover situações de aprendizagem e expressão para esse aprendiz.

O caminho das práticas pedagógicas inovadoras e não excludentes não é o de focar nas inabilidades, nos déficits, naquilo que os alunos não sabem fazer, tampouco direcionar a expressão do ser. Distintamente, é olhar para o aprendiz e compreendê-lo como um sujeito que aprende e promover condições para que ele se expresse a sua maneira. O foco também não é que ele aprenda necessariamente os conteúdos curriculares impostos, mas sim proporcionar espaços e momentos de aprendizagem a partir de seus interesses, levando-se em conta que seus interesses também podem ser os mesmos interesses de seus outros colegas sem autismo. Na verdade, muitos professores que utilizam a pedagogia de projetos já fazem algo muito semelhante ao que iremos abordar. Todavia, trataremos aqui com enfoque maior para o trabalho junto aos aprendizes com autismo presentes na rede regular de ensino, quer seja pública ou privada.

3 EIXOS DE INTERESSE: FAZER PROVEITO DO QUE É PRAZEROSO COMO PONTE PARA O APRENDIZADO

A escola tradicional está acostumada a pautar conteúdos disciplinares predeterminados para seus alunos estudarem. No entanto, na sociedade atual, as novas gerações de crianças demandam outras formas de aprender e aprender mais do que é imposto pela escola. Elas precisam aprender a articular saberes, a conhecer domínios que recobrem as esferas de conhecimentos, uma teia de saberes que se conectam. Construir junto com o aprendiz seu percurso de aprendizagem por meio de projetos que tenham como raízes seus eixos de interesse é possibilitar a imersão do aprendiz no âmbito individual e coletivo o prazer pelo aprender. Similar, é favorecer a troca de experiências, a articulação dos saberes, o confronto de ideias, a curiosidade, a criatividade no expor o que está sendo aprendido; a cooperação; a solidariedade entre os colegas e o desenvolvimento de diversas competências. Nas palavras de Morin,

> De que nos serviriam todos os saberes parcelados se nós não os confrontássemos, a fim de formar uma configuração que responda às nossas expectativas, às nossas necessidades e às nossas interrogações cognitivas? (2000, p. 79).

Tornou-se habitual para nós o receio de se fazer algo diferente porque aprendemos por gerações, por séculos que o ensino deve se dar por disciplinas sequenciais para garantir a aprendizagem. Mas será que isso realmente garante a aprendizagem? Se formos ver o *ranking* internacional de 2014 veremos que a resposta é negativa para o Brasil. De qualquer forma, nosso propósito, em absoluto, não é o de fazer apologia para o *ranking* educacional. Nosso propósito é valorizar espaços e momentos de aprendizagem diferenciados da proposta dominante.

Contudo, nesse propósito de se garantir o ensino e a aprendizagem de forma disciplinar e sequencial, o desperdício da oportunidade de aproveitar muito mais a curiosidade do aluno em seu processo de aprender, tornou-se uma constante nas salas de aula. Para tanto, é preciso se ter ciência de que os espaços de aprendizagem são constituídos de quaisquer espaços, não só da escola, especificamente, da sala de aula; também por várias pessoas que ensinam muitas coisas e outras pessoas que aprendem e também ensinam a partir das relações sociais dialógicas repletas de sentidos e significados sobre o que está sendo aprendido.

Conhecer o aprendiz e seu eixo de interesse é o ponto principal de partida para iniciarmos uma relação dialógica com nosso aprendiz com autismo (poderia ser com todos os demais também, o que é próprio de uma educação na perspectiva inclusiva) sobre aquilo que lhe é foco de interesse, de curiosidade, de prazer para fazer, para aprender e, assim, desencadear o delineamento de seu percurso de aprendizado.

> Para ensinar a turma toda, parte-se do fato de que os alunos sempre sabem alguma coisa, de que todo educando pode aprender, mas no tempo e do jeito que lhe são próprios. Além do mais, é fundamental que o professor nutra uma elevada expectativa em relação à capacidade dos alunos de progredir e não desista nunca de buscar meios que possam ajudá-los a vencer os obstáculos escolares. O sucesso da aprendizagem está em explorar talentos, atualizar possibilidades, desenvolver predisposições naturais de cada aluno. As dificuldades e limitações são reconhecidas, mas não conduzem/restringem o processo de ensino, como comumente acontece (MANTOAN, 2003, p. 42).

O eixo de interesse, quando explorado, permitirá o conhecimento do potencial e das habilidades do aprendiz com autismo, referendará seu "ponto ótimo" e trará possibilidades de também se identificar e planejar estratégias de desenvolvimento de outras habilidades ainda não desenvolvidas sem, contudo, sempre frisar o que ele não sabe fazer, ou o que não consegue fazer, ou daquilo que nunca será capaz de fazer segundo influência cultural dos critérios diagnósticos.

Trabalhar por eixos de interesse como ponto principal de partida e valorizando o "ponto ótimo" do aprendiz com autismo é aproveitar ao máximo aquilo que ele se mostra capaz de fazer, é respeitá-lo em suas limitações, é promovê-lo sempre a uma próxima etapa mais complexa e procurando integrar novos saberes relacionados ao eixo de interesse que melhor valorize suas formas de expressar seus sentimentos, seus pensamentos, seus desejos, suas preferências, suas habilidades, suas dificuldades, suas descobertas, sua subjetividade. E ainda, nas palavras de Mantoan: "Garantir-lhe tempo e liberdade para aprender e um ensino que não segrega e reprova à repetência" (2003, p. 37).

> Para que a aprendizagem ocorra, há que se promoverem situações pedagógicas que impactem na constituição subjetiva do aprendiz, podendo, então, incidir no desenvolvimento e gerar novas possibilidades de aprender. [...] Dessa forma, a superação das dificuldades de aprendizagem não é exclusivamente um processo cognitivo, mas se dá na relação complexa e sistêmica entre as diversas dimensões que perpassam a vida do aprendiz. Se considerarmos a aprendizagem fora do sujeito que aprende, desconsideraremos as emoções geradas em diferentes espaços de sua vida e que expressam em sala de aula, constituindo os sentidos subjetivos do aprender (MARTÍNEZ & ROSSATO, 2011, p. 71-72).

Portanto, o entendimento das dificuldades no processo de aprender não pode ser concebido de modo universal, tais como os critérios diagnósticos o fazem acerca do indivíduo com autismo. Embora diagnosticados pelos mesmos critérios universalistas como autistas, cada qual tem suas habilidades e suas dificuldades, distintas e não homogêneas. Assim o é, pois existe um conjunto de elementos que diferem para cada sujeito segundo suas singularidades, sua subjetividade.

Conceber e valorizar o aprendiz com autismo como sujeito que aprende é, de certo modo, compreender o próprio aprendizado como um decurso único e significativo que é marcado pela singularidade de cada aprendiz enquanto sujeito/protagonista de seu próprio processo de aprender.

Finalmente, para a construção de ações pedagógicas a partir de eixos de interesse junto aos aprendizes com autismo numa perspectiva de educação inclusiva, é indispensável o enfrentamento dos mitos, da superstição, do estigma e preconceito sobre o que histórico e culturalmente foi produzido sobre as impossibilidades e incapacidades de aprendizagem dessas pessoas, principalmente daqueles alunos clinicamente "laudados" e rotulados.

Também é um desafio superar as práticas pedagógicas reducionistas do potencial do aluno com autismo e fundamentadas na modificação de comportamentos indesejáveis pela sociedade e desenvolvimento do que seja funcional para a vida diária. Penso que a educação seja muito mais do que treino para se comportar bem. Ela vai muito além do aprendizado de boas maneiras, sendo essas, logicamente, já implícitas na construção conjunta das normas sociais entre os aprendizes e seu professor nos espaços e momentos de aprendizagem.

Superar os costumes da escola tradicional, seus métodos baseados na memorização e na exatidão, seu aspecto classificatório e seletivo, suas avaliações conservadoras e pontuais. Dar espaço ao aprendiz dizer o quanto ele já aprendeu e deseja compartilhar com seus colegas, investir em um olhar diferenciado para as formas processuais de avaliação da aprendizagem.

Creio que o derradeiro desafio seja a parceria entre os professores, a comunidade escolar, a comunidade local, em conjunto com os familiares do aprendiz com autismo e também dos demais pais dos outros aprendizes. Lamentavelmente, ainda encontramos pais que rejeitam a ideia de seu filho frequentar a mesma sala de aula de um aluno com autismo ou outra deficiência. Um bom trabalho informativo de esclarecimento sobre os benefícios da educação inclusiva para todos pode ser o início desse caminho contínuo que nunca se finda.

4 Algo em comum para além do silêncio: do eixo de interesse ao ponto ótimo de cada um

Como sabemos por meio dos estudos de Gardner (1994), a inteligência humana tem múltiplas facetas, e as competências particulares, singulares constituem uma parte das habilidades que dão existência à inteligência. Para este autor,

> Existem evidências persuasivas para a existência de diversas competências intelectuais humanas relativamente autônomas abreviadas daqui em diante como "inteligências humanas". [...] A exata natureza e extensão de cada "estrutura" individual não é até o momento satisfatoriamente determinada, nem o número preciso de inteligências foi estabelecido. Parece-me, porém, estar cada vez mais difícil negar a convicção de que há pelo menos algumas inteligências, que estas são

relativamente independentes umas das outras e que podem ser modeladas e combinadas numa multiplicidade de maneiras adaptativas por indivíduos e culturas (GARDNER, 1994, p. 7).

Gardner (1994) então nomeia as diversas faces da inteligência da seguinte maneira:

• **Inteligência linguística** – Tem como característica o domínio e a apreciação peculiar pelos símbolos linguísticos, pelas palavras, idiomas e aspiração em esquadrinhá-los. É melhor desenvolvida por linguistas, escritores e poetas.

• **Inteligência musical** – Constitui-se pela habilidade de compor e realizar padrões musicais. De modo geral a memória está presente de modo sobressaltado, além da apreciação e distinção do ritmo, timbre, melodia, harmonia e estrutura musical. Pode também se encontrar relacionada junto às inteligências linguística, espacial ou corporal-cinestésica. Costuma ser identificada em pessoas que compõem músicas, maestros, dançarinos, músicos, artistas, profundos conhecedores e críticos de música.

• **Inteligência lógico-matemática** – Diz respeito à habilidade de colacionar, comparar, compreender, conhecer o conceito e avaliar objetos e abstrações com a capacidade de identificar suas relações e princípios subjacentes. Evidencia-se a habilidade distinta para a resolução de questões de raciocínio-lógico e dedutível em problemas matemáticos. Costuma ser mais predominante em matemáticos, filósofos e cientistas.

• **Inteligência visual-espacial** – Habilidade em entender o mundo físico com maior regularidade e exatidão a partir do sentido visual. É capaz de transformar percepções, conceitualizar ligações espaciais e recriar experiências visuais, inclusive, sem agentes físicos. Esta habilidade costuma ser notada em artistas plásticos, pessoas que traçam mapas geográficos ou topográficos, jogadores de xadrez, arquitetos.

• **Inteligência corporal-cinestésica** – Apresenta uma habilidade especial no controle e orquestração de movimentos corporais. De modo geral são desportistas, artistas e dançarinos.

• **Inteligência interpessoal** – Caracteriza-se pela habilidade de compreender as motivações, as intenções, as aspirações e o estado de espírito manifestado pelas pessoas. Religiosos, políticos, professores são exemplificações para este tipo de inteligência.

• **Inteligência intrapessoal** – É a aptidão de conhecer a si próprio em meio às circunstâncias diversas da vida, identificando aspectos inconscientes para agir de modo consciente. Costumam ser mais percebidas em pessoas que desenvolvem atividades de conselheiros, professores, terapeutas e escritores.

Para Gardner (1994) as inteligências múltiplas são relativamente independentes. Para ele os indivíduos possuem níveis variados dessas inteligências como um todo e que existe formas distintas das múltiplas inteligências se organizarem e se combinarem, levando-se em conta a singularidade de cada um.

Não temos o intuito de nos aprofundarmos nesta teoria, tampouco de fazê-la centro de nossos estudos, mas apenas trazê-la à lembrança para facilitar ao leitor a compreensão de nossa sugestão de se trabalhar por eixos de interesse a partir da valorização das habilidades e interesses melhores percebidos nos aprendizes com autismo como também em seus demais colegas.

E ainda, segundo Rancière, em sua obra *O mestre ignorante* (2004), ao tempo em que as inteligências se mostram iguais, elas também se apresentam diferentes. A inteligência humana é favorecida pelo desejo, pelo interesse, sendo estes, o vigor e a força da inteligência. E por ela, em suas diferenças, é possível que o indivíduo construa formas de se comunicar, de expressar seus sentimentos e pensamentos aos outros. Esse expressar muitas vezes se constitui do desejo intenso e até mesmo violento, se é que podemos dizer desta forma, de dizer ao outro sobre sua existência.

Cremos que não exista uma competência intelectual mais relevante do que outra, mas acreditamos que é possível aproveitar ao máximo das habilidades mais sobressaltadas ou identificadas nos aprendizes com autismo para que, a partir delas, eles possam melhor se desenvolver nas demais áreas.

4.1 Eixo de interesse: artes[1]

A arte é um dos domínios presentes em nossa vida diária. Todos os dias nos deparamos com situações em que a "arte" nos evoca a atenção. A arte é entendida como uma das manifestações do ser humano que lhe fazem companhia desde o início da humanidade. Algumas reflexões sobre a arte:

> A arte é, pois, um devir e um acontecer da verdade. [...] **A origem da obra de arte, a saber, ao mesmo tempo a origem dos que criam** e dos que salvaguardam, quer dizer, do ser-aí histórico de um povo,

---

1. Manifestações de cunho estético ou comunicativo.

é a arte. Isto é assim porque a arte é, na sua essência, uma origem: um modo eminente como a verdade se torna ente, isto é, histórica (HEIDEGGER, 1999, p. 57, 62 – grifo nosso).

E ainda,

Somente então "a arte" consegue tornar-se um fenômeno autônomo. Sua tarefa não é mais a representação do ideal da natureza, mas o autoencontro do homem na natureza e no mundo humano-histórico. A comprovação de Kant, de que o belo agrada sem conceituação alguma, não impede, de forma alguma, que **só o belo que nos atinge significativamente encontra o nosso inteiro interesse**. Justamente o reconhecimento da ausência de conceituação do gosto conduz para além de uma estética do mero gosto (GADAMER, 1997, p. 102 – grifo nosso).

Para Freud,

A arte constitui um meio-caminho entre uma realidade que frustra os desejos e o mundo de desejos realizados da imaginação – uma região em que, por assim dizer, os esforços de onipotência do homem primitivo se acham em pleno vigor (1913/1996).

Nas palavras de Vygotsky:

A arte está para a vida como o vinho para a uva. [...] Ela é uma espécie de sentimento social prolongado ou uma técnica de sentimentos. [...] A arte resolve e elabora aspirações extremamente complexas do organismo. [...] **A arte é o social em nós** (1999, p. 307, 308, 309, 315 – grifo nosso).

Por fim,

A arte define a expressão de uma necessidade, de um desejo de existir. A arte é a expressão de nossas sensações, das representações ideativas e afetivas do sujeito, de tudo aquilo que as palavras, por si sós, não conseguem expressar. Na arte se encontram o inconsciente e o consciente, criação, vida e morte, a humanidade. A arte manifesta a essência do que está no coração de seu compositor e nas pessoas que por ele são tocadas (LEYVA, 2014).

A arte muitas vezes é uma representação do próprio interior humano e simbolizando sua condição humana, social, suas mais diversas expressões de pensamento.

A arte como um eixo de interesse a ser explorado pelo professor que identifica em seu aprendiz com autismo essa habilidade ou essa aproximação, maneira de ele se expressar, pode perceber sua relação com alguns sentidos circunstanciais:

- A representação de sentimentos pessoais e/ou interpessoais.

- A representação de padrões ou estilos.

- O imaginário do compositor.

- A revelação de uma competência particular.

- A expressão de desejos, preferências.

- Maneira de se comunicar com o outro.

- Exposição sobre coisas que tenham sentido e significado para o compositor.

- Representação de ações ou feituras que para o autor podem ser formas de se resolver uma situação ou problema.

- A arte pode indicar um caminho de aproximação e de comunicação entre os indivíduos.

4.1.1 Eixo de interesse: arte/música

a) Christopher Duffley

Nos relatos de Christopher Duffley encontramos um garoto com diagnóstico de autismo e deficiência visual que se mostrava com dificuldades na área da comunicação e da interação social, o que é próprio do quadro sintomático do Transtorno do Espectro Autista.

Contudo, Christopher demonstra ter uma aproximação de modo muito subjetivo com a música, e essa habilidade musical foi percebida por seus pais, resultando em benefícios para o menino, pois, por meio da música, seu eixo de interesse principal, ele passou a criar um conjunto de ações que originaram sua capacidade de se expressar às demais pessoas de um modo singular.

Para Pederiva e Tunes,

> A atividade musical também é uma experiência humana que auxilia o homem em sua adaptação ao meio e a si mesmo, possuindo características próprias. Primeiramente, inclui uma consciência da situação estímulo. Em segundo lugar, diferentemente da experiência do dia a dia em que situações de tensão costumam não ser resolvidas ou, pelo menos de imediato, a música busca uma resolução, um modo de conclusão. O mesmo estímulo na música pode gerar inúmeras soluções. A maneira como um ouvinte relaciona-se com uma peça musical depende muito das características internas da própria peça. A atividade mental que está envolvida no perceber e responder à música

> implica consciência quando existe um significado interno na atividade. Trata-se de um conteúdo subjetivo, mas que pode ser objetivado. A relação existente entre a estrutura musical e a estrutura do pensamento humano não é, desse modo, uma imposição de um autor ou um capricho de uma mente particular. [...] A vivência da obra musical, seja na sua criação pelo artista, seja na sua re-criação pelo espectador, cria possibilidade de remetermos-nos a vivências emocionais outras que, por não terem encontrado vazão, permaneceram irresolutas e que, pelo concurso da imaginação, numa nova combinação de elementos hauridos daquelas próprias vivências emocionais e de seu contexto, realizam-se agora, em remissão. Resta, assim, à consciência a emoção remida, resgatada. A música tem esse efeito destilador, trazendo a emoção para o primeiro plano e com esse sentido pode-se dizer que ela tem um efeito purificador ou que música é emoção pura, destilada. Uma particularidade que vem à tona e pode, então, objetivar-se (2013, p. 127-128).

Quando ouvimos Christopher cantar, não vemos apenas um cantar mecanizado, automático, sem vida. Ao contrário, é um canto encantador, repleto de emoções que emanam dele próprio e que nos tocam às nossas emoções, havendo uma interação social de sentimentos e, então, significados subjetivos a cada um. A partir do desenvolvimento de seu "ponto ótimo", o apreço pela música, o canto; foi que seu processo de aprendizagem se expandiu para outras áreas do desenvolvimento e do conhecimento de Christopher, inclusive o ajudando a desenvolver sua comunicação oral com as outras pessoas, ou seja, o aprendizado que teve precedeu-se ao desenvolvimento das demais habilidades.

Entretanto, vale ressaltar ao professor e aos familiares que é necessário dedicação e investimento na descoberta desse "ponto ótimo" e, no caso da música, buscar condições para o mergulho do sujeito na esfera musical, levando-se em conta sua inteligência musical como um recurso para que esse eixo de interesse (a música) também seja explorado junto com outros colegas nos espaços de aprendizagem, que certamente haverá aqueles que também apreciam muito. É importante frisar de que não se trata de colocar um rádio ou um CD para que o aluno fique simplesmente ouvindo música sozinho, tampouco colocar instrumentos de bandinha rítmica e o deixá-lo à margem. A música, como sendo inerente ao eixo de interesse das artes, deve ser trabalhada a partir de estratégias metodológicas nos espaços de aprendizagem de maneira consciente, levando-se em conta a singularidade do aprendiz com autismo e numa perspectiva de educação inclusiva onde todos possam participar.

b) Derek Paravicini

Na história de Derek a música também está presente como um eixo de interesse altamente percebível como sendo seu "ponto ótimo". Derek também recebeu o diagnóstico de autismo e deficiência visual. E recebeu dedicação e atenção de seus pais que, ao notarem seu talento, o matricularam numa escola de música para desenvolver sua habilidade com o piano. Afortunadamente, teve um professor, um mentor que ficou ao seu lado, compreendeu suas singularidades, suas dificuldades, mas também sua habilidade para a música.

Derek tem as características preditas na inteligência musical (GARDNER, 1994). Ouvido absoluto, memória excepcional, capacidade de realizar improvisos musicais. Contudo, as singularidades do quadro sintomático do autismo continuam presentes em sua vida. Não obstante, de forma singular ele pode se expressar com as demais pessoas de modo excelente por meio da música. Ele tanto interage com a própria música e de forma similar, tocando para as pessoas e recebendo os aplausos e manifestações de carinho e admiração.

A música como o "ponto ótimo" de Derek lhe possibilita compartilhar seus sentimentos e pensamentos como sendo um canal de comunicação para com as outras pessoas. Em suas próprias palavras advindas dessa sua experiência pessoal e social com a música e com o outro que participa desse movimento dialético, ele afirma: "Eu gosto quando eles me aplaudem. Eu não fico nervoso antes de tocar". Logo,

> A consciência da particularidade é uma estrutura organizadora do comportamento de cada homem no que diz respeito à vivência de suas emoções, num ato voluntário de entrega, especificamente possibilitada pela vivência da obra de arte musical, pela reação estético-musical. [...] Cada modo de organização interna de uma obra de arte e, aqui, especificamente, da música, possui seu significado psicológico. É um significado vivo que, por meio da reação estética, envolve o ser humano como unidade que é e promove seu desenvolvimento psicológico (PEDERIVA & TUNES, 2013, p. 128).

A música, enquanto arte, está prevista em nossa Ldben 9.394/96. Assim como está previsto um ensino pautado no educando. No entanto, no caso de práticas pedagógicas inovadoras e não excludentes, não basta que apenas o professor de música busque envolver seu aprendiz com autismo nas atividades musicais por ele planejadas. Ao perceber que há na escola um aprendiz com autismo, cujo eixo de interesse se foca na música, é necessário que a comunidade escolar se envolva também nesse processo, pois o desenvolvimento de outras habilidades e, principalmente, a interação social poderá acontecer sempre que os espaços e momentos de aprendizagem possibilitarem situações favorecedoras para esse aprendizado e desenvolvimento. Tão certo, assim como junto ao professor de Música, também o professor da turma em momentos estratégicos e lúdicos deverá proporcionar situações em que a música possa desencadear o interesse desse aprendiz por outros conhecimentos e habilidades sociais. Igualmente, o momento do intervalo, do ir e vir para a escola, pois a aprendizagem pode ocorrer sempre, a todo momento.

Crianças de modo geral, mesmo adolescentes, apreciam músicas. E apreciam aprender matemática, história, português; serem alfabetizadas e aprenderem sobre interpretação de textos com a presença enriquecedora da música. É evidente que explorar a música (tocada, ouvida, cantada, criada...) como um eixo de interesse no processo de aprendizagem com todos os aprendizes de maneira transdisciplinar seria de benefício pedagógico e social a toda comunidade escolar.

c) Matthew "Matt" Savage

A história de Matt também traz a música como seu eixo de interesse, como seu "ponto ótimo" capaz de auxiliar no aprendizado e desenvolvimento de outras habilidades necessárias ao ser humano. Seus pais também perceberam seu interesse por palavras, ou seja, há presença de uma habilidade intelectual relacionada à linguística. E exploraram sua habilidade visual para o desenvolvimento de outras atividades. Matt frequentou escolas e passo a passo foi aprendendo e se desenvolvendo e cada vez mais melhorando sua comunicação e interação social com as outras pessoas.

No início, Matt apresentava dificuldades na linguagem oral, na interação social, intolerância a ruídos. Sem o apoio de seus familiares e descoberta do quanto a música significava para ele, talvez não o conheceríamos e ele poderia ser mais um garoto com autismo invisível e institucionalizado.

Contudo, Matt, embora seja um grande artista como músico pianista, continua, todos os dias, aprendendo a lidar com várias dificuldades provenientes do quadro sintomático do autismo. Porém, o que temos que perceber é que o importante não é o sumiço do autismo, isso nós não temos o poder de fazer, mas sim o investimento nas habilidades presentes nos eixos de interesse de meninos como Matt para que possam aprender e se desenvolver, terem melhor qualidade de vida, serem reconhecidos e sentirem-se bem naquilo que lhes proporciona momentos de prazer e superação.

A mãe de Matt menciona que ele tem consciência de seu diagnóstico e de suas dificuldades. Muitas vezes se encontra triste, frustrado. Mas também tem ciência do quanto já conseguiu superar a si mesmo e o quanto é capaz de fazer. Isso que se mostra gratificante a Matt, foi possível pelo conhecimento e investimento em seu "ponto ótimo", por valorizar aquilo que ele é capaz de fazer, sem focar naquilo que apresenta dificuldades. A música, seu eixo de interesse, é como se fosse um caminho com várias portas pelas quais Matt passa todos os dias e por meio delas se relaciona com a própria música e com as outras pessoas.

> Pelo fato de poder atrelar-se às diversas vivências diárias e de embasar-se na musicalidade que em todos, cada um tem o poder de, *indivíduossocialmente*, criar, expressar-se, interpretar, decodificar, partilhar o signo musical. Em síntese, a consciência da particularidade é a marca registrada do significado psicológico da atividade musical. [...] Se a arte musical tem o poder de trazer as emoções para o primeiro plano, por que não tratá-las em seu lugar próprio, na educação musical? Emoções não se domam, nem se extinguem, mas podem ser transformadas, desde que sejam, antes de tudo, reconhecidas como próprias da condição humana. O homem é em unidade e não um corpo servido pela mente ou uma mente servida pelo corpo (PEDERIVA & TUNES, 2013, p. 128-129).

Por fim, a música provoca reações em todas as pessoas a partir de suas vivências, de suas experiências. Ela não faz acepção de pessoas. A música é um canal fértil para as possibilidades de expressão, comunicação, interação social da pessoa com autismo com o universo no qual está inserida. A música como eixo de interesse a ser explorado na perspectiva da educação inclusiva favorece o aprendizado e o desenvolvimento de outras habilidades em potencial, não apenas do aprendiz com autismo, mas dele com seus colegas em seus espaços de aprendizagem.

4.1.2 Eixo de interesse: arte/pintura/desenho

a) Jonathan Lerman

A arte em suas várias formas de manifestação se mostra como um importante eixo de interesse a ser amplamente esquadrinhado e explorado pelo professor e familiares junto ao aprendiz com autismo.

A história de Jonathan é um pouco diferente das demais. Segundo sua mãe, a princípio ele não demonstrava interesse e aptidão por artes, apenas gostava de rabiscar. Mas, na verdade, podemos dizer que o fato de manifestar prazer em pintar rabiscos já é um indício de seu apreço por esta atividade. Este lance é importante de ser levado em conta, principalmente, pelos professores nos espaços de aprendizagem. Não se precipitar julgando que são apenas rabiscos; ao contrário, explorá--los, criar situações para que a criança com autismo possa ter mais oportunidades de se expressar a partir dessa atividade, a fim de que o professor possa realmente distinguir que este pode ser parte de seu eixo de interesse, logo, do aprendizado e desenvolvimento de seu "ponto ótimo" e de outras habilidades e formas de superação de suas dificuldades.

A feliz ideia dos pais de levar Jonathan ao Metropolitan Museum fez com que despontasse nele a curiosidade pelas esculturas romanas. Posteriormente, ao visitar outras galerias de arte, seu fascínio e desejo de conhecer e ver mais obras o despertou para o aprendizado da contemplação. O contemplar não é algo nato no ser humano, mas sim uma ação aprendida a partir das relações sociais com os outros. E é isto o que as galerias de arte proporcionavam ao rapaz.

Mas Jonathan também passou a fazer relações entre o que estava pintado nos quadros e o que era concreto na vida real, como no caso da "Casa Branca". Ele já conhecia a "Casa Branca", pois já havia passado por ela e alguém lhe disse, além dos próprios noticiários de TV, como dá para perceber em sua fala, que ali vivia o presidente dos Estados Unidos e, fazendo relações com outros fatos ouvidos, deduziu que Mônica talvez morasse ali também.

É esplêndido perceber que o narrado aqui não é uma coincidência ou acontecimentos irrelevantes na vida de Jonathan. Na verdade, é o aprendizado de história, geografia, atualidades a partir das relações sociais genuínas favorecidas pelo seu eixo de interesse: arte, especificamente, pinturas e esculturas.

O fato de Jonathan ter a oportunidade de se relacionar com o mundo das artes despertou nele funções psíquicas superiores mais complexas do que seus rabiscos ainda no plano elementar e que corroboram em sua formação de conceitos.

> A formação de conceitos é o resultado de uma atividade complexa em que todas as funções intelectuais básicas tomam parte. No entanto, o processo não pode ser reduzido à associação, à atenção, à formação de imagens, à inferência ou às tendências determinantes. Todas são indispensáveis, porém insuficientes sem o uso do signo, ou palavra, como o meio pelo qual conduzimos as nossas operações mentais, controlamos o seu curso e as canalizamos em direção à solução do problema que enfrentamos (VYGOTSKY, 1987, p. 50).

Segundo os relatos, foi por meio da arte, seu eixo de interesse, que Jonathan construiu uma ponte para caminhar dia a dia rumo ao fender sua intensa propensão ao isolamento social. A arte, seu eixo de interesse, e a pintura, seu "ponto ótimo", favoreceram seu encontro e sua relação com o universo exterior, principalmente através do Expressionismo, que, como um canal de comunicação com as demais pessoas, permite-lhe expressar e compartilhar sentimentos diversos.

Pensando em práticas pedagógicas inovadoras e não excludentes, a habilidade de Jonathan não deve ser compreendida apenas como um dom ou talento e ponto-final. Mas sim como uma matéria concreta a ser explorada pelo professor nos espaços de aprendizagem com a finalidade de promover o aprendizado de outros domínios do conhecimento a partir desse interesse que lhe traz tanto prazer em dedicar-lhe tempo.

Uma vez que os domínios dos mais diversos saberes estão totalmente interconectados, o eixo de interesse identificado sempre poderá, de alguma maneira, ser a ponte para o aprendizado e desenvolvimento desse estudante. Todavia, muitas das singularidades do autismo prevaleceram em Jonathan e penso que se ele houvesse tido a oportunidade de ser acolhido em um espaço de aprendizagem, em uma escola que privilegiasse as relações sociais com os outros, houvesse a mediação desses signos (linguagem simbólica por meio da arte), respeitasse sua subjetividade e investisse em seu eixo de interesse, em seu "ponto ótimo", talvez Jonathan teria superado outras dificuldades próprias do quadro sintomático do autismo.

Vygotsky enfatiza a função que é tomada pelos instrumentos e signos como mediadores da ação do homem no mundo, sendo o instrumento utilizado na transformação da natureza, e o signo na regulação do comportamento do indivíduo. Assim, "o controle da natureza e o controle do comportamento estão mutuamente ligados, assim como a alteração provocada pelo homem sobre a natureza altera a própria natureza do homem" (1998, p. 73).

Portanto, a questão da educação não é a cura do autismo, tampouco o foco nos sintomas e nos déficits. Mas sim promover oportunidades e possibilidades de aprendizagens que amenizem aspectos sintomáticos ou mesmo o auxiliem no desenvolvimento de sua autorregulação com vistas à melhor qualidade de vida.

b) Richard Wawro

Richard ainda bem pequeno recebeu o diagnóstico de autismo e severamente retardado, ou, como diríamos hoje, um severo caso de deficiência intelectual. Apresentava um intenso quadro de sintomas próprios do Transtorno do Espectro

Autista que lhe renderam diversas recusas em escolas. Posteriormente, desenvolveu cegueira.

Mas aos 6 anos de idade Richard teve um encontro com alguém que ajudaria a mudar o rumo que sua vida poderia levar se continuasse sendo excluído pelas escolas. Molly Leishman, sua professora, o incentivou a aprender a desenhar, e certo dia ela ficou assombrada com o quanto Richard havia progredido em seus desenhos.

Richard demonstrava que seu eixo de interesse eram as artes por meio do desenho e da pintura. E quanto mais desenhava, mais aprendia sobre os desenhos. Mas não era apenas isso; Richard não oralizava, mas passou a utilizar seus desenhos como forma de se comunicar com as pessoas. Os desenhos eram sua linguagem simbólica.

> A arquitetura, a escultura, a poesia, as artes plásticas e a música são diferentes meios de expressão no campo da arte. Cada uma delas possui características próprias que as definem como arte e que as distinguem das demais artes. [...] Na pintura, a forma exterior é o meio em que o interior se revela. Ela pode, assim, ser compreendida por sua exterioridade (PEDERIVA & TUNES, 2013, p. 82-83).

O desenho e a pintura, juntos, constituíam seu "ponto ótimo" e davam vida às suas experiências vivenciadas no cotidiano, as quais ele expressava para outros a partir de suas representações. Ele também possuía uma memória excelente e sempre que alguma paisagem o chamava à atenção, ele guardava aquela imagem em sua mente e coração, uma vez que sempre depositava seus sentimentos em suas composições; posteriormente, compartilhava as mesmas com outras pessoas por meio de sua arte, sua forma de se expressar ao universo que o cercava.

Mas seu "ponto ótimo" também estava em sua memória. Não era algo ocasional, era mesmo excepcional a maneira como registrava em sua mente os detalhes do local e data onde havia estado e depois os reportava de maneira brilhante em suas composições. Ele era dotado de uma memória exata e de originalidade pela capacidade de pontuar sua própria interpretação e fazer uso de improvisos em suas imagens de maneira belíssima, a ponto de muitas pessoas relatarem o quanto se emocionavam com suas obras de arte. Outro detalhe importante é que, com o tempo, Richard passou a ter consciência sobre seu talento, sua habilidade especial, e deste modo, com consciência, sentia prazer em compartilhar das obras com as demais pessoas.

Neste sentido, "A palavra, crescendo na consciência, modifica as relações e todos os processos; o próprio significado da palavra evolui em função da mudança da consciência" (VYGOTSKY, 1996, p. 185). Num sentido mais amplo, podemos dizer que as formas de linguagem se relacionam com a interação social junto ao outro e, também, com o desenvolvimento linguístico e da consciência. Não obstante, é necessário que a consciência de si próprio, para a internalização de significados de ações e palavras, presentes nas relações e experiências sociais, de que brotam a atenção, os desejos, os sentimentos, a memória, os gestos e a regulação da própria ação. Logo, é possível encontrar nas pessoas com autismo a capacidade de planejar, organizar e organizar muitas de suas ações que foram sendo apreendidas e desenvolvidas de maneira processual e contínua, por meio da linguagem verbal e/ou não verbal, caracterizando, desse modo, a atividade linguístico-cognitiva. Essas habilidades são ações reguladas pela linguagem, também acontecendo de maneira indireta por meio das artes como eixo de interesse para a construção do signo, em contextos de interação social e com vistas à mediação de situações e objetos do conhecimento.

Lembrando das palavras de Becker, no relato já feito anteriormente sobre o caso de Richard, "é como se dentro dele que o espírito estivesse clamando para ser livre, e para si mesmo e para cada espectador, sua arte, seu desenho definisse o livre" (TREFFERT, 2006). Richard era um amante das artes, não apenas dos desenhos e pinturas, mas também da música. Contudo, ele não guardava apenas para si, pois com consciência sabia que as demais pessoas também eram apreciadoras, e de si para si e para os outros, ele partilhava o que compunha, de modo que as relações sociais aconteciam a partir de suas formas de expressão tão singulares.

Recordando as palavras de Angel Pino,

> Sob a ação criadora do homem a sociabilidade biológica adquire formas humanas, tornando-se modos de organização das relações sociais dos homens. Nesse sentido, o social é, ao mesmo tempo, condição e resultado do aparecimento da cultura (2000, p. 53).

Logo, o contínuo movimento do desenvolvimento das práticas sociais que sucedem em si, do outro para si, de si para o outro e para si, indica que toda a função psicológica superior já foi, em algum momento, externa, sendo social muito antes de se tornar função, por meio da relação social entre duas pessoas.

Richard, a partir de seu eixo de interesse, de sua paixão pela arte, de sua habilidade notável para o desenho e a pintura como seu "ponto ótimo" quebra paradigmas de concepções reducionistas acerca da pessoa com autismo. O que se sobressalta não são os sintomas do autismo que persistiram durante toda a vida de

Richard, mas sim seu espírito humano constituído pela persistência e criatividade que o ajudou a superar várias situações muito complexas. O que reluz não é o quadro sintomático, mas sim as singularidades e a subjetividade de sua pessoa. Mas vale novamente alertar que o papel da família e do professor são essenciais para o processo de aprendizagem e desenvolvimento do aprendiz.

4.1.3 Eixo de interesse: arte/poemas

a) Fajcsák Henrietta Seth

Henrietta é uma moça com autismo que passou por diversas situações difíceis. Em razão de suas dificuldades para se comunicar e por não estabelecer contato visual, foi recusada por todas as escolas de ensino fundamental de sua cidade. Embora hoje, isto não seja permitido no Brasil, pois a legislação proíbe, tristemente deparamo-nos com vários casos em que mesmo tendo acesso a espaço físico escolar, alunos com autismo são altamente discriminados e subestimados em seu potencial de aprendizado, e, por esta razão, deixados de lado nos cantos da classe ou não incluídos em jogos e brincadeiras durante a educação física ou nos recreios.

Voltando à Henrietta, a solução dada foi sua matrícula numa escola para deficientes intelectuais; contudo, também passou a frequentar uma escola de arte e música. Com o tempo percebeu-se que Henrietta, mesmo apresentando sintomas próprios do autismo, também demonstrava ter um notável potencial para a área de letras e das artes, sendo estas, a nosso ver, seu eixo de interesse.

Suas composições poéticas de contos e músicas repercutiam seu sucesso, sua habilidade, seu potencial, seu "ponto ótimo". No entanto, em razão de sua sensibilidade ao que a música lhe produzia, resolveu abandoná-la por completo, focando em sua arte de pintar e compor poemas.

O eixo de interesse de Henrietta também lhe permitiu expandir suas possibilidades de expressão, uma vez que sentia dificuldade de se comunicar com as pessoas. Por meio de seus poemas ela era capaz de expressar e compartilhar seus pensamentos, seus sentimentos e, inclusive, o modo como se sentia estando "aprisionada" em si mesma com o autismo.

Henrietta também se mostrou capaz de abordar temas complexos como "Liberdade de expressão", liberdade esta que ela precisou perseverar para conquistar. Novamente vemos uma quebra de paradigmas no tocante ao conceito que se tem sobre a pessoa com autismo, fundamentado nos critérios para diagnóstico da síndrome.

Ela era capaz de expressar como se sentia. Segundo a cultura universalista que temos em sociedade, autistas não são capazes desse tipo de proeza.

Com a história de Henrietta desejamos enfatizar o quanto as composições poéticas podem ser exploradas pelos professores nos espaços de aprendizagem com o intuito de produzirem sentido e significado às muitas coisas que necessitam ser ditas, mas que nem sempre o são pela dificuldade presente na comunicação de pessoas com autismo e, inclusive, pela falta de consciência do que ocorre ao seu redor e dentro de si mesma e que precisa se tornar claro para ter significação e, finalmente, construir a melhor maneira para dizer aos outros.

Palavras sobre palavras, talvez para nós sem sentido, podem ser o canal de comunicação e expressão dos pensamentos desse aprendiz. Poemas são apreciados e estudados desde a educação infantil a partir da literatura e contos infantis e nos seguem durante toda fase estudantil. Obviamente, poemas podem ser eixo de interesse para o trabalho pedagógico nos espaços de aprendizagem junto a toda turma a partir de temas elegidos pelos próprios aprendizes e posto em obra nos grupos pequenos[2] para o compartilhar de sentimentos e o produzir coletivamente de um texto, mesmo que essa produção não seja realizada de forma convencional pela escrita, mas por outros modos onde a composição poética possa ser expressada por todos os aprendizes.

O caso de Henrietta não é o único em que a poesia foi a porta aberta para se construir uma ponte para a expressão de sentimentos e pensamentos compartilhados de modo a se relacionar, de alguma forma, com as demais pessoas. Foi assim que Henrietta, aos poucos, aprendeu a se relacionar e a interagir com os outros que passaram por ela. É válido fazer menção de que não é possível de se explicar a arte tão somente pelo plano consciente. Segundo Vygotsky,

> Enquanto nos limitarmos à análise dos processos que ocorrem na consciência, dificilmente encontraremos resposta para as questões mais fundamentais da psicologia da arte. Nem do poeta nem do leitor conseguiremos saber em que consiste a essência da emoção que nos liga à arte e, como é fácil perceber, o aspecto mais substancial da arte consiste em que os processos de sua criação e os processos de seu emprego vêm a ser incompreensíveis, inexplicáveis e ocultos à consciência daqueles que operam com ela (2001, p. 81).

2. Sugere-se que sejam constituídos grupos pequenos de três ou quatro alunos, sendo que um deles seja o aluno com autismo.

b) Tito Rajarshi Mukhopadhyay

Tito também é um caso que se aproxima, de certo modo, de Henrietta. Seu eixo de interesse está na arte sob a forma de poemas. É percebível as características de uma inteligência linguística predominante em Tito.

É pela audição que ele tem maior acesso aos sons da linguagem e às informações transmitidas oralmente. Esse aspecto peculiar de Tito relacionado à audição também se faz relevante de ser observado e acompanhado pelos professores de aprendizes com autismo. Perceber que canal sensorial lhe traz maiores contribuições e quais aqueles que incomodam ou que produzem informações mais confusas. Tito deixa claro que a visão lhe traz muitas complicações em seu modo de perceber o mundo que o cerca.

Ninguém duvida da importante atuação de sua mãe, Soma, para seu aprendizado e desenvolvimento. É fato que ela é a responsável por Tito se descobrir e aprender a se expressar. Contudo, o que queremos frisar é que familiares e professores não devem, não podem perder a oportunidade de possibilitar, de favorecer condições para que uma pessoa como Tito floresça para além dos muros do autismo.

Tito tem dificuldades com a oralização. Porém, é por meio de poemas que ele se expressa. Esse é seu eixo de interesse e onde ele tem constituído seu "ponto ótimo". Tito é um desafio para os pesquisadores que continuam presos aos critérios diagnósticos e aos ditos da literatura científica dos últimos 60 anos (diga-se de passagem, é pouco tempo) sobre o autismo. Precisamos levar em conta que desde a década de 1940, quando Kanner relatou seus casos sobre autismo, poucas informações foram produzidas acerca dessas pessoas. Na verdade, os diagnósticos e suas características foram proferidas, constatando-se que várias pessoas no planeta sofriam do mesmo quadro de sintomas.

No entanto, pouco foi realmente estudado e publicado a partir dessas pessoas. Ou seja, muitas coisas são ditas sobre elas, mas muito pouco é contado por elas mesmas. Pouca ou quase que nenhuma voz foi-lhes dada. Verdadeiramente, a rapidez com que as informações chegam por meio da internet facilitou muito o conhecimento de outras informações importantes, como, por exemplo, as informações produzidas pelas pessoas com autismo que são relatadas nesta obra. Sem nenhuma intenção de generalizar os casos, contudo, com a certeza de que esses casos podem nos abrir os olhos para semelhantes presentes bem ao nosso lado.

Tito desenvolveu a habilidade de aprender muitas coisas a partir da leitura de livros, mas, antes disso, também das muitas informações e leituras feitas por sua mãe que o tempo todo lhe falava e lhe explicava as coisas ao redor, mesmo não tendo nenhuma nuança de que ele estava compreendendo alguma coisa. Só que ele estava!

Tito apresentava um diagnóstico de autismo e deficiência intelectual severos. Os especialistas de forma alguma acreditavam que ele tinha algum potencial ou possibilidade de aprender. Quantas vezes o mesmo não acontece em nossas escolas junto aos alunos com autismo...

Tito não somente faz belos poemas, mas trata de sua própria condição de ter o autismo como parte de sua subjetividade. Ele fala do assunto de modo consciente e com a intenção de informar e compartilhar de seus pensamentos e sentimentos junto às demais pessoas. É desta forma que ele causa emoção às pessoas que com ele interagem a partir da linguagem poética por ele escrita.

Tito colabora, por meio de seu eixo de interesse, por meio de sua habilidade em escrever poemas com informações sobre as reações infiltradas pelo autismo em si mesmo, ele consegue se explicar sobre os acontecimentos em seu corpo e ampliar esse "sentir" não apenas como algo pessoal, mas como algo que também ele imagina que deva acometer outras pessoas com autismo. Ou seja, sua reflexão é sobre si, para si e para o outro de modo consciente.

> A arte recolhe da vida o seu material, produzindo acima dessa algo que ainda não está em suas propriedades. Um sentimento que, inicialmente individual, torna-se social. Generaliza-se por meio da obra de arte. Ela pode ser uma expressão direta da vida ou uma antítese dela. A arte parte de determinados sentimentos vitais, reelaborando-os. É a catarse, pela transformação desses sentimentos em sentimentos opostos, que realiza essa elaboração (PEDERIVA & TUNES, 2013, p. 98).

E ainda, segundo Vygotsky, "A arte resolve e elabora aspirações extremamente complexas do organismo" (2001, p. 309). E Tito surpreende a todos relatando como "é estar preso em um corpo e mente autista" (MOFFITT, 2011).

Tito, com todas as suas dificuldades, por meio da arte de fazer poemas, é capaz de expressar seus pensamentos sobre mente, alma, corpo e espírito, elementos cruciais e complexos do ser humano e de serem abordados. Fato é que a ninguém se deve subestimar pela aparência ou pelo diagnóstico clínico emitido.

Tão certo como os mistérios da natureza humana existem, jamais saberíamos de Tito se não houvesse uma pessoa que lhe dedicasse atenção diferenciada e percebesse um potencial nele a ser explorado com afinco. Com certeza seria mais uma criança, um adulto invisível em alguma instituição onde a segregação é maior do que se pode perceber, pois os muros institucionais nos separam da realidade social vivida naquele microespaço. Para a sociedade em geral, nada mais do que um lugar para doentes, para loucos, para anormais, apenas para ser notado como um prédio da cidade quando por ele se tem que passar. Contudo, a sociedade em geral não percebe, esquece-se ou deseja fazer de conta que para além daqueles muros sobrevivem pessoas, talvez, muitas, com vontade, desejo de encontrar alguma maneira de expressar o que sentem; o que preferem e o que não estão gostando aos que estão ao seu redor, mas sem condições de o fazerem sem o auxílio, sem a atenção diferenciada, sem a promoção de possibilidades de aprenderem a se relacionar com os outros.

Os estudos sobre autismo afirmam que crianças, pessoas com a síndrome não têm condições de desenvolver sua imaginação, capacidade de se examinar subjetivamente, de observar e perceber fenômenos psíquicos de sua própria consciência. Contudo, Tito, Henrietta, dentre outros, refutam essa constatação equivocada dos estudiosos. A história deles nos dão informações suficientes para nos posicionarmos contrários aos diagnósticos e crenças universalistas do autismo.

Suas histórias nos impelem a melhor conhecermos e estudarmos o sujeito, suas singularidades e subjetividade em nosso próprio espaço de aprendizagem, identificando possíveis eixos de interesse para serem explorados em atividades individuais como coletivas, principalmente nos pequenos grupos, com a finalidade de favorecermos o aprendizado, as relações sociais repletas de sentido e significado, o "ponto ótimo" desse aprendiz para que ele construa pontes que lhe conduzam as possibilidades de se expressar pelo modo que se sentir melhor e seguro.

> Eu sonho que um dia poderemos crescer em uma sociedade amadurecida onde ninguém seria "normal ou anormal", mas apenas seres humanos, aceitando qualquer outro ser humano, pronto para crescerem juntos. [...] O maior engano é pensar que as pessoas com autismo não têm qualquer compreensão (MUKHOPADHYAY, 2003).

4.1.4 Eixo de interesse: arte/desenhos realísticos

a) Stephen Wiltshire

Stephen também recebeu bem cedo o diagnóstico de autismo. Em razão disso passou a frequentar uma escola para crianças com autismo em Londres. Rapidamente, seus professores perceberam que o menino apresentava uma habilidade muito especial e diferenciada para desenhos.

Mais uma vez encontramos a arte como eixo de interesse presente na vida de uma criança com autismo. Como Stephen demorou a desenvolver a linguagem oral, era por meio de seus desenhos que ele se comunicava com as pessoas, com o universo derredor.

Mas além da arte, também é possível notar que Stephen também apresenta, dentro da teoria de Gardner, uma inteligência visual-espacial pela sua habilidade em conceber o que está ao seu redor com regularidade e certa exatidão a partir do sentido visual. Ele é capaz de reproduzir em seus desenhos com plena exatidão as cidades por onde passa. Sua memória é fantástica, e é a partir dela que visualiza, recria suas representações de maneira surpreendente. Seus desenhos têm uma característica realística.

Há ocasiões que nos deparamos com crianças com autismo ou não que fazem desenhos superinteressantes e bem realísticos de carros, animais ou representações de heróis e vilões de desenhos animados. Entretanto, é comum que essa atividade seja apenas observada ou até mesmo apreciada rapidamente por meio de um elogio.

Todavia, se olharmos sob o prisma dos eixos de interesse, do "ponto ótimo" da criança, veremos que é uma habilidade que deveria ser motivada e explorada regularmente pelo professor, numa perspectiva que todos aprendem com todos, compartilhada nos espaços de aprendizagem.

Por meio de uma composição realística feita por um aprendiz, quanto se pode aprender a partir dela? O que é possível abstrair dessas representações para ser usufruído com os demais aprendizes sobre aquilo que está sendo representado? Sua origem? Suas características? E a partir dos próprios traços dos desenhos, o quanto pode ser aproveitado para a construção de conhecimentos sobre matemática e geometria? O que pode ser encontrado na literatura a respeito?

Numa perspectiva de práticas inovadoras não excludentes, esse material pode ser considerado riquíssimo para ser trabalhado com todos os aprendizes. E, tal como temos abordado nesta parte da obra, um canal de comunicação pelo qual esse aprendiz com autismo é capaz de se expressar com as outras pessoas, relacionar-se com o mundo.

Isso ocorreu na vida de Stephen. Com o auxílio consciente e solidário de professores e outras pessoas, a ele foram promovidas oportunidades de revelar seu talento. No início, por meio de patrocínios, foi levado para algumas cidades para passeios em helicóptero a fim de que ele pudesse experimentar novas perspectivas visuais para recriar, a partir de sua memória, a representação daqueles lugares. E assim ele foi aprimorando cada vez mais seu talento para desenhos realísticos.

O que desejamos dizer com a história de Stephen é que, através de seu eixo de interesse, de seu "ponto ótimo", ele não ficou destinado à segregação e à exclusão. Uma vez percebido por pessoas que foram sensíveis a sua arte, ao seu talento, Stephen teve a qualidade oportuna de não ficar enclausurado, mas sim de conhecer melhor a cidade em que vivia, visitar outros lugares, de aprender a se relacionar com outras pessoas; primeiro, a partir de seus desenhos como uma forma de linguagem e, depois, a partir dos sentimentos experimentados junto a pessoas conhecidas e estranhas a ele que o elogiavam e prestigiavam seu talento.

Ao se descobrir o eixo de interesse, ou o que simplesmente poderíamos denotar de talento, mas essa não é nossa proposta, as portas foram se abrindo e Stephen foi passando por elas. Nas palavras de Temple Grandin, "uma porta se abriu e eu passei por ela". O êxito com seus desenhos realísticos abriram "portas sociais" para Stephen, que atualmente expõe suas obras em galerias de arte e se sustenta com seu próprio trabalho.

Nem sempre vamos nos deparar nos espaços de aprendizagem com crianças com autismo com essa habilidade tão peculiar de Stephen, mas creio que todas as crianças, que todo ser humano traz consigo algo que seja seu eixo de interesse, aquilo que ele gosta mais, que lhe traz maior prazer em fazer e desenvolver e que por isso o faz melhor e com maior facilidade.

Aproveitar tais interesses pode ser o caminho para novas descobertas; no entanto, não sozinho consigo mesmo, segregado, mas junto com os outros, onde as possibilidades são maiores em razão das produções de informações constituídas a partir do conhecimento, da amizade, do trato, do envolvimento, das conexões sociais favorecidas.

b) Gilles Tréhin

Gilles ainda pequeno recebeu o diagnóstico de autismo muito severo. O que podemos esperar de uma criança quando esse tipo de diagnóstico é expelido e posto em circulação social? Possivelmente poderíamos ouvir várias pessoas dizerem: "Que pena, com um autismo severo não é possível fazer muita coisa!" A partir da história de Gilles, outros poderiam dizer: "Ah, erraram o diagnóstico!" É interessante como a sociedade em geral reage. Se veem a desconfiança de que a criança tem autismo e depois a confirmação com um laudo de autismo severo, é comum as pessoas dizerem: "Eu sabia que havia algo de errado com ele. Ele não é como os outros, não consegue mesmo aprender por causa do tal do autismo". Mas quando de súbito essa criança ou pessoa se revela, caso de Gilles e também de Tito na idade adulta, a dúvida passa a ser outra, ou seja, "erraram no diagnóstico, não era autismo, porque, se fosse, não seriam assim como se apresentam agora".

A questão do diagnóstico é perversa. Por isso a importância de não se supervalorizar o diagnóstico e lembrar que ele é universalista, não leva em conta as singularidades e a subjetividade das pessoas.

Voltando a Gilles, seu eixo de interesse é semelhante ao de Stephen, porém, envolvendo um mix de artes com desenhos realísticos, inteligência visual-espacial e também, além da incrível capacidade de imaginar e criar por padrões geométricos e matemáticos, o que pode sugerir uma inteligência lógico-matemática.

Aos 12 anos de idade, Gilles já se interessava por metrópoles, ficava fascinado com elas. E criativamente construiu sua cidade imaginária chamada *Urville*. Não apenas uma cidade desenhada, mas uma cidade a qual ele construiu e escreveu sobre sua história, sua evolução, sua geografia, cultura e até mesmo sobre sua economia.

Ora, poderíamos então dizer que,

> O sujeito humano é constituído por aquilo que é herdado fisicamente e pela experiência individual, mas sua vida, seu trabalho, seu comportamento também baseiam claramente na experiência histórica e social, isto é, aquilo que não foi vivenciado pessoalmente pelo sujeito, mas está na experiência dos outros e nas conquistas acumuladas pelas gerações que o precederam (OLIVEIRA, 2005, p. 11).

O eixo de interesse de Gilles, assim como dos demais casos relatados, amplia suas atenções de modo tão intenso que se sobrepõem ao que pode ser mais importante, interessante ou mesmo entediante para as demais pessoas. Contudo, é importante ressaltar que para pessoas tão singulares como as que têm o autismo como parte de sua constituição subjetiva, favorecer essa explosão de formas de expressão diferenciadas pode ser o caminho para seu aprendizado de habilidades sociais; em outras palavras, não as habilidades funcionais treinadas em ambientes de segregação e limitadas à modificação do comportamento, mas sim habilidades sociais a partir do aprendizado enriquecido pelas relações sociais favorecidas nos espaços de aprendizagem, embebidas de sentido e significado. Para Vygotsky,

> Uma vez que a criança tenha aprendido a realizar uma operação, ela passa a assimilar algum princípio estrutural cuja esfera de aplicação é outra que não unicamente a das operações do tipo daquela usada para a assimilação do princípio. Consequentemente, ao dar um passo no

aprendizado, a criança dá dois no desenvolvimento, ou seja, o aprendizado e o desenvolvimento não coincidem (1994, p. 94).

Gilles, diagnosticado com autismo severo, tem sua própria vida, sua compa-
nheira, seu trabalho como escritor, seu autossustento a partir das coisas que mais
gosta de fazer. Logo, não são os déficits e aquilo que ele não consegue fazer ou não
é muito bom em fazer que realmente contam; mas sim aquilo que é capaz de fazer
com o auxílio de outras pessoas e o que é capaz de realizar a partir de si próprio,
resultado processual de seu aprendizado e desenvolvimento.

4.1.5 Eixo de interesse: pensamento por imagens/foto-realístico

a) Temple Grandin

Creio que a história de Temple seja uma das mais conhecidas sobre pessoas
com autismo que são capazes de falar sobre si mesmas e por si mesmas. As contribuições de Temple para melhor entendimento sobre as singularidades de pessoas
com autismo são inigualáveis.

Com relação ao eixo de interesse, a própria Temple relata que ela se vê com um
tipo de mente cujo pensamento se dá por imagens com característica visual foto-
-realística, esse seria seu "ponto ótimo" no processo de aprendizagem. Sua ênfase
está nos detalhes e naquilo que se mostra mais concreto.

A partir do eixo de interesse, pelo seu "ponto ótimo", Temple, com muito
esforço, perseverança e dedicação conseguiu superar diversas dificuldades, muitas
das quais eram o preconceito e a discriminação das outras pessoas, principalmente
de seus colegas de classe. Mas para isso acontecer Temple teve a compreensão e o
incentivo de seu professor de Ciências, Dr. Carlock, que se dedicou a trabalhar junto
com Temple para que ela desenvolvesse seus estudos de ciências a partir de seus interesses e diariamente a desafiava a fazer algo que fosse interessante para ela mesma.

Enquanto tivermos escolas que continuam perpetuando a exclusão por meio de
seus currículos fechados; por sua maneira arcaica de realizar avaliações que mensuram muito mais o que o aluno não sabe do que aquilo que conhece; mantiver,
inclusive, a própria organização das carteiras no formato pelo qual cada aluno só
enxerga o professor e a nuca de quem está a sua frente; enquanto a organização em
sala de aula mantiver a tradição de quem detém o saber e escolhe o que os alunos
devem aprender, ignorando aquilo que eles já sabem como suas bagagens trazidas
de suas histórias e vivências; enquanto a homogeneização for mais valorizada do

que o respeito às diferenças no processo de aprender de cada um, continuaremos a promover barreiras atitudinais que nos tamparão os olhos acerca de quem são e do potencial que têm nossos alunos, sejam eles com ou sem autismo.

As práticas pedagógicas inovadoras numa perspectiva inclusiva para nossos tempos questionam a perpetuação tradicional dessas práticas excludentes por sua característica hegemônica e homogênea. Ao criarmos junto com nossos aprendizes espaços de aprendizagem onde todos podem ser quem são; onde todos têm voz; onde todos aprendem a respeitar as diferenças dos colegas; onde o princípio da solidariedade, cooperação compõem o tecer de saberes coletivos, compreenderemos o significado das palavras de Temple: "Mas o mundo precisará de todos os tipos de mentes para trabalharem juntas".

O aprendizado de Temple em sua área de interesse a levou a aprender a melhor se relacionar com as pessoas. Em outras palavras, nós não nascemos nos relacionando bem e perfeitamente com as pessoas, mas sim no dia a dia, em cada oportunidade de contato com o outro é que aprendemos a nos relacionar e isto não é diferente nas pessoas com autismo. O que pode ser diferente como uma das dificuldades relacionadas às singularidades de quem tem autismo é o tempo e os canais de comunicação e expressão pelos quais essas relações serão constituídas. Contudo, não são incomunicáveis ou inexpressivas.

Nesse aprendizado de Temple, seu desenvolvimento também aconteceu de modo que hoje é capaz de expressar seus pensamentos, seus sentimentos, suas concepções, sendo a protagonista de palestras em vários países, além de ser professora sobre aquilo que mais entende, que mais gosta de fazer, sobre seu eixo de interesse numa universidade americana. Temple é mais uma pessoa com autismo que rompe com o paradigma reducionista e universalista sobre as possibilidades de aprendizagem e desenvolvimento de pessoas com o diagnóstico de Transtorno do Espectro Autista.

4.2 Eixo de interesse: exatas

a) Jerry Newport

Jerry apresentava notável memória e talento musical desde criança. No entanto, suas dificuldades na interação social e gagueira também eram consideráveis. Suas experiências escolares também não foram muito boas, o que o marcou muitíssimo em sua autoestima e qualidade de vida. A solidão e o isolamento eram constantes mesmo na idade adulta.

Todavia, seu eixo de interesse presente na área das exatas, especificamente, seu "ponto ótimo" estava nos cálculos de multiplicação, evidenciando ter como uma de suas peculiaridades uma inteligência com predominância lógico-matemática ainda com 10 anos de idade. Ele se tornou uma revelação na arte de fazer cálculos, o que o motivou a estudar matemática.

A partir de sua habilidade especial, de seu eixo de interesse Jerry acabou por direcionar melhor sua vida. Passou a se relacionar melhor com as pessoas que se interessavam pelo que ele fazia, tornou-se palestrante, professor, além de se autossustentar como um profissional liberal da contabilidade.

Mais uma vez percebemos que, apesar das inegáveis dificuldades de Jerry presentes em quadros de Transtorno do Espectro Autista, da discriminação e marginalização sofridas, a descoberta de seu eixo de interesse em matemática o elevou a outros patamares.

E é esta a mensagem que desejamos semear: que portas se abrem para crianças/pessoas com autismo que desde cedo, principalmente com a ajuda de seus professores, conseguem desvendar um eixo de interesse que lhes sobressaltam e por meio deste eixo encontram portas de saída de intensos momentos de isolamento e solidão para outros momentos de satisfação e prazer por fazerem o que prezam e assim descobrirem canais de comunicação que lhes possibilitam aprender como se expressar com o universo exterior.

Acentuamos que não estamos dizendo que a descoberta e o mover-se motivado pela área de seu eixo de interesse resgatará o aluno ou o curará do autismo, tampouco que fará desaparecer os sintomas singulares. Mas entendemos que é considerável a probabilidade desse aprendiz ter maior êxito em seu processo de aprender a descobrir maneiras de tirar proveito daquilo que gosta de fazer e, a partir disto, também aprender a melhor se relacionar com as demais pessoas e a constituir-se na e pela sociedade da qual faz parte.

b) Jacob Barnett

Tal como a maioria dos casos narrados, recebeu o diagnóstico de autismo quando criança. Seu quadro sintomático era bem intenso.

Não obstante, "Jake" já dava indícios de seu eixo de interesse desde muito pequenino. Aos poucos foi percebido por sua mãe que o menino apresentava uma referência de pensamento de características lógico-matemático.

Lamentavelmente, a escola não conseguiu ver o potencial de "Jake", apenas viram suas obsessões e comportamentos inadequados ao esperado. Logo, a iniciativa foi de levantar estratégias para o treino e desenvolvimento de habilidades funcionais que "Jake" não sabia fazer, e moldar seu comportamento obsecado para algo mais próximo da normalidade. Segundo os relatos de Kristine, sua mãe, "Jake" passou a se tornar ainda mais introspectivo e a deixar de fazer coisas interessantes que antes fazia.

Kristine já havia notado que, apesar do filho falar muito pouco, ele sempre dava vestígios de estar raciocinando em padrões matemáticos. A história que apresentamos anteriormente sobre "Jake" nos mostra que imensa diferença faz na vida de uma criança com autismo quando os familiares ou/e professores percebem que a criança tem algo a mais para mostrar além de seus comportamentos considerados estereotipados.

A pergunta de Kristine é a mesma que fazemos neste momento: "Por que não focar no que Jacob podia fazer?" Essa pergunta de novo nos conduz a necessidade de pensarmos a respeito da configuração de escola que temos atualmente. Pensamos que esta configuração atual e conservadora quanto aos processos de ensinar e aprender, de produzir e avaliar não dê contas de receber um aluno como "Jake" em sua sala de aula, da mesma forma que não dá conta de receber um aluno com altas habilidades, pois este, de tantas perguntas curiosas e inquietações, também acabaria sendo visto como desajustado aos padrões esperados pela escola atual. Ou seja, o professor acaba por apresentar dificuldades de trabalho com o aluno com.baixo rendimento como também como aquele que rende mais que o esperado, mais que o mensurado por nota 10 ou menção A.

Afinal de contas, por que de modo geral as escolas não partem dos eixos de interesse de seus alunos para construírem juntos e com liberdade todo o processo de aprendizagem que sempre está em movimento? Ora, há que se pensar novas configurações para as escolas, para os espaços de aprendizagem que promovam momentos compartilhados de aprendizagem entre todos que ali estão e não somente apregoado pelo professor, pela direção ou pela simples reprodução tradicional do ensino.

A configuração da escola especial na qual "Jake" foi matriculado o estava abafando em seu eixo de interesse, no aprendizado e desenvolvimento de seu "ponto ótimo". Ela estava preocupada em fazer o seu melhor, e o seu melhor para sua configuração e concepção de aluno com autismo ideal era a formação de habilidades funcionais para que ele pudesse sobreviver em seu dia a dia, possivelmente marcado pela institucionalização. "Jake" ainda é bem jovem e, portanto, esse fato ocorrido com ele também é recente. Assim como continua sendo recorrente a subestimação de pessoas com deficiência em instituições especializadas e em classes especiais.

Por exemplo: estamos em 2014 e há dois meses eu soube de uma mulher de 40 anos de idade, com Síndrome de Down, que frequenta diariamente uma escola de educação especial onde lhe dão um papel com uma estrela impressa e a pedem para pintá-la bem bonitinha. Esse é o tipo de atividade regular realizada com a aluna que compartilha do mesmo espaço com outros alunos ainda crianças.

Afortunadamente, Kristine além de mãe, era professora e apercebeu-se de que a lógica deveria ser: vamos focar naquilo que "Jake" sabe e gosta de fazer! E desta maneira ela buscou atentar para tudo o que atraía a atenção do menino, tal como sombras em movimentos e estrelas no céu. Em suas palavras,

> Muitas crianças com perturbações do espectro do autismo focam profundamente determinados assuntos, mas como o resto do mundo não está interessado em, digamos, números de placas de carros ou história geológica do sistema de cavernas de Indiana, elas não recebem muito crédito. [...] Não resta dúvida de que as pessoas com autismo estão em nosso mundo. Mas elas simplesmente não pensam nas coisas que queremos que pensem (BARNETT, 2013, p. 86).

A partir do eixo de interesse de "Jake", de seu pensamento lógico-matemático, as pontes foram sendo paulatinamente construídas e solidificadas com muita paciência, dedicação, perseverança, intuição, inteligência em conjunto com sua mãe Kristine e com outras pessoas que colaboraram para que "Jake" não desaparecesse na imensidão das sombras dos critérios diagnósticos para autismo; mas, ao contrário, para que ele se encontrasse cada vez mais, se conhecesse a cada dia mais e construísse consciência sobre si mesmo, sobre suas habilidades e também sobre suas dificuldades para serem cotidianamente trabalhadas.

A aprendizagem baseada em seu eixo de interesse o levou ao aprendizado de seu "ponto ótimo" e, consequentemente, à necessidade de aprender outras coisas que circundavam sua vida e que eram necessárias conhecer para poder continuar aprendendo mais sobre aquilo que apreciava e que sabia fazer tão bem.

Se "Jake" antes apresentava grandes dificuldades em se relacionar, a partir das oportunidades que teve de mergulhar cada vez mais nos domínios das exatas que tanto lhe eram prazerosas, também aprendeu a se relacionar com melhor qualidade com outras pessoas, a ponto de aprender a aprender a ensinar seus colegas que tinham alguma dificuldade com certas unidades de estudo.

Creio que seja importante destacar, a partir dessa experiência de "Jake" com seus colegas, que é muito comum nas salas de aula da educação básica como também das universidades, certos alunos compreenderem muito mais uma determinada unidade de estudo com seu colega do que às vezes a partir das explicações feitas pelo próprio professor. Este compartilhar de momentos de aprendizagem também constitui uma configuração diferente das escolas tradicionais e permanecem vivas e dão vida a momentos de aprendizagem em espaços de aprendizagens onde as relações sociais são privilegiadas e adornadas pelos saberes tecidos em redes colaborativas e solidárias. Onde a coletividade é a grande contributiva para diversas possibilidades de aprendizagem sob a concepção de que todo ser humano aprende e que ninguém é incomunicável.

Segundo Vygotsky, sobre o desenvolvimento cultural do ser humano e sobre a importância da coletividade no processo de aprender e se desenvolver,

> [...] *todo ló cultural es social. La cultura es precisamente un producto de la vida social y de la actividad social del hombre, y por eso el solo planteamiento del problema del desarrollo cultural ya nos introduce directamente en el plano social del desarrollo* (1997, p. 181).

E ainda, acrescenta,

> *Sólo es posible el desarrollo de las funciones psíquicas superiores por las vías de su desarrollo cultural, siendo indiferente que este desarrollo siga el curso del dominio de los medios exteriores de la cultura (lenguaje, escritura, aritmética) o la línea del perfeccionamiento interior de las propias funciones psíquicas (elaboración de la atención voluntaria, de la memoria lógica, del pensamiento abstracto, de la formación de conceptos del libre albedrío etc.)* (1997, p. 187).

Dar atenção ao interesse demonstrado pela criança, privilegiar sua presença em ambientes sociais enriquecidos, crer e investir nas possibilidades de aprendizagem de todas as crianças é oferecer a cada uma a chance de aprender sobre suas próprias habilidades e como melhor desenvolvê-las, sejam elas quais forem e em que níveis se apresentarem. De igual modo, é ajudá-las a conhecer seus campos de dificuldades que precisam ser trabalhados e superados. Privá-las disso é corroborar para o determinismo de seu futuro já profetizado nas crenças e supervalorização do laudo diagnóstico universalista e do quadro de sintomas.

O aprendizado e desenvolvimento de seu "ponto ótimo" colaborou para que "Jake" se esforçasse para aprender a se relacionar melhor socialmente com seus colegas e professores. Similar, também lhe abriu as portas que se iniciasse em uma profissão na qual sente prazer e ainda lhe proverá sua independência financeira. Porém, o auxílio solidário e colaborativo de seus familiares, colegas, dentre outras pessoas, continuará, talvez, sendo necessário para outras áreas de sua vida, não tão desenvolvidas, mas também não menos importantes para sua qualidade de vida.

Contudo, o essencial não é aquilo que nos falta, mas sim o que aflui, pois nos traz alegria, prazer, vontade de viver, e a constância como enfrentamos os desafios e as dificuldades todos os dias.

c) Daniel Paul Tammet

Daniel foi diagnosticado com autismo em comorbidade com a Síndrome do Sábio (*Savant*). Apresentava agressividade excessiva e certa tendência de se autoagredir de forma incomum. Sofreu discriminações na escola em razão de seu comportamento fora do padrão considerado como normal pela sociedade. Sofreu os efeitos colaterais e iatrogênicos de medicalização para o controle de seus comportamentos indesejáveis. Sofria intensamente com ruídos e toques em seu corpo. A tendência ao perfeccionismo também era algo que lhe trazia sofrimento. Manifestava muitas dificuldades em compreender situações e conceitos que para as outras pessoas era algo muito simples e comum. As dificuldades na comunicação e expressão eram constantes. Tinha dificuldade de concentração em ambientes barulhentos. Seu tédio para com a escola culminou em seu afastamento da mesma.

Sob a ótica de valorizarmos os eixos de interesse das pessoas com autismo, Daniel, desde pequeno, revelava sua habilidade em escrever e descrever objetos, paisagens e cenários de modo minucioso. Quando seu pai o presenteou com alguns livros para resolução de enigmas matemáticos, Daniel começou a se descobrir apaixonado por livros e, assim, passava horas na biblioteca. Imaginemos quanto conhecimento adquirido por ele pela sua imersão em seu eixo de interesse! Todavia, é lastimável que não tenha sido a escola a propulsora desse autodescobrir-se, mesmo sendo o local entendido como o mais atribuído para a produção do conhecimento. A configuração da escola tradicional, conservadora e perpetuadora do constituir-se por elementos (seres) semelhantes, portanto, perduradoura de práticas excludentes, não conseguiu ver Daniel como ele realmente era. Por estar voltada para si mesma e sua tradição secular, não conseguiu parar para pensar: O que precisamos fazer para que nosso aluno Daniel possa se sentir melhor?

O prazer pelos livros, objeto que lhe apresentava possibilidades de mergulhar em seu eixo de interesse (conhecimentos matemáticos e linguísticos), contribuiu para que ele adquirisse conhecimentos sob diferentes domínios e o impeliu a encorajar-se para se relacionar com as pessoas.

A partir de suas experiências pessoais e sempre atraído pela matemática e a linguística, Daniel conseguiu aprender diversos idiomas. Inclusive, chegando à consciência de si mesmo que poderia ser proveitoso ser diferente em suas singularidades e, deste modo, passou a se empoderar de maior confiança sobre si mesmo. Para Daniel os números são pensados como algo concreto, perceptível aos seus sentidos, são simples e reais. Fazemos menção a Temple quando ela sugere que as atividades sejam realizadas da maneira mais concreta possível do que a partir de abstrações, pois essa prática facilita o processo de aprendizagem das pessoas com autismo.

No que diz respeito as suas singularidades e eixo de interesse de Daniel, as possibilidades de trabalho pedagógico são infindas. Apesar de suas dificuldades já narradas em parte anterior desta obra, numa perspectiva de práticas inovadoras e não excludentes, o que se requere uma outra configuração de escola (não a que experimentou Daniel); portanto, de espaços de aprendizagem, haveria diversas atividades lúdicas coletivas que poderiam ser realizadas potencializando suas habilidades a partir de domínios matemáticos e linguísticos comumente abordados com todos os alunos.

Porém, também cremos que seja importante destacar o quanto a escola costuma ser excludente com aqueles que demandam um olhar diferenciado, sem julgamentos antecipados e críticas a suas formas peculiares de expressão. A escola tradicional destina maior valor aos conhecimentos da matemática e da linguística, isto é fato. O incrível é que, tendo um aluno exatamente com essas qualidades de maior préstimo, a escola não conseguiu acolher Daniel e "extrair" dele o melhor. Acostumados com a homogeneidade entre os alunos, deixaram Daniel passar...

As habilidades de sinestesia de Daniel são pontos férteis para a descoberta de canais de comunicação e expressão que possibilitam seu acolhimento em espaços sociais e colaboram para melhorar a qualidade de suas relações.

Contudo, Daniel descobriu seus caminhos a partir de suas próprias vivências. A partir de seu "ponto ótimo" ele descobriu que poderia se autossustentar e se dedicou a ser professor de idiomas pela internet, pois o ambiente virtual coopera para que ele se sinta mais confortável em continuar lidando com suas dificuldades que não desapareceram e, ao mesmo tempo, buscar manter uma vida com qualidade.

4.3 Eixo de interesse: linguística

a) Carly Fleischmann

A narrativa sobre Carly é algo impressionante e revelador, que ultrapassa todos os parâmetros universalistas do que se tem dito de forma generalizada sobre as pessoas com autismo.

A história de Carly nos faz questionar o quanto um diagnóstico precoce pode limitar a compreensão e o olhar dos familiares e demais pessoas sobre a criança laudada. E é esta a grande questão que temos procurado suscitar nesta obra: o perigo da supervalorização do diagnóstico do Transtorno do Espectro Autista. Não estamos alimentando a ideia de que não se realizem mais diagnósticos, tampouco que sejam feitos tardiamente, muito menos que o quadro de sintomas do autismo não existe. O que estamos insistindo em dizer é que os critérios de diagnóstico são universais, valem para qualquer pessoa em qualquer parte do planeta e que, quando são supervalorizados em detrimento de se conhecer a pessoa, suas singularidades, sua subjetividade, a probabilidade de julgá-la a partir do déficit, da doença, como incapaz, alienada, fechada em si mesma apresenta dimensões perigosas no sentido de se ignorar a existência desse ser humano sombreado que acaba sendo percebido como estando por detrás do autismo. Ou seja, o que vemos primeiro é o reflexo do autismo ao invés da pessoa humana.

O diagnóstico de Carly foi de autismo severo e deficiência intelectual. Até os 11 anos de idade o quadro sintomático do autismo era pesaroso e todos pensavam que ela fosse incomunicável.

Entretanto, surpreendentemente, movida por uma horrível dor, ela pediu socorro aos seus pais fazendo uso do computador. Mas quem ensinou Carly a escrever ou ler? A única coisa que seus pais sabiam dizer é que percebiam pelo olhar da filha que havia uma inteligência ali escondida.

O que a história de Carly nos mostra é que, para além dos muros do autismo, existe uma pessoa que, por motivos diversos, na maioria das vezes desconhecidos por nós, não sabe como se comunicar conosco. No entanto, Carly sempre esteve ali, assistindo sua família a trabalhar e interagir por meio daquela máquina. Ela aprendeu junto com eles, em sua relação social familiar um tanto fora do comum. Talvez, uma relação desapercebida por eles de tão diferente do que seja conhecida como natural ou "normal" como alguns poderiam dizer. Mas Carly sempre esteve ali aprendendo com eles, percebendo o mundo em sua volta a sua maneira. Enquanto aprendia se desenvolvia até que, impulsionada por sua imensa sensação de dor, extravasou sua emoção agitando-se e dirigindo-se ao computador, seu canal encontrado para dar-lhe voz de forma que sua família a compreendesse.

Salas de aula frequentadas diariamente por alunos com autismo concebidos como incomunicáveis ou alienados, dado como casos perdidos, precisam ser transformadas em espaços de aprendizagem promotores de possibilidades para que o aluno com autismo tenha a oportunidade de aprender como viver uma vida sociável junto aos seus semelhantes. Aprender maneiras de se comunicar a partir das próprias relações com os outros. Sozinho, à parte ou agrupado com outros pertencentes ao mesmo enquadramento diagnóstico, será muito difícil ou quase improvável haver descobertas sobre meios de se expressar e ser compreendido pelos outros.

Aprendemos pela cultura sexagenária sobre o autismo que eles costumam viver em seu mundo próprio, fechado, praticamente incomunicável com as demais pessoas, que são incapazes de sentir emoções. Esses conhecimentos passados de geração a geração, na verdade são mitos cristalizados e catastróficos na vida das pessoas com autismo e de seus familiares. É necessário haver uma sensibilização social sobre as pessoas com autismo e não o enfoque nos critérios diagnósticos que são parâmetros criados por seres humanos que, numa dada época, pensavam que fosse dessa maneira, mas que hoje aprendemos com as próprias pessoas com autismo que não é dessa forma, ou que, pelo menos, não se pode generalizar, universalizar, de maneira tal como se houvesse um tipo único de personalidade, sendo esta, a do autista. Na verdade, a muralha foi construída pela sociedade, o muro a ser desconstruído é nosso e não da criança, da pessoa com autismo.

Todavia, na configuração da escola tradicional a questão "tempo" é um problema irresoluto. É necessário haver tempo para se ter condições de conhecer o aprendiz que está presente na escola, aprendiz este que tem sua história de vida, suas experiências, seu temperamento, sua personalidade, sua subjetividade e, também, as singularidades do autismo que o constituem como ser humano.

A partir do inesperado, os pais de Carly atentaram para seu eixo de interesse o indício de que ela era capaz de se comunicar pelo computador. Não focaram em fazê-la falar, algo que ela realmente não sabe fazer. Porém, destinaram perseverança em convencer Carly que ela seria capaz de se comunicar sempre que quisesse por meio do computador. Esse era seu canal de comunicação, seu meio de se expressar, e tão logo Carly se apercebera disso, apreendeu-se da arte de se comunicar e se relacionar com as pessoas dos mais diversos países que com ela entram em contato.

Relembrando suas palavras: "O que posso dizer é que não desistam. Sua voz interior encontrará saída, a minha encontrou!" (2012). E são nestas palavras que os professores e familiares precisam se inspirar para o favorecimento de práticas pedagógicas inovadoras e não excludentes que se sustentam no interesse peculiar demonstrado pelo aluno com autismo, mesmo que sejam num relance, em um incidente como aconteceu no caso de Carly; e na ousadia do repensar de novas configurações para os processos de aprendizagem, espaços onde a educação se faz sempre no plural com o outro e onde o tempo não seja um fator limitador para que este aprendiz possa se conhecer e também se reconhecer no outro. Espaços de aprendizagem onde os mais diversos recursos possam ser experimentados com o intuito de facilitar o encontro do aprendiz com autismo com seu canal de comunicação e expressão que possibilitará que ele mesmo fale por si próprio.

b) Naoki Higashida

A história de Naoki se assemelha em alguns aspectos à de Carly. Diagnóstico de autismo severo com grave comprometimento na área da linguagem.

Naoki teve a felicidade de encontrar em seu caminho uma professora que percebeu seu potencial e se dedicou com muita perseverança e paciência a desenvolver com ele uma comunicação por meio de pranchas com o alfabeto japonês. Até então, poder-se-ia dizer que não havia meios de se comunicar com o menino.

Embora ele não oralizasse, todavia, o aprendizado do alfabeto pela prancha de comunicação despertou em Naoki seu eixo de interesse por escrever, pois desta forma ele percebeu que poderia se comunicar, ou, mais do que isto, expressar seus sentimentos, seus pensamentos, suas emoções para as pessoas, poderia se relacionar com o outro, seu semelhante, algo por ele intensamente desejado. A importância do aprendizado e desenvolvimento da habilidade e capacidade de se apropriar do alfabeto japonês, de perceber que aqueles signos lhe traziam a possibilidade de materializar seu pensamento foram terminantemente relevantes para que Naoki desse um salto para sua liberdade, autonomia e autogoverno. Agora ele poderia fazer ressoar sua voz, transformar seu pensamento em palavra, mesmo que essa palavra não fosse proferida de seu sistema vocal, mas, ainda assim, era Naoki quem se fazia ouvir.

> A própria existência ou inexistência de vocalização não é a causa que nos explique a natureza da linguagem interior, mas consequência dessa natureza. Em certo sentido, pode-se dizer que a linguagem interior não é só aquilo que antecede a linguagem exterior ou a reproduz na memória, mas é oposta à linguagem exterior. Este é um processo de transformação do pensamento em palavra, é a sua materialização e sua objetivação (VYGOTSKY, 2000, p. 425).

E ainda,

> No processo da vida societal [...] as emoções entram em novas relações com outros elementos da vida psíquica, novos sistemas aparecem, novos conjuntos de funções psíquicas; unidades de uma ordem superior emergem, governadas por leis especiais, dependências

mútuas e formas especiais de conexão e movimento (VYGOTSKY, 1984, p. 328).

Escrever então, tornou-se seu "ponto ótimo". Naoki, assim como Tito, Temple, Henrietta e Carly quebram o paradigma dos mitos sobre o que é dito de modo universal sobre os autistas. Na verdade, eles não são autistas, mas sim pessoas, seres humanos, homens e mulheres com a condição do autismo como parte de sua constituição subjetiva.

Mais uma vez podemos perceber que o potencial da pessoa com autismo, a partir de seu eixo de interesse e de seu "ponto ótimo", ou seja, daquilo que ele sabe fazer bem e com prazer, transpõe-se às coisas que ele não sabe fazer tão bem ou mesmo atividades que não demonstra capacidade para realizar até o momento.

O eixo de interesse de Naoki aponta para seu domínio sobre os símbolos linguísticos no idioma japonês. Por esta porta que se abriu, ele teve condições de estudar e escrever seus próprios livros. Interessante dizer que nesta quebra de paradigma científico sobre as limitações da pessoa com Transtorno do Espectro Autista está a capacidade de Naoki de escrever contos e ficção, ou seja, de usar com consciência sua imaginação. De igual maneira, escrever sobre a própria condição de ter o autismo como parte de si, o que demonstra sua capacidade de pensar e refletir sobre si mesmo e expressar seus pensamentos de si para os outros. E numa dedicação em se autossuperar, Naoki se prepara para ministrar palestras; primeiro digita o conteúdo que será abordado e depois, com calma, faz a leitura do mesmo para seus espectadores.

A história de Naoki nos evidencia a importância das tecnologias assistivas para o aprendizado e desenvolvimento de habilidades. Em seu caso, primeiro com a prancha de comunicação alternativa e posteriormente com o uso do computador.

Em termos de práticas pedagógicas inovadoras, podemos dizer que inovação é quando o professor com seu aprendiz, juntos, nos diversos momentos de aprendizagem, conseguem aprender mutuamente a transcender para suas vidas pessoais a essência daquilo que compreenderam e se apoderaram nos espaços de aprendizagem. Para tanto, a sensibilidade é crucial. Sensibilidade esta, presente e revelada nos pensamentos compartilhados por Naoki, que deixa sua mensagem dizendo: "O coração de cada um de nós pode ser tocado por alguma coisa" (2014, p. 140).

c) Birger Sellin

A história de Birger é marcada por profundo isolamento social em decorrência do quadro sintomático do autismo. Até os 18 anos de idade seu sofrimento e de seus familiares era extenuante. Birger relata que se sentia aprisionado dentro de si mesmo, com imenso desejo de se relacionar com as pessoas, de poder dizer a elas sobre sua condição, mas, contudo, sem conseguir realizar algo que para nós é tão natural: conversar.

Semelhante ao caso de Naoki, Birger com o permanente apoio de seus familiares, aos 18 anos de idade, conheceu os benefícios da tecnologia assistiva através da comunicação alternativa. O computador foi sua ponte para construir um canal de comunicação em que ele pudesse se comunicar, se relacionar com as pessoas.

Assim como Tito, Carly e Naoki, Birger não era capaz de oralizar. Entretanto, de si para si mesmo, era capaz de refletir sobre sua própria condição, de pensar sobre seus sentimentos e de se revoltar por não conseguir se fazer entender às outras pessoas.

Pensamos que muitas crianças, adolescentes, jovens e adultos com autismo talvez estejam na mesma situação que antes se encontrava Birger. Ninguém os compreende, eles se cansam de desejar serem compreendidos; cansam-se de querer mostrar suas preferências ao invés de serem obrigados a obedecer aqueles que sobre eles têm algum tipo de autoridade; cansam-se de serem julgados, quando, na verdade, sequer podem se defender ou se explicar.

Esta é a mensagem que Birger nos traz. O quadro sintomático do autismo e o rótulo posto a partir dos laudos diagnósticos ocultam a identidade desta pessoa, de tal forma que a única coisa que se pode pensar sobre ela, tendo em vista seus estranhos e atípicos comportamentos, é que seja doente mental, tal como o próprio Birger chegou a considerar sobre si mesmo.

Birger, após aprender a manejar o computador, conquistou a libertação das algemas que o prendiam e o impediam de se expressar. E foi assim que ele conseguiu nos revelar seu eixo de interesse que, dentro de si, também estava aprisionado: sua inteligência linguística, capacidade extraordinária de se expressar por meio da escrita, principalmente através de poemas que traduzem para o mundo exterior seus pensamentos acerca do autismo, sobre sua personalidade, sobre sua condição, sobre seu olhar a respeito de uma sociedade que não vê que por detrás dos sintomas mais distantes do que seria compreendido como um comportamento "normal" para um ser humano, está uma pessoa viva, lutando para se comunicar com os outros que a cercam.

Sobre práticas inovadoras ressaltamos que na década de 1990 psicólogos e professores na Alemanha acreditavam que a comunicação alternativa poderia ser um instrumento de grande auxílio para pessoas como Birger. Havia pessoas ali que eram questionadas pela sociedade científica da época por sua metodologia de insistir veementemente que alguém como Birger aprendesse a lidar com uma máquina de escrever ou com um computador, com alguém lhe segurando o antebraço. Verdadeiramente, a fé, a crença faz grande diferença para a realização de sonhos, para as possíveis inovações em todas as áreas, inclusive na educação de pessoas com autismo. Particularmente, pensamos que, para se inovar, primeiramente é preciso ter fé no que se propõe a fazer e com quem se propõe a trabalhar.

A perseverança desses profissionais com um rapaz de 18 anos de idade com um histórico complexo como o de Birger, é realmente para se admirar e aplaudir. Lamentavelmente, é muito comum haver alguma esperança quando o aluno ainda é criança. Porém, com um jovem adulto com autismo é incomum tamanha dedicação e entrega, crendo que algo possa acontecer de diferente e esperançoso de tudo aquilo que já foi vivenciado e experimentado.

O aprendizado de Birger sobre um modo de se comunicar com as demais pessoas contribuiu contundentemente para seu desenvolvimento. Por meio da escrita seus familiares e nós também fomos capazes de conhecê-lo melhor, de saber o que ele tinha a dizer, de saber sobre sua existência, de sua contribuição para a sociedade no que diz respeito às pessoas com autismo.

Mais uma vez encontramos um rompimento no modelo paradigmático sobre os ditos científicos sobre as pessoas com autismo. Birger é capaz de dizer e expressar tudo aquilo que deseja, inclusive de se nomear como um prisioneiro e com iniciativa e autonomia exclamar que desejava estar livre.

Birger salienta o quão relevante é aprender a escrever para alguém que não tem a capacidade de oralizar. Menciona esse aprendizado e habilidade como um caminho para a independência e relação social de modo a apartar-se de tamanha solidão que rodeia as pessoas com autismo.

Práticas pedagógicas inovadoras e não excludentes são desafios feitos para pessoas com a coragem de transgredir o que está posto na configuração atual das escolas. Nesta configuração que temos hoje na maioria de nosso sistema de ensino, alunos como Birger não têm a oportunidade e o tempo suficiente para conseguirem ser acolhidos e conhecidos paulatinamente por seus professores, pelos colegas, pela comunidade escolar. A discriminação e o preconceito são suficientes para decisões pautadas na marginalização, segregação, institucionalização do indivíduo "anormal", que não cabe neste modelo de escola.

Numa perspectiva diferente, inovadora, transformadora, a aprendizagem é demandada pelo aprendiz e se centra na qualidade das relações, dos elementos, recursos e instrumentos que transformarão possíveis informações fragmentadas em saberes úteis. Podemos dizer que de certo modo foi isso o que aconteceu com Birger, os profissionais que o ajudaram e seus familiares, eles tiveram um encontro (relação) entre si com um propósito a ser perseguido e conquistado, houve entre eles um comprometimento com as demandas de Birger. Neste cenário da história de Birger me vem à mente algumas palavras de Martin Buber:

> Para podermos sair de nós mesmos em direção ao outro é preciso, sem dúvida, partirmos de nosso próprio interior, é preciso ter estado, é preciso estar em si mesmo. O diálogo entre meros indivíduos é apenas um esboço; é somente entre pessoas que ele se realiza. Mas por que meios poderia um homem transformar-se, tão essencialmente, de indivíduo em pessoa, senão pelas experiências austeras e ternas do diálogo, que lhe ensinam o conteúdo ilimitado do limite? (BUBER, 1982, p. 55-56).

O ser humano é um ser simbólico, pertencente à linguagem. É um ser de relações, o que é próprio da espécie humana. O fato de ser "diferente" em razão do autismo ou de qualquer outra singularidade não o faz menos humano e, como tal, precisa ser acolhido, respeitado, considerado. Seu jeito diferente de ser, de agir e reagir, de aprender e do que aprender, das formas de interagir ou recusar-se a isto não podem ser suficientes para justificar sua exclusão socioeducacional e desistência por parte da escola da responsabilidade por lhe oferecer oportunidades de aprender a aprender.

d) Donna Williams

Donna reúne em seu eixo de interesse a arte e a linguística. Sua história emocionante e impactante nos desvenda a cegueira da sociedade em geral quanto às possibilidades de ser, de aprender, de fazer de alguém com características tão peculiares como Donna.

Seu pensar sobre si mesma, sua angústia resultante dessas reflexões sobre si e para si e sobre o que os outros diziam ou poderiam pensar sobre ela, evidenciam que há equívocos quanto às conclusões tiradas a partir do diagnóstico do autismo e das afirmações sobre como é ou será no futuro uma pessoa com diagnóstico de autismo.

Donna teve muitas experiências ruins no que diz respeito à escola. Mas também teve algumas vivências interessantes e positivas com alguns professores. A sede pelo saber, pelo aprender a levou por distintos caminhos. Contudo, focando em práticas pedagógicas inovadoras, percebemos que desde pequena Donna dava sinais de sua habilidade nos domínios da arte e da linguística.

Quando alguns de seus professores lhe permitiam ser protagonista de seu processo de aprender, Donna era capaz de realizar atividades com a liberdade de alterar aquilo que gostava ou não gostava, de modo que ela aprendia o proposto fazendo a sua maneira. Neste cenário, Donna acabava por surpreender aos outros com suas habilidades, sua inteligência e capacidade de se superar.

Assim como Tito, Donna era capaz de abordar a complexidade sobre os sentimentos que abatiam e sobressaltavam sua mente, sua alma e seu espírito. Fazia isto a partir de seu "ponto ótimo": as artes e a linguística. Expressava-se com comoção por meio de suas obras de arte repletas de cores e elementos simbólicos, bem como através de seus poemas profundos, rebuscados das profundezas de sua alma.

As narrativas de Donna são diferentes de todas as demais que vimos até então. Em meio a tantos conflitos intra e interpessoais que impactavam diretamente em suas relações com as outras pessoas, encontramos uma pessoa com sede de conseguir manter suas relações, o que para ela era algo espinhoso.

Eis aqui o que desejamos dar ênfase a partir dos relatos de Donna. Um dos mitos histórica e culturamente construídos sobre o autismo é que eles não desejam se relacionar com as demais pessoas. Sob esse estigma, é comum que a escola, ao perceber as poucas tentativas ou recusas de interação do aluno com autismo com os demais colegas, deixe a situação passar como sendo "normal" no contexto de uma criança com autismo. Inclusive, muitas vezes orientados por especialistas, os professores acabam por não insistir nas situações de interação social para não provocar pânico, surtos ou comportamentos agressivos ao aluno com autismo.

Entretanto, essa é uma ausência de atitude que não ajuda a criança a encontrar seus caminhos e suas maneiras de se expressar com seus colegas ou demais pessoas. Certa vez soubemos de uma criança que manifestava um medo terrível a balões, chegava a se transtornar quando um estourava. A orientação de uma especialista foi: "Não a levem mais nas festinhas de aniversário feitas na escola e nem fora da escola". Ora, o que essa orientação pode colaborar para a superação de uma dificuldade singular desta criança? A todo tempo vamos orientar fugas dos problemas?

Ao contrário dessa especialista, fomos até os professores e a mãe e orientamos exatamente ao contrário. A partir daquele instante seria realizado um trabalho cuidadoso, respeitoso com a criança sobre o que era um balão, do que ele era composto, porque ele fazia aquele barulho quando estourava e quais eram as consequências do estouro. A criança teria a oportunidade de tocar um balão antes de estar cheio de ar, de soprá-lo, de aos poucos aproximar-se dele. Enfim, até que a criança, depois de um bom tempo de trabalho pedagógico com o professor sobre balões, passou a não se sentir mal perto desse objeto sempre presente em festinhas de aniversário.

É óbvio que se leva muito mais tempo nessa busca pela formação de conceitos, compreensão e aprendizado da criança sobre algo do que simplesmente pular essa etapa que, com certeza, deixará uma lacuna na vida da mesma.

Em relação às dificuldades com as relações sociais de crianças com autismo, o desafio segue o mesmo caminho exigente de perseverança, cuidado, respeito, de ousadia em várias tentativas de se criar situações de interação que se mantenham, seja por 30 segundos, 2 minutos, 10 minutos, e assim aos poucos, dentro das demandas da própria criança, vá se constituindo algo mais aceitável por ela em busca de seu próprio desejo por se relacionar e conseguir manter as relações com os outros.

Assim como Donna, é possível que muitas crianças com autismo até tentem se relacionar, tentem brincar com outras crianças. Todavia, essa forma de brincar certas vezes pode se revelar diferente da lógica de brincar da(s) outra(s) criança(s) que acaba por também não conseguir manter certa relação junto ao seu coleguinha com autismo por não compreendê-lo, achá-lo diferente, esquisito. Este último, percebendo a falta de continuidade na brincadeira, termina por desistir e sair correndo como se estivesse sem rumo. Ou mesmo ao contrário, a criança que não compreende a lógica de brincar do coleguinha com autismo, abre mão daquele momento que poderia se instaurar a relação social com o outro e busca outro colega para brincar.

Inovar nesse sentido é compreender que, para promover situações onde o aprendizado das mais diversas situações seja possível ocorrer junto à criança com autismo numa perspectiva não excludente, faz-se necessário deixar a zona de conforto das ideias cristalizadas pautadas em papéis rotuladores que nos paralisam, para ousarmos aprender junto com nossos aprendizes formas de eles aprenderem a aprender. Em outras palavras, muitas das respostas tão desejadas por nós professores sobre o que fazer estão presentes em nossos próprios aprendizes, mesmo que em várias circunstâncias estejam sombreadas ou mesmo encobertas, o que dispensa maior labor num processo de quebra de paradigmas em direção a práticas transformadoras. O aprendizado, portanto, não é algo individual e restringido ao pessoal; ao revés, ele é coletivo, é dialético, é transformador para o professor com seu(s) aprendiz(es). A educação que se realiza nos espaços de aprendizagem diferenciados das salas de aula tradicionais, considerando todos os momentos como apropriados para haver aprendizagem, também passa pela ação de integrar aprendizes, integrar grupos, integrar as pessoas, pois sempre aprendemos com o outro das mais distintas maneiras.

Donna nos traz muitas contribuições no sentido de nos ajudar a compreender o que se passava com ela e que, portanto, pode ser algo semelhante com o que se passa com algum de nossos alunos com autismo. A intenção não é jamais generalizar, mas sim tirar proveito dessas narrativas para que não nos passem informações despercebidas que podem ter algo a ver com nosso aprendiz.

As práticas inovadoras e não excludentes, tendo como um de seus princípios o trabalho pedagógico por eixos de interesse jamais privilegiarão certos domínios do conhecimento em detrimento de outros. Sempre valorizará os interesses dos aprendizes como meios para dar-lhes a oportunidade do aprender a aprender com prazer visando, a partir desses interesses, o aprendizado de outras categorias presentes nesse próprio domínio como também em outros domínios do conhecimento. Criando situações de valorização do saber elementar, tendo o alvo de favorecer a construção do saber mais complexo a partir das experiências vivenciadas pelo próprio aprendiz, respeitando seus limites, suas dificuldades, seu tempo e também seu jeito peculiar de aprender. No caso do aprendiz com autismo, a consciência sobre o quão contribuidoras podem ser tais práticas pode significar muito em seu processo de aprendizagem sobre si mesmo, sobre o outro, sobre suas formas de se relacionar consigo mesmo e com o outro.

Nas palavras de Donna, fica mais do que claro a certeza da importância de seu eixo de interesse como pilares para sua produção de conhecimento, seu aprendizado, sua forma de se relacionar com o mundo e seu desenvolvimento: "A música, a escultura e a escrita são meios de que disponho para falar comigo mesma, ou com o mundo, se ele assim o quiser".

5 Construindo condições para um aprendizado de qualidade

Como vimos os eixos de interesse podem ser de grande relevância para o processo de aprendizagem do estudante com autismo e, numa perspectiva de práticas pedagógicas inovadoras e não excludentes; esse trabalho abarcará não apenas o aprendiz com autismo, mas também e desejavelmente, os demais aprendizes sem esta condição singular.

Em todos os casos também podemos perceber a existência da experiência mediada por alguém e que culminou no despertar de possibilidades de aprendizagem nas pessoas com autismo. Importante dizer que o professor nos espaços de aprendizagem tem fundamental importância no processo de mediação da aprendizagem de seu aprendiz. E ele também se encontra dentro desse processo e não à parte do mesmo, podendo ser compreendido como um agente de transformações.

A experiência da mediação tem acompanhado o ser humano desde sua gênese e imprimiu os saberes experimentados e conhecidos como cultura. Desde a nossa tenra idade estamos aprendendo com alguém, estamos sempre experimentando atividades mediadas por alguém mais experiente do que nós em alguma coisa. Inclusive, vale ressaltar que a qualidade da mediação não está sujeita a dependência da fala. Contudo, necessariamente, a mediação da aprendizagem precisa estar repleta de intencionalidade.

A mediação está interconectada às relações sociodialógicas que acontecem por meio da linguagem, entendo-a de maneira ampla, tanto pela interação verbal como a partir de interações não verbais por meio de gestos, pelo aprendizado dos exemplos vivenciados a partir de ações observadas e que nem sempre, são explicadas. Ou seja, também aprendemos pelo exemplo do outro. Aprendemos também por meio da imitação. Contudo, a intenção do mediador é o que muito agrega valor às experiências de aprendizagem com sentido e significado que decorrerão numa aprendizagem permanente e duradoura e não apenas na reprodução mecanizada de comportamentos funcionais. Portanto,

> A experiência de aprendizagem mediada como uma das formas de inteirar-se o indivíduo com seu meio, consiste na transformação de todos os estímulos através de um mediador que os criterize, organizando-os e modificando-os para uma melhor interpretação do universo que o rodeia e no qual ele está inserido, proporcionando condições para uma melhor qualidade em seu desenvolvimento intelectual. [...] O ato de mediar deve estar intencionalmente ligado ao propósito de se enriquecer os fatores relacionados ao cognitivo, para que estes se voltem para os significados existentes no mundo em que se vive, a fim de se desenvolverem no indivíduo condições necessárias para se adaptar e modificar-se, conflitando-se com as determinações culturais pelas quais atravessa em seu cotidiano. [...] Não são os ambientes enriquecidos de estímulos que estruturarão os alunos cognitivamente, mas sim, os educadores mediadores que exploram de forma sistemática e planificada os estímulos, relacionando-os ao aluno mediado, livrando-o da privação cultural e do fracasso escolar (ORRÚ, 2003, p. 3-4).

Mas o que é interessante observar no processo de mediação da aprendizagem em meio aos eixos de interesse identificados no aprendiz com autismo numa perspectiva não excludente?

O eixo de interesse como um caminho, uma ponte para as experiências de aprendizagem mediada pelo professor junto ao seu aprendiz com autismo, necessita ser explorado de forma consciente, de modo que o professor perceba o potencial desse fator motivador para seu processo de aprender.

Para tanto é preciso reconhecer que não basta apenas oferecer ao aprendiz os elementos pertencentes ao seu eixo de interesse. É necessário observar a qualidade da recepção e da relação do aprendiz com a circunstância criada. Regular, não no sentido de controlar, mas de ajustar as demandas singulares do aprendiz às vicissitudes dos acontecimentos para o tempo daquilo que está sendo mediado possa ser enlevado em sua atenção. Nesse sentido é que a intencionalidade faz total diferença no processo da aprendizagem mediada, pois o professor se põe atento quanto às demandas singulares do aprendiz, os elementos dos eixos de interesse presentes nos espaços de aprendizagem que estão sendo mediados e o próprio professor que faz parte desse processo como alguém que cria condições para favorecer o aprendizado, ao mesmo tempo que também sofre transformações oriundas desse processo cíclico da mediação e das relações sociais a partir dos momentos de aprendizagem renovados. A intencionalidade pressupõe uma escolha consciente do professor com relação ao eixo de interesse identificado e aquilo que será explorado junto ao aprendiz com autismo numa perspectiva de também se trabalhar com a turma toda.

Nesse sentido, todos os momentos de aprendizagem são enriquecidos pela intenção do professor mediador como uma oportunidade de criar condições e possibilidades de aprendizagem, partindo-se daquilo que o aprendiz já sabe fazer, já conhece, daquilo que é mais elementar para outras atividades mais complexas.

Deste modo, em meio ao processo contínuo e ininterrupto do aprender, a partir da mediação da aprendizagem por meio dos eixos de interesse o professor produz condições para um aprendizado exitoso que não se finda nas necessidades individuais dos aprendizes, tampouco nos conteúdos pré-estabelecidos no currículo escolar, mas transcende para outras questões de cunho coletivo, onde a diversidade dos empenhos possíveis (ações e reações) na perspectiva do sujeito que aprende, reclamam proposições criativas e flexíveis para a apropriação de conceitos e novos conceitos por parte dos aprendizes. Esse transcender irá se desencadear a partir das intenções conscientes do professor no processo de mediação da aprendizagem vivenciada junto ao seu aprendiz com autismo, sem refutar-se das contribuições da coletividade para este e os demais aprendizes.

Os eixos de interesse como um dos princípios pertinentes às práticas pedagógicas inovadoras requerem haver um processo de mediação do aprender com significado para o aprendiz. Em outras palavras, o que estamos dizendo é que esta proposta vai muito além da simples transmissão de conhecimentos, das repetições de exercícios ou treinos de habilidades funcionais. Para haver significado para o aprendiz é preciso reconhecer que nele estão as respostas e não somente nos anos e anos de estudos teóricos sobre autismo. Há que se receber do aprendiz as respostas. Portanto, é necessário perguntar-se: 'por que este conteúdo é importante para ser aprendido?', ' Como é que este meu aprendiz aprende?', 'O que ele traz consigo de conhecimento já adquirido e como posso fazer uso proveitoso dos mesmos?'.

A aprendizagem mediada que releva o significado e aquilo que tem sentido para o aprendiz potencializa suas possibilidades de aprender saberes mais complexos, além de colaborar para o desenvolvimento contínuo da capacidade cognitiva e emocional, envolvidos na própria constituição do ser humano. É próprio da espécie humana procurar sentidos para sua vida, para empenhar-se em seus desafios, na superação de dificuldades. Não diferente, procuramos sentido em porque aprender algo. No processo de aprender, não é diferente. Focar naquilo que tem sentido e significado para o aprendiz com autismo em meio à mediação da aprendizagem é salutar e poderá ser para ele o despontar do desejo por aprender, um aprender prazeroso, interessante. Aprender este que se concretiza e expande sua capacidade de generalizar os fenômenos por ele vividos.

Havendo aprendizagem significativa, certamente haverá transformações no aprendizado e internalização de saberes, de modo que aquilo que foi mediado não seja apenas algo passageiro na memória e vivência do aprendiz; mas sim haja aprendizagem permanente e duradoura que reflita de modo útil a sua própria vida.

Neste movimento, uma consciência íntima sobre suas aptidões e talentos (ponto ótimo) vão se constituindo no aprendiz e vão lhe sustentando nos desafios de aprender a lidar com as novas circunstâncias que se formam para superar, ao seu ritmo e a sua maneira, as dificuldades já identificadas pelo professor mediador e compartilhadas com seu aprendiz. Afim de que ele tenha consciência de quais são essas dificuldades, em que compasso do processo de aprender emanaram, o que elas suscitam e o que é preciso fazer para que elas sejam transpostas para que este ciclo se acomode e a necessidade de novos saberes venha jorrar naturalmente como um fluxo de um processo interminável que é a aprendizagem para toda a vida do ser humano. Em outras palavras, essa consciência íntima sobre suas aptidões, talentos, sobre aquilo que ele já sabe fazer sozinho ou com a ajuda de outras pessoas mais experientes, é o que deverá gerar o sentimento de segurança no aprendiz com autismo; autoestima. É na relação dialógica que esse movimento se constrói e se consolida, sempre por meio da experiência da aprendizagem mediada de modo que o *feedback* sempre faça parte dos momentos de aprendizagem vivenciados.

Sustentar o trabalho pedagógico junto ao aprendiz com autismo por meio de eixos de interesse também requer que o professor mediador esteja atento às demandas de seu aprendiz referentes aos recursos que ele utilizará para dar segmento no lidar e no aprender novos saberes nos momentos de aprendizagem. À medida que a construção do conhecimento vai se tornando mais complexa, o que é desejável, outros recursos serão exigidos de serem mediados pelo professor junto ao seu aprendiz, de modo que ele não fique absorto sobre o que acontecerá ou se sentido esvaecido perante o que se apresenta como um novo exórdio, mas que, na verdade, constitui-se continuidade no processo de aprender.

Numa perspectiva de práticas pedagógicas não excludente, fica claro que o que estamos ressaltando a ser realizado junto ao aprendiz com autismo, também serve para toda a turma. É importante perceber que a criação dessa consciência íntima sobre suas aptidões e talentos (ponto ótimo) depende da intencionalidade do professor nos processos de aprendizagem mediada. Para tanto, em termos de práticas pedagógicas inovadoras, tratando-se do processo avaliativo, entendemos que cabe ao professor promover o processo autoavaliativo consciente, dialogando junto ao seu aprendiz com autismo sobre suas experiências de triunfo para que ele esteja convencido do quanto isso significa tendo em vista seu processo de aprendizagem e o que significará para o aprender de novos saberes. Ou seja, não serão as provas tradicionais com notas de zero a 100 que de modo imediatista consolidarão o conceito de aprendizagem alcançada pelo aluno através de elogios fundamentados na mensuração do que não se aprendeu ou a revés.

Neste ínterim, o compartilhar aquilo que se sabe, aquilo que aprendeu, aquilo que está aprendendo e aquilo que ainda não se conseguiu compreender constitui parte relevante do processo de aprendizagem mediada numa perspectiva de práticas pedagógicas inovadoras e não excludentes. Esta seria uma forma de avaliação que não supervaloriza notas ou menções, mas potencializa as possibilidades de reflexões significativas sobre os momentos dos processos de aprendizagem de cada aprendiz. Há um incentivo dos professores e familiares para que as crianças aprendam a compartilhar seus brinquedos, alimentos, 'coisas'. No entanto, o compartilhar (como uma forma de avaliação, digamos assim) de experiências enriquece o aprendizado de todos, pois pode sustentar o conhecimento apreendido por quem o ouve, ou intrigar a outro que não confirme em si mesmo a mesma experiência e a partir desse momento dialógico de experiências de aprendizagem compartilhadas, é que o professor mediador infere, compartilha seu *feedback*, pondera possíveis desvios sobre o que está sendo aprendido e promove sentido e significado para as possíveis correções conceituais e segmentos vindouros de saberes mais complexos, não de forma homogênea, mas relevando em que momento cada aprendiz se encontra.

Criar condições para um aprendizado de qualidade para o aprendiz com autismo é se envolver com uma multiplicidade de ações sempre primando pela constituição da consciência íntima do aprendiz sobre si próprio e aquilo que lhe diz respeito e sempre fazendo uso do *feedback* nas relações dialógicas favorecedoras da formação de conceitos, do entendimento e da consciência de si e para si; ações a todos os momentos molduradas por sentidos e significados para o aprendiz.

Com relação ao comportamento, não é diferente. Já citamos anteriormente sobre a importância da autorregulação do comportamento. Esta se dá pela consciência do indivíduo de pensar sobre si mesmo e sobre as situações que o cercam, examinar a si mesmo, compreender as circunstâncias em que está envolvido, num movimento dialético de si para si e para os outros, para então, com distinção, resolver como e quando reagir. Sob esta questão lembramos o caso de Naoki que diz sair correndo sem direção, sem saber o que fazer, quando desejava muito alguma coisa.

Muitos professores ficam desesperados quando seus alunos não querem parar sentados na sala de aula ou andam sem parar a todo tempo. Em geral as decisões tomadas ficam em torno de um monitor pegar a mão desse aluno e ir dar um passeio com ele fora da sala de aula ou então à base da força fazê-lo obedecer ou ainda deixar que ele faça ou não faça o que quiser. Porém, estas não são as melhores escolhas, isto é se desresponsabilizar pela aprendizagem do aluno. Está nas relações dialógicas, no *feedback*, na mediação da conscientização sobre seu próprio comportamento e as situações contextuais que lhe afligem as respostas significativas para que este aprendiz aprenda a capacidade de regular seu próprio comportamento, de pensar sobre suas reações e decidir sobre o que fazer. Esta não é uma habilidade fácil de ser apreendida pelo aprendiz com autismo. É preciso que o professor mediador nos espaços de aprendizagem, nos mais diversos momentos de aprendizagem, destine tempo, tempo valioso e construa redes solidárias junto aos demais colegas para ajudar o aprendiz com autismo a desenvolver esta capacidade tão importante para seu cotidiano, em meio a sua cultura. Há que se compreender pelos relatos de Tito que é fato a existência de questões ainda desconhecidas para nós que fazem com que algumas pessoas com autismo não consigam ter domínio sobre seu corpo, mesmo desejando isso. Contudo, também é fato que perante seu eixo de interesse, Tito conseguia parar, aquietar-se para dedicar-se as habilidades que lhe davam prazer e condições de se expressar com o universo ao seu redor. Semelhante, Birger e Donna citaram experiências próximas a essas que dizem respeito ao aprendizado da autorregulação do comportamento.

Nesse processo complexo de aprendizagem mediada presente em espaços de aprendizagem distintos de uma sala de aula homogênea e com rituais de tradição repetitiva e valoração hegemônica, não se encontram submersas as necessidades do professor mediador ter consciência e coerência em seu trabalho pedagógico. Os momentos de aprendizagem embora livres de coerção, seriação, classificação, fatores deterministas do fracasso escolar, avaliações rígidas e inflexíveis, não estão isentos de serem constituídos por objetivos claros a serem alcançados pelos seus aprendizes. O professor que não tem claro para si os objetivos a serem alcançados com seus alunos pouco contribui para o aprendizado de seus alunos, desenvolvimento de potencialidades e crescimento individual e coletivo da turma toda.

Portanto, é importante que o professor, olhando para seus aprendizes, conhecendo a cada um, apresente os objetivos e construa formas de alcançá-los por cada um de seus aprendizes, sempre tendo em vista o potencial de cada um, o eixo de interesse que canaliza as possibilidades de aprender de modo prazeroso, possibilitando o atingir planos mais complexos de funcionamento e aptidões que serão úteis no presente e no porvir. Por conseguinte, impor objetivos muito distantes de serem alcançados, pode corroborar no desânimo, na baixa autoestima, no mau êxito e na desistência do aluno com autismo.

A escola tradicional e, principalmente, a escola especial, tendem a perpetuar a concepção de um espaço conformista a respeito das habilidades e inabilidades de seus alunos. Quer seja pela tradição das concepções reducionistas do potencial de aprendizagem, já faladas nesta obra, pela supervalorização dos critérios diagnósticos pautados na doença e nos déficits, ou pelas dificuldades existentes de se manter a rotina passada de geração a geração daquilo que se compreende como um ensino organizado que garante a aprendizagem.

Contudo, sob o prisma das práticas pedagógicas inovadoras e não excludentes, nos espaços de aprendizagem os aprendizes são concebidos como sujeitos aprendentes, com infindáveis possibilidades de aprendizagem, respeitando-se sempre a heterogeneidade presente nos aprendizes e oportunizando possibilidades de transformações, de superações, de adaptações, e expectativas otimistas quanto ao aprendizado e desenvolvimento dos aprendizes.

Não estamos sendo românticos ingênuos no que propomos, pois conhecemos alunos com severos comprometimentos no seu desenvolvimento global. Mas estamos dizendo que se o aluno antes somente se debatia, se recusava a interagir com outras pessoas, apresentava movimentos estereotipados e agressividade intensa e após a descoberta de seu eixo de interesse ele, pelo menos deixou de se debater e se apresentar de modo muito agressivo, isto precisa ser reconhecido como um objetivo alcançado de grande importância para vida pessoal e social do mesmo. Portanto, é claro que o plano de abstração e de percepção e ainda o plano de complexidade do aprendiz pode ser compreendido como algo aquém ao desejado e que isto faz com que algumas atividades possam se apresentar como difíceis. No entanto, tais atividades devem ser ajustadas de modo a se apresentarem como agradáveis e até mesmo encantadoras e serem mediadas pelo professor com intencionalidade e objetivos bem definidos para serem alcançados, tanto em momentos individuais como coletivos nos pequenos grupos junto com os demais colegas.

Se antes ele não se aquietava em nenhum momento na sala de aula e após a realização de atividades que lhe chamaram à atenção ele passou a ficar 5 minutos concentrado, então esse é um ganho a ser comemorado e a partir dele, planejadas novas atividades que lhe sejam interessantes e das quais ele possa compartilhar com seus colegas, aprendendo aos poucos, por meio das relações com os outros a estar com eles e a se sentir acolhido no espaço de aprendizagem.

Mais uma vez fazemos menção a Tito, Carly, Birger, Naoki, casos revelados e narrados com graves comprometimentos, diagnosticados como totalmente incapazes de aprender, no entanto, a descoberta do eixo de interesse, a fé otimista e a extenuante dedicação daqueles que de alguma forma promoveram a mediação de sua aprendizagem e favoreceram seus diferentes modos de expressão possibilitou que superassem os sintomas, muitas vezes dramáticos, da síndrome do autismo. Não que chegassem a desaparecer, mas sim, a serem até mesmo autorregulados por eles, pelo aprendizado desta ação, pela explosão de suas habilidades, pela capacidade de se expressarem, o que de certo modo, os liberta daquilo que nomeiam como aprisionamento.

5.1 Processo da proposta de aprendizagem por eixos de interesse

Não temos nenhuma intenção de inserirmos receitas de como o professor deve desenvolver sua ação pedagógica junto aos aprendizes com autismo. Em absoluto! Temos nos mostrado contrários à padronização de condutas que fogem, totalmente, daquilo que acreditamos e defendemos. Contrários às abordagens que acabam por se distanciar da produção de sentidos e significados a serem construídos pelos aprendizes para uma aprendizagem significativa. Abordagens muito mais centradas em regular o comportamento para saciar os padrões estabelecidos pela sociedade como "adequados" do que, de fato, implicadas nas questões relacionadas ao sujeito da aprendizagem, suas singularidades, sua subjetividade.

No intuito de exemplificar o que propomos como aprendizagem por eixos de interesse, é que compartilhamos uma representação do desenvolvimento processual da proposta. A mesma pode ser desenvolvida no plano individual como no coletivo em pequenos grupos. No entanto, o que prevalece é a potência do "ponto ótimo" do aprendiz com autismo, elemento que a escola sempre deveria considerar como ponto de partida não só para este aluno, mas para a turma toda.

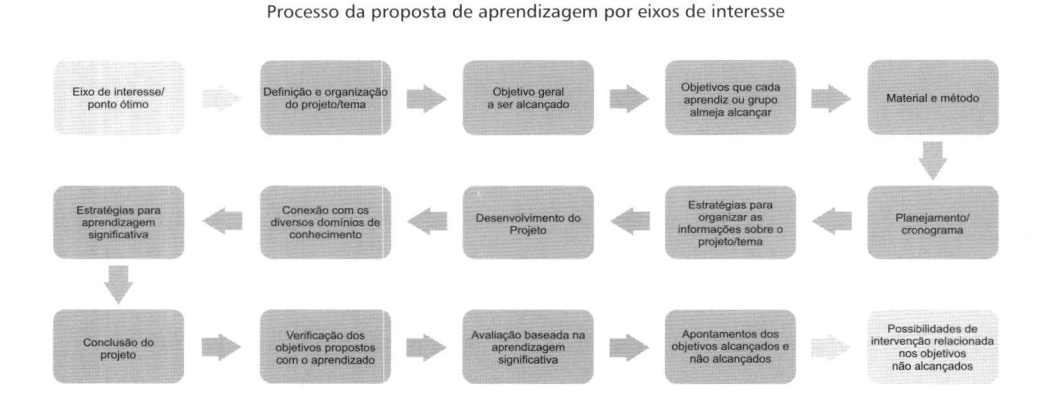

Processo da proposta de aprendizagem por eixos de interesse

Fonte: Sílvia Ester Orrú
Aprendizes com autismo

Inicia-se, portanto, na identificação do eixo de interesse, do "ponto ótimo" do aprendiz com autismo. Se possível, desse aprendiz junto a outros colegas que também tenham interesse na temática. Define-se e organiza-se o projeto sob um determinado tema.

O professor em uma postura de mediador procura estabelecer, junto com o aluno, o objetivo geral a ser alcançado e, logo em seguida, os objetivos almejados pelo aluno/pelo grupo. Nesta perspectiva é preciso perceber que não é o professor quem determina quais objetivos são mais importantes a serem alcançados. Ao contrário, o professor como mediador do processo de aprendizagem, juntamente com o aluno e a partir daquilo que ele já sabe fazer e que demonstra ter interesse em desenvolver, organiza os objetivos para os quais se empenharão.

É importantíssimo a clareza na construção do caminho, ou seja, do método pelo qual acontecerá o desenvolvimento do projeto. Averiguar a viabilidade do projeto e os materiais necessários para sua concretude. Relevante enfocar que a previsibilidade e a sistemática são aliadas no processo de aprendizagem do aprendiz com autismo. Logo, é preciso evitar momentos ociosos gerados pela falta de organização no seguimento da atividade ou pela carência de materiais para sua execução. Todo o material necessário para a execução do projeto deve ser providenciado com antecedência para evitar desgastes emocionais desnecessários ao aprendiz.

Diferentemente da lógica imediatista e fragmentada do ensino tradicional, a aprendizagem por eixos de interesse em seu caráter inovador, prima pela construção de sentidos e significados em todo o seu processo de aprendizagem. O aprendizado não é um produto final, mas sim algo contínuo, processual, dialógico e que acontece durante todo o momento de envolvimento do aprendiz com as atividades desenvolvidas. Neste sentido, o planejamento das atividades deve ser detalhado e desdobrado em um cronograma adequado. Importante não haver um tempo escasso e muito limitado para o desenvolvimento do projeto, mas sim um planejamento estratégico bem coordenado em um *cronos* que favoreça o processo de aprendizagem do aluno. Portanto, para um projeto bem desenvolvido é possível uma margem de tempo de dois até quatro meses, a depender dos objetivos estabelecidos.

No planejamento e cronograma devem ser levadas em conta as estratégias para a organização das informações a serem produzidas pelo aprendiz. A exemplo, podem ser por pesquisa em sites, livros, revistas, aplicativos, videogame, vídeos temáticos, contato direto com o fenômeno, experimentos, dentre outras tantas possibilidades que permitam ao aprendiz recolher informações para a concretização de seu projeto.

Após esta etapa se inicia o desenvolvimento do projeto. Nesse processo dinâmico de aprendizagem o professor mediador procura favorecer as possíveis conexões do tema estudado com os demais domínios de conhecimentos. Ou seja, a partir do eixo de interesse do aprendiz no qual está centrado o projeto em desenvolvimento são realizadas as conexões com os campos da linguagem matemática, ciências naturais, história e geografia, língua materna, literatura, artes, outros idiomas e conhecimentos gerais. Tudo pode ser compartilhado e apreendido a partir do eixo de interesse do aluno.

Não é a aula expositiva do professor que é evidenciada neste paradigma, mas sim as redes colaborativas que são estabelecidas para o compartilhamento de conhecimentos conectados ao eixo de interesse do aprendiz. Têm-se o princípio de que: a) todas as formas de expressão são valorizadas, b) todos sabem algo, c) todos podem ensinar. Todos podem aprender!

A mediação do processo de aprendizagem deve sempre primar pela aprendizagem repleta de sentidos e significados para o aprendiz. Jamais algo mecânico e direto fundamentado na simples reprodução de um conhecimento memorizado, repetido e fixado. Para tanto, o professor deve sempre rever as estratégias principais para favorecer o aprendizado de modo que o aluno tenha condições de apreender tais conhecimentos e aplicá-los tanto no espaço de aprendizagem da escola, em casa ou em outros locais. Esse processo deve se dar, preferencialmente, junto com outros colegas de modo que as relações sociais sejam privilegiadas e que a partir delas, do contato com outros colegas, o aprendizado seja construído. Em outras palavras: levar o aprendiz com autismo para um canto da escola, sozinho ou apenas com um monitor para a execução das atividades, não se caracteriza uma ação pedagógica condizente à educação na perspectiva da inclusão.

Todavia, é necessário também haver bom-senso e flexibilidade. Se o aprendiz se recusa veementemente a desenvolver o projeto na companhia de um ou mais colegas, o professor deve discernir qual é a melhor estratégia para que ele se envolva com a atividade de maneira prazerosa, agradável e respeitosa quanto as suas singularidades. Outrossim, mesmo que o aprendiz realize sozinho o projeto, ao término deste, o professor deverá compartilhar a produção deste aluno com os demais colegas, sempre em uma perspectiva colaborativa e conjunta.

Após o desenvolvimento de todas as etapas planejadas e dentro do cronograma previsto, o projeto será concluído. O professor então deverá proceder à verificação dos objetivos propostos relacionados ao que foi aprendido pelo aluno. Nesse contexto se dará a avaliação fundamentada na aprendizagem significativa, ou seja, o professor avaliará, apreciará, compreenderá o que o aluno de fato demonstrou ter aprendido. Não se pretende aqui, em nenhuma hipótese, mensurar o conhecimento não adquirido, como é a tradição das avalições no ensino conservador por meio de pontuações e deméritos. Vale dizer que essa proposta avaliativa qualitativa e libertária se estende à turma toda.

Neste processo avaliativo o professor deverá apontar quais objetivos foram alcançados, bem como aqueles que não puderam ser atingidos. Investigará a causa pela qual o aluno não conseguiu chegar ao que foi proposto.

Finalmente, o professor identificará as possibilidades de intervenção relacionadas aos objetivos não alcançados em busca da consolidação da aprendizagem do aluno, sempre valorizando todo seu processo de aprendizado e potencializando suas habilidades. Jamais comparando sua aprendizagem e desenvolvimento com outros colegas. Porém, compreendendo: a) qual era o contexto e o conjunto de conhecimentos do aprendiz antes do início do projeto e após sua realização, b) o que ele era capaz de fazer sozinho antes e o que é capaz de fazer sozinho após o projeto, c) o que o aluno era capaz de fazer com a ajuda de outra pessoa antes da realização do projeto e o que é capaz de fazer após a conclusão do mesmo.

A partir do que ele é capaz de fazer sozinho após a conclusão do projeto, bem como aquilo que agora é capaz de fazer com a ajuda de outras pessoas após o término do projeto, serão os pontos de partida para o início de novos processos de aprendizagem por eixos de interesse.

Há uma equivocada ideia de que o trabalho a partir de projetos por eixos de interesse não possui sistematização ou organização. Muito pelo contrário! Na verdade se torna algo mais trabalhoso para o professor. Contudo, possibilita maior liberdade para o aluno aprender e se desenvolver, além de favorecer um aprendizado mais prazeroso e focado naquilo que o aluno é bom.

Ora, por que supervalorizar o ensino tradicional com suas características de linearidade e padronização do que deve ser aprendido, como deve ser aprendido e em que tempo deve ser aprendido ao invés de promover uma aprendizagem significativa processual e contínua a partir dos próprios interesses dos alunos? É preciso transformar as instituições de ensino escolarizadoras em espaços de aprendizagem emancipatórios. Desformatar o sistema padronizador e excludente. Reinventar o processo de ensinar e aprender entendendo que a diferença é de todos e não apenas de alguns. Que a diferença é própria da espécie humana.

Que evidências científicas podem comprovar que o ensino a partir do condicionamento do comportamento, da memorização, da repetição e da fixação são mais favoráveis à aprendizagem do que a educação interconectada aos eixos de interesse dos aprendizes com autismo? Ora, se por décadas é usual, rotineiramente, um ensino pautado em técnicas comportamentais e de controle, obviamente se identifica a necessidade dos educadores procurarem novas maneiras de compartilhar saberes e então verificarem, por si mesmos, as possibilidades de aprendizagem de seus alunos com autismo em uma perspectiva de educação inclusiva e inovadora. O fato é que, a cada vez que o professor mediador busca novas maneiras de promover a aprendizagem de seus alunos com ou sem autismo a partir de perspectivas inovadoras e centradas muito mais no sujeito da aprendizagem e nas relações sociais, mais ele se convence de que os sistemas educacionais pautados na rigidez, inflexibilidade, homogeneidade, controle, linearidade, mensurações e ranqueamentos são excludentes e passíveis de muitos questionamentos e transformações.

Não é à toa que a educação na Finlândia vem sendo considerada como a melhor do planeta. Valorizam seus professores, a formação do professor, a atenção às dificuldades apresentadas por seus alunos e, indiscutivelmente, investem na valorização das artes e das mais distintas maneiras de promover o aprender. Opostamente aos sistemas de ensino conteudista e focados em testes e provas para mensurarem o que o aluno não aprendeu, a Finlândia é um exemplo de quebra de paradigmas com reconhecimento internacional pelos resultados conquistados junto aos seus aprendizes. E a aprendizagem por meio de projetos é amplamente utilizada.

A seguir compartilhamos um exemplo de como podem ser construídas as estratégias para o desenvolvimento da aprendizagem por eixos de interesse.

Estratégias para o desenvolvimento da aprendizagem pelos eixos de interesse

Eixo de interesse

Estratégias para a organização das informações
- Pesquisas em livros, jornais, revistas, sites, vídeos temáticos, aplicativos, dentre outros.
- Visitas, entrevistas, idas à biblioteca, história oral, oficinas temáticas, contato direto com o fenômeno, experimentos, dentre outras possibilidades.

Mediação para a aprendizagem
- Perguntas claras, simples e objetivas. Inter-relação "eu e o projeto proposto", "eu e o fenômeno"; Eu e meus colegas do projeto; Nós e o projeto.
- Pode-se convidar um especialista no assunto para enriquecer o conhecimento sobre o tema.
- Favorecer a conexão com os diversos domínios do conhecimento.

Atividades diversas e distintas relacionadas ao tema
- Discussões em grupos, dramatização, maquetes, videogames, construção de livros e gibis, intercâmbio oral, representações da realidade, experimentos, contato direto com o fenômeno estudado.
- Música, desenho, pintura, escultura, jogos existentes ou a serem criados com os alunos, dentre outras possibilidades.

Acompanhamento do processo de aprendizagem
- Toda produção realizada pelo aprendiz.
- Todas de conversa, redações, questionário criativo, portfólio. Resenha: "o que você sabia antes do projeto? o que sabia? o que aprendeu com o projeto?"
- Esquematizações com o tema: problemática, conflitos, causas, consequências, soluções, transposições e contextualizações.

Fonte: Sílvia Ester Orrú
Aprendizes com autismo

Frisamos que o professor deve sempre partir do interesse do aluno, sempre potencializando suas habilidades, seu "ponto ótimo" e procurando alternativas diversas para possibilitar a conexão de seu eixo de interesse com os demais domínios de conhecimento a serem conhecidos e aprendidos.

A partir deste momento também é necessário desenvolver estratégias para o acompanhamento do desenvolvimento da aprendizagem do aluno com autismo (e também dos demais colegas) tendo em vista os objetivos elencados no projeto e os conhecimentos, noções, habilidades e competências que já trazem em sua bagagem. Nada é desconsiderado!

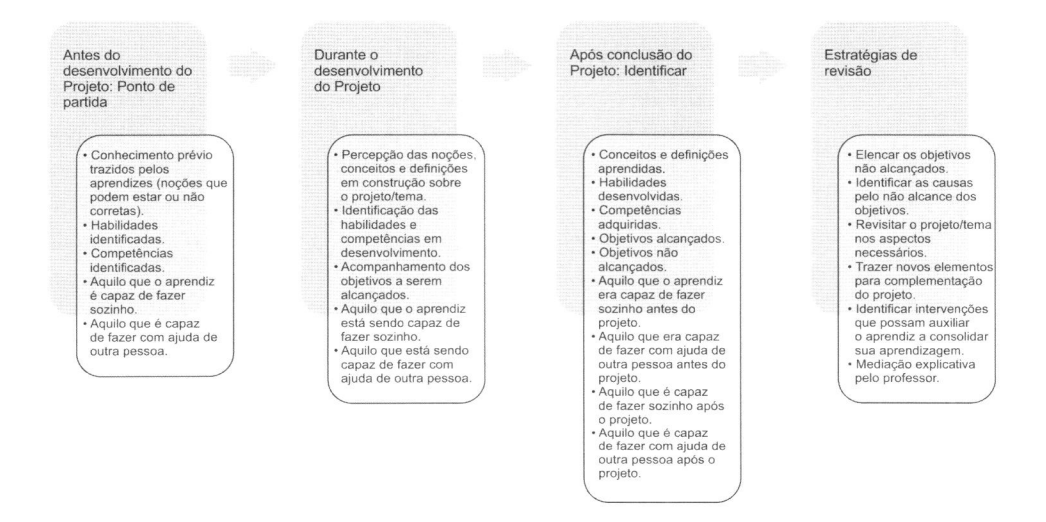

Fonte: Sílvia Ester Orrú
Aprendizes com autismo

É indispensável que o professor conheça quem é seu aprendiz com autismo. Que tenha contato próximo à família e a considere como parceira. Que tenha conhecimento sobre as preferências do aluno quando está em casa ou em outros espaços, sobre aquilo que ele demonstra se interessar, sobre suas competências e habilidades. Isto não se refere apenas a esse aprendiz, mas em uma perspectiva de educação inclusiva, deve alcançar a realidade de todos os aprendizes.

É essencial identificar aquilo que o aprendiz era capaz de fazer antes da realização do projeto, tanto sozinho como auxiliado por outra pessoa mais experiente que ele. Igualmente, reconhecer aquilo que ele é capaz de fazer sozinho ou com a ajuda de outra pessoa após a conclusão do projeto. Desta maneira será possível avaliar o processo de aprendizagem do aprendiz em relação a ele mesmo, jamais em comparação com outros alunos. Na perspectiva da educação inclusiva, tomando como fundamento a abordagem histórico-cultural de Vigotsky, em tempo algum o professor deve se debruçar para analisar comparativamente o desenvolvimento do aprendiz com o desenvolvimento dos outros aprendizes de modo a verificar "quem aprendeu mais". Porém, avaliar qualitativamente o desenvolvimento do aluno por aquilo que ele efetivamente aprendeu, de maneira que esse seja o novo ponto de partida para a realização dos projetos futuros.

6 Recursos alternativos e suas contribuições

6.1 Tecnologias assistivas

As tecnologias assistivas podem ser compreendidas como:

> Uma área do conhecimento, de característica interdisciplinar, que engloba produtos, recursos, metodologias, estratégias, práticas e serviços que objetivam promover a funcionalidade, relacionada à atividade e participação, de pessoas com deficiência, incapacidades ou mobilidade reduzida, visando sua autonomia, independência, qualidade de vida e inclusão social (CORDE, 2007, ata VII).

Não temos a intenção de aprofundarmos teoricamente sobre as questões históricas e conceituais das tecnologias assistivas. O intuito é de apenas apresentar alguns recursos que podem ser úteis ao professor mediador com vistas ao processo de aprendizagem do aprendiz com autismo numa perspectiva não excludente, ou seja, que também poderão ser incluídos nos espaços de aprendizagem com a turma toda, tendo a coletividade como fator contributivo para o aprendizado e desenvolvimento.

6.1.1 Comunicação alternativa e aumentativa

Tanto nas narrativas de Naoki como de Birger encontramos a presença de recursos de comunicação alternativa e aumentativa. Atualmente, existem softwares muito úteis para serem trabalhados junto ao aprendiz que não oraliza, mas que também podem ser estendidos para a turma toda por meio de atividades comuns elaboradas pelo professor em conjunto com seus aprendizes e mediadas, incluindo a proposta do eixo de interesse.

O PCS – Picture Communication Symbols (Símbolos de Comunicação Pictórica), é disponibilizado no Brasil na forma de software Boardmaker e também na versão Speaking Dynamically Pro – SDP, um recurso muito eficaz para comunicação alternativa, que permite a criação de atividades interativas que podem ser trabalhadas com toda a turma.

O PCS é um sistema de fácil manipulação e se constitui por desenhos simples que podem ser usados com aprendizes de qualquer idade. Seu uso pode ser combinado com outros tipos de figuras, além de fotografias que contextualizem os momentos que estão sendo vivenciados pelo aprendiz com autismo e seus colegas. Diversas atividades podem ser elaboradas por meio dessa ferramenta extremamente útil para aprendizes não verbais e também para aqueles aprendizes com autismo que demonstram dificuldades para se expressar; contudo, por meio das imagens, conseguem elaborar melhor seu pensamento e indicar o que desejam, o que lhes é perguntado, suas preferências etc.

O método Teacch costuma fazer uso dessa ferramenta, no entanto, dentro de uma abordagem comportamental mais centrada na rotina e modificação do comportamento. O que propomos aqui é algo diferente, não pautado na abordagem comportamental. Mas sim como ferramenta que promove possibilidades do aprendiz se comunicar e se expressar em espaços de aprendizagem comuns a todos os aprendizes.

Imagem 37

Imagem 38

Leilão de Jardim

Quem me compra um jardim com flores?

Borboletas de muitas cores,

lavadeiras e passarinhos,

ovos verdes e azuis nos ninhos?

"Descrição de imagem:

O primeiro verso da poesia "Leilão de Jardim", de Cecília Meireles, foi digitado com o recurso "Simbolar" do Boardmaker. Desta forma, cada palavra aparece com a representação simbólica do PCS, acima do texto escrito.

O verso diz: Quem me compra um jardim com flores? Borboletas de várias cores, lavadeiras e passarinhos, ovos verdes e azuis nos ninhos?"

Imagem 39

APONTE OS VEGETAIS.

carro — árvore — pedras — peixe — caderno — flores — bebê — areia

gato — mãe — lápis — verduras — casa — passarinho — pai — girafa

Fonte: ORRÚ (2016, p. 217-218)

Não há nada que impeça que os símbolos pictóricos[3], ou seja, as imagens, também sejam manipuladas pelos demais colegas, pois, a partir delas, jogos podem ser criados, atividades pedagógicas, calendários, receitas de culinária, alternativas de comunicação com o colega com autismo, possibilidades criativas relacionadas ao eixo de interesse. Também é importante frisar que não há por que temer o uso da comunicação alternativa. Muitos temem que essa ferramenta possa atrapalhar o desenvolvimento da fala, contudo, isto somente acontecerá se seu uso for direcionado como único recurso para comunicação em rotinas inflexíveis, tendo o

3. Imagem dos símbolos de comunicação pictórica e descrição. Disponíveis em http://www. assistiva.com.br/ca.html#pcs Outras imagens e propostas de atividades podem ser encontradas neste mesmo site ou em http://www.clik.com.br/mj_01.html#boardmaker

PCS como meio para se chegar à comunicação emitiva e receptiva. O PCS é uma ferramenta e pode ser utilizada de diferentes formas, como um recurso a mais, imerso nos espaços de aprendizagem onde a qualidade das relações sociodialógicas é privilegiada junto ao aprendiz com autismo e seus colegas.

6.1.2 *Tablets*

O *tablet* é uma das tecnologias mais avançadas atualmente e pode ser extremamente útil no trabalho junto ao aprendiz com autismo. As possibilidades de interatividade, jogos acessíveis e aplicativos que favoreçam formas de expressão e comunicação são imensas; além de se apresentar de modo bem atrativo e de fácil manipulação.

Segundo entrevista realizada com Vadasz[4] (SILVEIRA, 2013), "A tela sensível ao toque e de fácil uso estimula a concentração e chama atenção com cores e animações. Tanto profissionais quanto familiares podem usar o *tablet* e os estudos têm mostrado que o aparelho é eficaz". E ainda, relatos de pais nesta mesma entrevista revelam que seus filhos com autismo passaram a se interessar pela aprendizagem do alfabeto e pelas palavras, conhecimentos matemáticos por meio do lúdico, além de melhora na coordenação motora fina.

Alguns aplicativos já foram desenvolvidos especificamente para auxiliar crianças com autismo. No entanto, há muitos outros aplicativos para crianças que são interessantes e cativam a criança com autismo e colaboram para seu processo de aprendizagem e desenvolvimento. Na entrevista realizada, alguns aplicativos são mencionados; contudo, é vasta a oferta com os mais variados temas que podem ir ao encontro do eixo de interesse da criança por meio da aprendizagem mediada pelo professor e familiares.

6.2 Convivência com animais

Pesquisas sugerem que a convivência da criança com autismo com animais pode favorecer o desenvolvimento de sua interação social. Segundo estudos realizados na University of Queensland, na Austrália, e publicado na revista científica *PLoS One* (2013), crianças com autismo que tinham contato com porquinhos-da--índia em sala de aula demonstravam maior predisposição para desenvolver a fala

4. Coordenador do Programa de Transtornos do Espectro Autista do Instituto de Psiquiatria do Hospital das Clínicas de São Paulo.

e estabelecer contato visual e físico com outras pessoas. Além de estarem mais dispostos a fazerem parte de brincadeiras com os animais e outras crianças. A experiência com os animais originava sorrisos e gargalhadas, menos choro e labilidade de humor.

Segundo Marguerite O'Haire, uma das investigadoras entrevistadas, "os animais exercem efeito positivo sobre as crianças com autismo". Essa relação se amplia, favorecendo a interação com familiares, professores, colegas e terapeutas.

No cenário das práticas pedagógicas inovadoras e não excludentes, fica a dica para o acolhimento de animais de estimação que possam promover situações de alegria, segurança, entusiasmo, interação junto à criança com autismo e também com a turma toda. Um animalzinho pode ajudar na redução do sentimento de ansiedade da criança de maneira que ela possa se sentir mais à vontade e receptiva às relações com seus pares. Ter um animalzinho na escola pode ser uma opção enriquecedora para todos.

6.2.1 Equoterapia

Segundo a Associação Nacional de Equoterapia (ANDE-BRASIL, 2014) a equoterapia:

> É um método terapêutico que utiliza o cavalo dentro de uma abordagem interdisciplinar nas áreas da saúde, educação e equitação, buscando o desenvolvimento biopsicossocial de pessoas com deficiência e/ou com necessidades especiais. Emprega o cavalo como agente promotor de ganhos em nível físico e psíquico. Esta atividade exige a participação do corpo inteiro, contribuindo, assim para o desenvolvimento da força muscular, relaxamento, conscientização do próprio corpo e aperfeiçoamento da coordenação motora e do equilíbrio. A interação com o cavalo, incluindo os primeiros contatos, os cuidados preliminares, o ato de montar e o manuseio final desenvolvem, ainda, novas formas de socialização, autoconfiança e autoestima.

A equoterapia, existente em alguns espaços universitários e promovida por ONGs, é um recurso excelente para crianças, adultos e idosos nas mais diversas condições que carecem de um apoio alternativo de tratamento.

No caso de pessoas com autismo, estudos demonstram que a equoterapia favorece o desenvolvimento global, a socialização e a criatividade. Esse recurso não se atém apenas a montar e andar a cavalo. A pedagogia, juntamente com outras áreas como a fisioterapia e a terapia ocupacional, está presente na elaboração de actividades pedagógicas que fazem parte desse momento que costuma ter a duração de 20 a 50 minutos, dependendo da proposta e da condição do participante.

As atividades pedagógicas propostas como parte do Programa de Equoterapiacontribuem significativamente para a melhora da autoestima da pessoa com autismo, sua atenção, concentração, percepção sensorial, noção de espaço, esquema corporal, além de outros ganhos que variam de acordo com as demandas e singularidades de cada um. Entre esses ganhos está a possibilidade de também perceber o outro que está ali com ele, a aproximação e sentimento de amizade que se constroem a partir das relações sociais.

Portanto, se possível e viável, é interessante que as escolas que possuem alunos com autismo ou outras deficiências, façam convênios e parcerias com instituições que promovam essa atividade tão benéfica ao aprendizado e desenvolvimento em potencial.

Há muitas outras atividades que poderíamos citar que produzem benefícios às pessoas com autismo e que comprazem a maioria das pessoas. Diversos estudos podem ser encontrados publicados em revistas de acesso impresso ou online sobre os benefícios da natação, artes marciais, esportes diversos, artes... O importante é oferecer à criança a oportunidade de experimentar, de vivenciar essas experiências sempre mediadas com atenção e intencionalidade; e observar seus indícios de prazer e aceitação de modo que possam ser agregados sempre ao eixo de interesse de maneira a colaborar para sua melhor qualidade de vida.

Palavras finais

Escrevo poemas para meus silenciosos irmãos e irmãs.
Para que nos entendam
E nos deem um lugar para viver com todos vocês,
Uma vida em sociedade.
Birger Sellin

A intenção de escrever essa obra foi o desejo de reunir narrativas de pessoas com autismo que pudessem, a partir de sua própria voz e entendimento experimentado sobre a síndrome, colaborar para que tivéssemos condições de refletir e discutir sobre as possíveis desconstruções de discursos construídos histórica e culturalmente acerca das incapacidades daqueles que recebem o diagnóstico do Transtorno do Espectro Autista, segundo os atuais critérios do DSM-V, da CID-11 e de seus antecessores.

Por décadas ouvimos de especialistas fundamentados nos critérios diagnósticos profecias a respeito de como poderia ser o desenvolvimento da criança com autismo. E por esta causa, estigmas e preconceitos cercaram essa criança, seus familiares e a sociedade em geral, sugerindo poucas opções para serem escolhidas na forma de atendimento e/ou tratamento. A grande maioria, nos últimos anos, foi resignada às instituições especializadas e escolas especiais, alguns foram mantidos em suas próprias casas. Contudo, outras crianças, já contempladas pela Ldben 9.394/96 foram matriculadas em escolas do ensino regular, porém, não são poucos os relatos de marginalização e exclusão nesses mesmos espaços ditos como inclusivos em razão da influência cultural e dos mitos sobre serem incapazes de sentirem emoções, não saberem se comunicar ou serem incomunicáveis e desejarem viver em seu próprio mundo, dentre outros mitos e predições futuras.

Conhecer um pouco sobre a vida dessas pessoas que são os protagonistas desta obra foi algo inspirador e motivador para que nos dedicássemos a pensar maneiras pelas quais a escola pudesse se organizar para acolher e desenvolver um trabalho pedagógico de qualidade para estes aprendizes numa perspectiva de educação inclusiva.

No entanto, a configuração da escola atual nos aponta a necessidade de também repensarmos nossas práticas pedagógicas enraizadas na tradição de métodos centrados em conteúdos preestabelecidos e valorados em detrimentos de outros domínios do conhecimento, em avaliações inflexíveis e concebendo o professor como aquele que detém o saber sobre aqueles que com ele precisam aprender, e aprender aquilo que dizem que devem aprender. Escolas marcadas pelo sistema de ensino apostilado e padronizado para turmas homogêneas, tendo como alvo o maior número de aprovações nos vestibulares para responder as demandas do mercado de trabalho.

Todavia, a vida nos dá oportunidade de fazermos as coisas de um modo diferente. Por isso, creio que educadores e familiares em união podem edificar espaços de aprendizagem por meio de práticas pedagógicas inovadoras e não excludentes que abracem todas as crianças, todos os aprendizes.

Os eixos de interesse são vistos por nós como importantes pilares para que o professor junto ao seu aprendiz com autismo, por meio de uma aprendizagem experimentada e mediada possa promover a descoberta de formas de expressão e comunicação e ainda oportunizar momentos enriquecidos de aprendizagem a partir da qualidade das relações sociais repletas de sentido e significado para esse aprendiz junto aos seus demais colegas.

Os eixos de interesse são pontos de partida para que os colegas encontrem algo comum para compartilhar e aprenderem juntos, mediados pelo professor, de modo que a partir desse interesse o aprendizado se amplie para novos saberes.

Neste sentido, cremos que o aprendiz com autismo deve ter a oportunidade, assim como é seu direito, de frequentar espaços de aprendizagem de natureza heterogênea e ter seus eixos de interesse valorizados para que suas potencialidades possam ser descobertas por ele mesmo, pelos professores, pelos seus familiares, promovendo a reversão do mito das incapacidades e alienações para uma concepção do aprendiz com autismo como um sujeito que aprende.

Mesmo que sejam desafiadores esses caminhos e que pareçam ser utópicos, ao olharmos para as narrativas de nossos protagonistas é possível perceber que suas vozes, nas diversas formas de expressão, ressoam contrárias às concepções reducionistas de seus potenciais, seus desejos e qualidade de aprendizado.

Finalizando, desejamos que de alguma maneira esta obra possa contribuir para a desconstrução de ditos e mitos sobre as pessoas com autismo, bem como para encorajar professores, familiares e sociedade para promoverem espaços de aprendizagem em que toda a turma possa aprender de um modo diferente, prazeroso, em seu tempo, ritmo, interesse, levando-se em conta suas singularidades, suas experiências já vividas, suas habilidades, suas preferências, a formação do ser para a vida e o respeito às diferenças de cada um.

> Nem tudo que se enfrenta pode ser modificado, mas nada pode ser modificado até que seja enfrentado.
> Albert Einstein.

Sílvia Ester Orrú

Referências

AMARAL, L.A. Conhecendo a deficiência (em companhia de Hércules). São Paulo: Robe, 1995.

AMERICAN SPEECH-LANGUAGE-HEARING ASSOCIATION. Augmentative and alternative communication, Asha 5, 1991, p. 9-12.

AMIRALIAM, M.L.T.M. A psicologia do excepcional. São Paulo: EPU, 1986.

AMY, M.D. Enfrentando o autismo. Rio de Janeiro: Zahar, 2001.

ARCHIBALD. Timothy and Elijah. São Francisco, CA, jun./2010.

ARTIGAS-PALLARÉS, J. Autismo y vacunas: ¿punto final? Rev. Neurol., 2010; 50 (Supl. 3), p. 91-99.

ASA – Autism Society of America. Autism. Departament of Health ando Human Services/Public Health Service National Institutes of Health, 1999.

ASSOCIAÇÃO AMERICANA DE PSIQUIATRIA (APA). Diagnostic and Statistical Manual of Mental Disorder – DSM-V. 5. ed., 2013 [Disponível em http://www.dsm5.org/proposedrevision/Pages/proposed-dsm5-organizational-structure-and-disorder-names.aspx].

_____. Manual Diagnóstico e Estatístico de Transtornos Mentais – DSM-IV-TR. 4. ed. rev. Porto Alegre: Artmed, 2002.

_____. Diagnostic and Statistical Manual of Mental Disorders – DSM-IV-TR. 4. ed. rev., 2000 [Disponível em http://dsm.psychiatryonline.org/data/PDFS/dsm-iv-tr].

_____. Manual de Diagnóstico e Estatística de Transtornos Mentais – DSM-IV. Porto Alegre: Artes Médicas, 1995.

_____. Diagnostic and Statistical Manual of Mental Disorders – DSM-IV. 4. ed. 1994 [Disponível em http://dsm.psychiatryonline.org/data/PDFS/dsm-iv].

_____. Manual de Diagnóstico e Estatística de Distúrbios Mentais – DSM-III-R. São Paulo: Manole, 1989.

_____. Diagnostic and Statistical Manual of Mental Disorders – DSM-III-R. 3. ed. rev. 1987 [Disponível em http://dsm.psychiatryonline.org/data/PDFS/dsm-iii-r.pdf].

_____. Diagnostic and Statistical Manual of Mental Disorders – DSM-II, 1968 [Disponível em http://pt.scribd.com/doc/14532307/dsmii].

_____. Diagnostic and Statistical Manual – Mental Disorders. DSM-I, 1952 [Disponível em http://dsm.psychiatryonline.org/data/PDFS/dsm-i-pdf].

ASSOCIAÇÃO NACIONAL DE EQUOTERAPIA. Equoterapia. Brasília, 2014 [Disponível em http://www.equoterapia.org.br].

AUTISMO DIÁRIO. Lo mejor del 2012 en investigación sobre Autismo [Espanha]. [Disponível em http://autismodiario.org/2013/01/01/lo-mejor-del-2012-en-investigacion--sobre-autismo – Acesso em 01/01/2013].

AZEVEDO, F.C. Autismo e psicanálise: um lugar possível do analista na direção do tratamento. Curitiba: Juruá, 2009.

BAILEY, A.; LE COUTER, A.; GOTTESMAN, L. et al. Autism as a strongly genetic disorder: evidence from a British twin study. Psychol. Med., 25, 1995, p. 63-77.

BAKHTIN, M. Estética da criação verbal. São Paulo: Martins Fontes, 1992.

BALLERONI, E. Plano do MEC cria "ônibus da alegria" – Projeto de governo usa o dinheiro da educação de excepcionais para distribuir ônibus escolares. Folha de S. Paulo, Caderno Cotidiano, 30/06/1992, p. 1.

BAPTISTA, C.R. & BOSA, C. Autismo e educação. Porto Alegre: Artmed, 2002.

BARNETT, K. Brilhante: a inspiradora história de uma mãe e seu filho gênio e autista. Rio de Janeiro: Zahar, 2013.

BARON-COHEN, S.; LESLIE, A.M. & FRITH, U. Does the autistic child have a theory of mind? Cognition, 1985.

BASIL, C. Interacción social en usuarios de sistemas de comunicación no vocal – Comunicacion Alternativa. Madri: Fundesco, 1985.

_____. Sistemas de comunicación no vocal – Classificación y conceptos basicos comunicación aumentativa. Madri: Fundesco, 1988.

BATISTA, A.S. & TACCA, M.C.V.R. Errata: onde se lê deficiente mental, leia-se criança que aprende como sujeito de possibilidades. In: MARTÍNEZ, A.M.; TACCA,

M.C.V.R. *Possibilidades de aprendizagem*: ações pedagógicas para alunos com dificuldade e deficiência. São Paulo: Alínea, 2011, p. 139-152.

BBC. The spark' – Jacob Barnett intv. *BBC World News*, 15/05/2013 [Disponível em https://www.youtube.com/watch?v=tv9ANM2u9BA].

BBC BRASIL. Americano cria conexão com filho autista em ensaio de fotos, 28/05/2013 [Disponível em http://www.bbc.co.uk/portuguese/videos_e_fotos/2013/05/130527_galeria_autismo_fotos_fn.shtml].

BELLINGER, D.C. Comparing the population neurodevelopmental burdens associated with children's exposures to environmental chemicals and other risk factors. Neurotoxicology, [s.l.], vol. 33, n. 4, p. 641-643, ago. 2012. Elsevier BV [Disponível em http://dx.doi.org/10.1016/j.neuro.2012.04.003].

BEMPORAD, J.R. Adult recollections of a formerly autistic child. *Journal of Autism and Developmental Disorders*, vol. 9, n. 2, jun./1979, p. 179-197 [Disponível em http://www.ncbi.nlm.nih.gov/pubmed/479101].

BERNARD, S.; ENAYATI, A.; REDWOOD, L.; ROGER, H. & BINSTOCK, T. Autism: a novel form of mercury poisoning. *Med Hypotheses*, 56, 2001, p. 462-467.

BETTELHEIM, B. *A fortaleza vazia*. São Paulo: Martins Fontes, 1987.

BIELER, R.B. *Ética e legislação*: os direitos das pessoas portadoras de deficiência no Brasil. Rio de Janeiro: Rotary Club, 1990.

BLACKSTONE, S.W. *Augmentative Communication*: An introduction. Rockville: American Speech-Language-Hearing Association, 1986.

BLUMENTHAL, R. An Artist's Success at 14 – Despite Autism. *The New York Times*, 16/01/2002.

BOBBIO, N. *O futuro da democracia* – Uma defesa das regras do jogo. 2. ed. Rio de Janeiro: Paz e Terra, 1996.

BRAIT, B. (org.). *Estudos enunciativos no Brasil*: histórias e perspectivas. Campinas/São Paulo: Pontes/Fapesp, 2001.

BRASIL. *Decreto-lei n. 9.394*, de 20 de dezembro de 1996. Secretaria de Estado da Educação/Editora do Brasil, 1998.

_____. *Decreto-lei n. 7.853*, de 24 de outubro de 1989. Brasília: Corde, 1989.

BRASIL/Congresso Nacional). Redação final do projeto de lei n. 1.258-C, de 1988, "que fixa diretrizes e bases da educação nacional". *Diário do Congresso Nacional*, supl. 80, 14/05/1993.

BRASIL. Lei n. 13.861, de 18 de julho de 2019. Diário Oficial da União. Brasília: Presidência da República, 2019. Disponível em: https://www.planalto.gov.br/cci vil_03/_ato2019-2022/2019/lei/L13861.htm

BUBER, M. *Do diálogo e do dialógico*. São Paulo: Perspectiva, 1982.

BULHAK-PATERSON, D. I am an Aspie Girl: A book for young girls with autism spectrum conditions. London: Jessica Kingsley Publishers, 2015.

CADERNOS CEDES. *A nova LDB e as necessidades educativas especiais*. Vol. 46. Campinas: Centro de Estudos Educação e Sociedade, 1998.

CAMATS, E.M. & ISQUIERDO, S.E. Aprendizaje del emission de enunciados de más de um elemento – Caso de um alunno no vocal. *Revista de Logopedia*, 8, 1988, p. 30-40.

CAPOVILLA, F.C.; MACEDO, E.C.; DUDUCHI, M.; CAPOVILLA, A.G.S. & THIERS, V.O. Sistemas de comunicação alternativa e suplementar: princípios de engenharia e design. *Revista Distúrbios de Comunicação*, 9 (2), 1998, p. 185-231. São Paulo: Educ.

CARDOSO, P.C.S.; LIMA, P.L.; BAHIA, M.O.; AMORIM, M.I.M.; BURBANO, R.R. & FARIAS, R.A.F. *Efeitos biológicos do mercúrio e seus derivados em seres humanos* – Uma revisão bibliográfica. Apoio/Ufpa, 2002.

CENTERS FOR DISEASE CONTROL AND PREVENCION. _____. Changes in Preva-lence of Parent-reported Autism Spectrum Disorder in School-aged U.S: Children: 2007 to 2011-2012. *National Health Statistics Reports*, n. 65, 20/03/2013.

_____ *What we've learned about autism spectrum disorder*. *National Health Statistics Reports*, 2009 [Disponível em http://www.cdc.gov].

CHUN, R.Y. O desenvolvimento da comunicação não verbal através dos símbolos Bliss em indivíduo não falante portador de paralisia cerebral. *Distúrbios da Comunicação*, 4, out./1991, p. 121-136. São Paulo.

CHUN, R.Y. & MOREIRA, E.C. Comunicação suplementar e/ou alternativa – Ampliando possibilidades de indivíduos sem fala funcional. In: LACERDA, C.B.F. & PANHOCA, I. (orgs.). *Tempo de fonoaudiologia*. Taubaté, 1997, p. 137-175.

CIARANELLO, A.L. & CIARANELLO, R.D. The neurobiology of infantile autism. *Ann. Rev. Neurosc.*, 18, 1995, p. 101-128.

CIASCA, S.M. *Distúrbios de aprendizagem*: proposta de avaliação interdisciplinar. São Paulo: Casa do Psicólogo, 2003.

CLASSIFICAÇÃO de Transtornos Mentais e de Comportamento da CID-10 – Descrições clínicas e diretrizes diagnósticas. Porto Alegre: Artes Médicas, 1993.

CLASSIFICAÇÃO Estatística Internacional de Doenças e Problemas relacionados com a Saúde da CID-10. São Paulo: Edusp, 1995.

COOK, J. et al. Camouflaging in autism: A systematic review. Clinical Psychology Review, 89, 23 set. 2021. 1-11. Disponivel em: <https://www.sciencedirect.com/science/article/abs/pii/S0272735821001239?via%3Dihub>.

COLL, C.; PALACIOS, J. & MARCHESI, A. *Desenvolvimento psicológico e educação*: necessidades educativas especiais e aprendizagem escolar. Porto Alegre: Artes Médicas, 1995 [Trad. de Marcos A.G. Domingues].

CORDE. *Ata da VII Reunião do Comitê de Ajudas Técnicas* – CAT. Corde/SEDH/PR, 13-14/12/2007.

COURCHESNE, E. Novo método diagnostica autismo em crianças de 1 ano – Conferência para o Autismo na Ásia-Pacífico. Info, 08/08/2013 [Disponível em http://info.abril.com.br/noticias/ciencia/2013/08/novo-metodo-diagnostica-autismo-em-criancas-de-1-ano.shtml].

CUCHE, D. *A noção de cultura nas ciências sociais*. Bauru: Udesc, 1999.

CUNHA, C. LDB: uma comparação. *Folha de S. Paulo*, Caderno III, 23/11/1993, p. 2.

DONNELLAN, A. Diagnóstico e ficção. In: TUNES, E. & BARTHOLO, R. *Nos limites da ação*: preconceito, inclusão e deficiência. São Carlos: Edufscar, 2010, p. 79-90.

ELGIN, S.H. *Que é linguistica?* Rio de Janeiro: Zahar, 1974.

ELLIS, G. *Multiple Cause of Autism Spectrum disorders* – Posted by Dr Sircus on September 22, 2011 [Disponível em http://drsircus.com/medicine/vaccines/autism#_ednref1].

ERICKSON, E.H. *Infância e sociedade*. Rio de Janeiro: Zahar, 1976.

EXAMINER.COM From Anthrax to autism awareness, Dan Spitz returns with Red Lamb. United State, may/2012 [Disponível em http://www.examiner.com/article/q-a-from-anthrax-to-autism-awareness-spitz-returns-with-red-lamb].

FARAH, L.S.D. & GOLDENBERG, M. O autismo entre dois pontos. *Revista Cefac On line* – Atualização científica em fonoaudiologia, 31 (3), 2001, p. 19-26 [Disponível em http://www.cefac.br/revista/revista31/Artigo%202.pdf – Acesso em ago./2005].

FERREIRA, A.B.H. *Novo Dicionário da Língua Portuguesa*. Rio de Janeiro: Nova Fronteira, 1986.

FERREIRA, M.C.C. *A prática educativa e a concepção de desenvolvimento psicológico de alunos com deficiência mental*. Campinas: Unicamp, 1994 [Tese de doutorado].

FERSTER, C.B. Positive reinforcement and behavioral deficits of autistic children. *Child. Dev.*, 1961.

FERSTER, C.B. & DeMYER, M.K. A method for the experimental analysis of the behavior of autistic children. *Am. J. Orthop.*, 1962.

_____. The development of performances in autistic children in an automatically controlled environment. *J. Chron. Di.*, 1961.

FLEISCHMANN, C. & FLEISCHMANN, A. *Carly's Voice:* breaking through autism. Kindle, 2012.

FLETES, M.L.; MARTÍN, D.L.; NIETO, A.M.; COLMENAR, B.M.; FERREIRO, R.M.; RODRÍGUEZ, P.M. & MORENO, C.M. *Birger Sellin.* Madri: Universidade Autónoma de Madrid, 2013.

FOMBONNE, E. Autismo e vacinação. In: TREMBLAY, R.E.; BOIVIN, M. & PETERS, R.D.V. (eds.). *Enciclopédia sobre o Desenvolvimento na Primeira Infância* [on-line]. Montreal/Quebec: Centre of Excellence for Early Childhood Development; 2006, p. 1-9 [Publicado em português em jun./2011] [Disponível em http://www.enciclopedia--crianca.com/documents/FombonnePRTxp1.pdf].

FONSECA, V. *Aprender a aprender:* a educabilidade cognitiva. Porto Alegre: Artmed, 1998.

FONTES, R.S. & LANDI, M.L.F. Estigma: uma prisão sem grades. *Revista Integração*, ano 7, n. 19, 1997, p. 41-46.

FOUCAULT, M. *Doença mental e psicologia.* 5. ed. Rio de Janeiro: Tempo Brasileiro, 1994.

_____. *Vigiar e punir:* nascimento da prisão. Petrópolis: Vozes, 1977.

FREIRE, I.R. *Raízes psicológicas.* Petrópolis: Vozes, 1997.

FREITAS, M.T.A. *Vygotsky e Bakhtin* – Psicologia e educação: um intertexto. 4. ed. São Paulo: Ática, 2002.

_____. *O pensamento de Vygotsky e Bakhtin no Brasil.* Campinas: Papirus, 1994.

FREUD, S. *Edição standard brasileira das obras psicológicas completas de Sigmund Freud* – O interesse científico da psicanálise. Vol. XIII, 1913. Rio de Janeiro: Imago, 1996, p. 169-192.

FRITH, U. *Autism* – Explaining the Enigma. Oxford: Blackwell, 1989.

_____. A new perspective in research on autism. In: ARAPI (ed). *Contributions à la recherche scientifique sur autisme*: aspects cognitifs. Paris: Association pour la Recherche sur Autisme et les Psychoses Infantiles, 1984.

GADAMER, H.-G. *Verdade e método*: traços fundamentais de uma hermenêutica filosófica. Petrópolis: Vozes, 1997 [Trad. de Wahrheit und Methode].

GADOTTI, M. *História das ideias pedagógicas*. São Paulo: Ática, 1993.

GARDNER, H. *Inteligências múltiplas*: a teoria na prática. Porto Alegre: Artes Médicas, 1995 [Trad. de Maria A.V. Veronese].

_____. *Estruturas da mente*: a Teoria das Múltiplas Inteligências. Porto Alegre: Artes Médicas, 1994.

GASPAR, M.L.R. Autismo: procurando vencer as barreiras impostas pelo isolamento. *Mensagem da Apae*, ano XXXV, n. 83, out,/1998, p. 13. Brasília.

GAUDERER, C. *Autismo, década de oitenta*: informações sobre a doença para os leigos – Gazeta de Allagoas, Rio de Janeiro, 1986.

GEIER, D. et al. A two-phase study evaluating the relationship between Thimerosal-containing vaccine administration and the risk for an autism spectrum disorder diagnosis in the United States. *Translational Neurodegeneration*, [s.l.], v. 2, n. 1, p.1-12, 2013. Springer Nature. Disponível em http://dx.doi.org/10.1186/2047-9158-2-25.

GEIER, M.R. & GEIER, D.A. Neurodevelopmental disorders after thimerosal-containing vaccines: a brief communication. *Exp. Biol. Med.*, 228, 2003, p. 660-664.

GILES, T.R. *Filosofia da educação*. São Paulo: EPU, 1983.

GILL, N.B. Comunicação através de símbolos: abordagem clínica baseada em diversos estudos. *Temas sobre Desenvolvimento*, 6, 1997, p. 34.

GILLBERG, C. *Transtornos do espectro do autismo* – Palestra do Dr. Christopher Gillberg em 10/10/2005 no Auditório do InCor em São Paulo [Disponível em http://www.caleidoscopioolhares.org/artigos/Palestra%20Gillberg%2020051010.df].

_____. Infantile autism diagnosis and treatment. *Acta Psychiat. Scand.*, 81, 1990, p. 209-215.

_____. Asperger síndrome in 23 swedish children. *Dev. Med. Child. Neurol.*, 31, 1989, p. 520-531.

_____. The neurobiology of infantile autism. *J. Child. Psychol. Psychiatry*, 29, 1988, p. 257-266.

GOES, M.C.R. & LAPLANE, A.L.F. (orgs.). *Políticas e práticas de educação inclusiva*. Campinas: Autores Associados, 2004.

GRANDIN, T. *O mundo precisa de todos os tipos de mente*, 2010 [Palestra] [Disponível em https://www.youtube.com/watch?v=6J-_AOEOT0c].

_____. *Thinking in pictures*. Londres: Bloomsburry, 2008.

GRANDIN, T. & SCARIANO, M. *Uma menina estranha*. São Paulo: Cia das Letras, 1999.

_____ *Emergence*: labeled autistic. Nova York: Warner Books, 1996.

_____. *My Experiences with Visual Thinking Sensory Problems and Communication Difficulties*. Colorado: Colorado State University, fev./1996.

_____. *High-Functioning Individuals With Autism* — Edited by Eric Shopler and Gary B. Mesibov. Nova York: Plenum, 1992.

HALL, J.A. & KNAPP, M.L. *Comunicação não verbal na interação humana*. São Paulo: JSN, 1999 [Trad. de Mary A.L. de Barros].

HALLADAY, K. et al. Sex and gender differences in autism spectrum disorder: summarizing evidence gaps and identifying emerging areas of priority. Molecular Autism, 6, n. 36, 13 jun. 2015. 1-5. Disponível em: <https://doi.org/10.1186/s13229-015-0019-y>

HBO. *Temple Grandin* [filme]. Direção de Mick Jackson. Duração: 108 minutos. Lançamento: 06/02/2010 [Disponível em http://www.hbomax.tv/sinopsis.aspx?prog=HBO186949].

HEIDEGGER, M. *A origem da obra de arte*. Lisboa: Ed. 70, 1999.

HIGASHIDA, N. *O que me faz pular*. Rio de Janeiro: Intrínseca, 2014.

_____. *Profile*. [Japão]: Naoki Higashida, 2014 [Disponível em http://naoki-higashida.jp/].

HOLLAND, M.; CONTE, L.; KRAKOW, R. & COLIN, L. Unanswered Questions from the Vaccine Injury Compensation Program: A Review of Compensated Cases of Vaccine-Induced Brain Injury, 28. Pace Envtl. L. Rev., 480 (2011) [Disponível em http://digitalcommons.pace.edu/pelr/vol28/iss2/6].

INSTITUTO BRASILEIRO DE GEOGRAFIA E ESTATÍSTICA (IBGE). Censo 2022: Questionários. IBGE. Site atualizado em 06/09/2022. Disponível em: https://censo2022.ibge.gov.br/sobre/questionarios.html

ILLICH, I. *A expropriação da saúde*: nêmesis da medicina. 3. ed. Rio de Janeiro: Nova Fronteira, 1975.

INSEL, T. *Transforming Diagnosis*. [USA]: National Institute of Mental Health (Nimh), 29/04/2013 [Disponível em http://www.nimh.nih.gov/about/director/2013/transforming-diagnosis.shtml].

INSTITUTE OF MEDICINE (IOM). *Thimerosalcontaining vaccines and neurodevelopmental disorders*. Washington DC: National Academy Press, 2001, p. 67 [Disponível em http://www.iom.edu/en/Reports/2003/Immunization-Safety-Review-Thimerosal-Containing-Vaccines-and-Neuro-developmental-Disorders.aspx].

JAKOBSON, R. *Linguística e comunicação*. 10. ed. São Paulo: Cultrix, [s.d.].

JERUSALINSKY, A. Psicose e autismo na infância: uma questão de linguagem. *Psicose* – Boletim da Appoa, n. 9, nov./1993. Porto Alegre: Artes & Ofícios.

JOHNSON, R.M. *Guia dos símbolos de comunicação pictórica* – Picture Communication Symbols. Porto Alegre: Clik, 1998.

_____. *The Picture Communication Symbols*. The Woodless, 1989.

JORNAL DE PEDIATRIA. Autismo e doenças invasivas do desenvolvimento. Por GADIA, C.A. & NEWRA, T.R. Rio de Janeiro, vol. 80, n. 2, 2004.

KANNER, L. *Child Psychiatry*. 2. ed. Springfield: Charles C. Thomas, 1948.

_____. Autisc Disturbances of Affective Contact. *Nervous Child*, 2, 1943, p. 217-250.

KANNER & EISENBERG. Notes on the follow-up studies of autistic children. In: HOCH, P.H.; ZUBIN, I. *Psychopathology of Childhood*. New York: Grune & Stratton,1955, p. 227-239

KASSAR, M.C.M. *Deficiência múltipla e educação no Brasil*. São Paulo: Autores Associados, 1999.

KILMAN, H. Autismo é associado a anormalidades na placenta. *Scientific American Brasil*, 25/04/2013 [Disponível em http://www2.uol.com.br/sciam/noticias/autismo_e_associado_a_anormalidades_na_placenta.html].

KIRKOVSKI, M.; ENTICOTT, P. G.; FITZGERALD, P. B. A Review of the Role of Female Gender in Autism Spectrum Disorders. J Autism Dev Disord, 43, 2013. 2584–2603. Disponível em: <https://doi.org/10.1007/s10803-013-1811-1>

KLIN, A. Autismo e Síndrome de Asperger: uma visão geral. *Revista Brasileira de Psiquiatria*, vol. 28, 2006, p. 3-11.

KOZULIN, A. *Individualismo epistemológico frente a una posición sociocultural*: Piaget, Vygotsky y la teoría del aprendizaje mediado. [Israel]: Icelp, [s.d.].

LACAN, J. Posição do inconsciente. In: *Escritos*. Rio de Janeiro: Zahar, 1960/1998.

LACERDA, B.F. & PANHOCA, I. *Tempo de fonoaudiologia*. São Paulo: Ed. Um. Cabral, 1998, cap. 8.

LAI, M.-C. et al. Sex/gender differences and autism: setting the scene for future research. Journal of the American Academy of Child & Adolescent Psychiatry, 54, n. 1, Jan 2015. 11-24. Disponível em: <https://doi.org/10.1016/j.jaac.2014.10.003>

LAIA, S. A classificação dos transtornos mentais pelo DSM-V e a orientação lacaniana. *CliniCAPS*, vol. 5, n. 15, 2012.

LANGER, S. Bangalore to LA: Now, a Hollywood story. *The Indian Express*, 29/09/2003. Nova Delhi [Disponível em http://archive.indianexpress.com/oldStory/32528/].

LARROYO, F. *História geral da pedagogia*. São Paulo: Mestre Jou, 1970.

LAZNIK, M.-C. *O que a clínica do autismo pode ensinar aos psicanalistas*. Salvador: Ágalma, 1991.

LEBOYER, M. *Autismo infantil*: fatos e modelos. (1935) Trad. de Rosana G. Dalgarrondo. 2. ed. Campinas: Papirus, 1995.

LEFORT, R. & LEFORT, R. Introdução à jornada de estudos do Cereda. In: MILLER, J. (org.). *A criança do discurso analítico*. Rio de Janeiro: Zahar, 1991, p. 12-14.

LERMAN, C. & REXER, L. *Jonathan Lerman*: The Drawings of a Boy with Autism. [EUA]: George Braziller, 2002.

LEROY, M. *As grandes correntes da linguística moderna*. São Paulo: Cultrix, 1971.

LEYVA-NÁPOLES, R.A. Pensamentos sobre arte. *Ensaios*, 27/07/2014. Brasília.

LOURO, A.K.M. A formação de professores: um desafio a mais na integração de alunos com deficiência. *Revista Integração*, ano 7, n. 19, 1997, p. 35-37.

LURIA, A.R. *Pensamento e linguagem*: as últimas conferências de Luria. Porto Alegre: Artes Médicas, 1987.

_____. *Curso de Psicologia Geral* – Introdução evolucionista à Psicologia. Vol. I. Rio de Janeiro: Civilização Brasileira, 1979.

MACHADO, L.B. Classes especiais: integração ou segregação. *Revista Integração*, ano 7, n. 19, 1997, p. 38-40.

MADEIRA-COELHO, C.M. Aprendizagem e desenvolvimento de pessoas com deficiência. In: ORRÚ, S.E. *Estudantes com necessidades especiais*: singularidades e desafios na prática pedagógica inclusiva. Rio de Janeiro: WAK, 2012, p. 31-62.

MAENNER, M.J.; SHAW, K.A; BAKIAN, A.V, et al. Prevalence and Characteristics of Autism Spectrum Disorder Among Children Aged 8 Years – Autism and Developmental Disabilities Monitoring Network, 11 Sites, United States, 2018. MMWR Surveill Summ 2021;70 (No. SS-11), p. 1–16. DOI: http://dx.doi.org/10.15585/mmwr.ss7011a1

MAHLER, M. Sobre a psicose infantil e esquizofrenia: psicoses autísticas e simbiótica da infância. *As psicoses infantis e outros estudos.* Porto Alegre: Artes Médicas, 1952.

MANNONI, M. *A criança, sua doença e os outros.* 2. ed. Rio de Janeiro, Zahar, 1967/1980.

MANTOAN, M.T.E. O direito de ser, sendo diferente, na escola. R. Cej., n. 26, jul.-set./2004, p. 36-44. Brasília.

_____. *Inclusão escolar:* O que é? Por quê? Como fazer? São Paulo: Moderna, 2003.

MARTÍNEZ, A.M. & ROSSATO, M. A superação das dificuldades de aprendizagem e as mudanças na subjetividade. In: MARTÍNEZ, A.M. & TACCA, M.C.V.R. *Possibilidades de aprendizagem:* ações pedagógicas para alunos com dificuldade e deficiência. São Paulo: Alínea, 2011, p. 71-107.

MARTINO, D.; GANOS, C. & PRINGSHEIM, T.M.T. Syndrome and Chronic Tic Disorders: The Clinical Spectrum Beyond Tics. *International Review of Neurobiology,* [s.l.], p.1461-1490, 2017. Elsevier. Disponível em http://dx.doi.org/10.1016/bs.irn.2017.05.006.

MARX, K. & ENGELS, F. *A ideologia alemã (Feuerbach).* São Paulo: Hucitec, 1999.

MAYA, L. Respuesta al Dr. César Cabezas del Director de Anales de la Facultad de Medicina. *An. Fac. Med. Lima,* 67 (4), 2006 [Disponível em http://revistasinvestigacion.unmsm.edu.pe/index.php/anales/article/view/1318/1115].

MAYES, R. & HORWITZ, A.V. DSM-III and the revolution in the classification of mental illness. *J. Hist. Behav. Sci.,* vol. 3, n. 41, 2005, p. 249-267.

MAZZOTTA, J.S. *Educação especial no Brasil:* história e políticas públicas. São Paulo: Cortêz, 1996.

MEC/Secretaria de Educação Especial. *Saberes e práticas da inclusão:* dificuldades acentuadas de aprendizagem – autismo. (Educação Infantil 3). Brasília: MEC, 2004.

MEILLET, A. Les nouvelles littéraires, 08/11/1924. In: LEROY, M. *As grandes correntes da linguística moderna.* São Paulo: Cultrix, 1971.

MELTZER, D. *Exploration dans le monde de l'autisme*. Paris: Payqt, 1984.

MERCADANTE, M.T. 41ª Reunião Extraordinária da CAS. Brasília, 17/11/2010 [Disponível em http://www.senado.gov.br/atividade/comissoes/sessao/disc/listaDisc.asp?s=000028/10].

MINISTÉRIO DA SAÚDE. MS lança cartilha para diagnóstico precoce do TEA. Brasília, 02/04/2013 [Disponível em http://portalsaude.saude.gov.br/portalsaude/noticia/10091/162/ms-lanca-cartilha-inedita-para-diagnostico-precoce-do-autismo.html].

_____. *Diretrizes de atenção à reabilitação da pessoa com transtornos do espectro do autismo* [Cartilha]. Brasília: Secretaria de Atenção à Saúde/Departamento de Ações Programáticas Estratégicas, 2013.

MOFFITT, S. *Tito Mukhopadhyay: The Rosetta Stone of Autism. Autism Key*, mar./2011 [Disponível em http://networkedblogs.com/fehzu].

MOHAMED, F.B. et al. Assessment of Hair Aluminum, Lead, and Mercury in a Sample of Autistic Egyptian Children: Environmental Risk Factors of Heavy Metals in Autism. *Behavioural Neurology*, [s.l.], v. 2015, p.1-9, 2015. Hindawi Limited. Disponível em http://dx.doi.org/10.1155/2015/545674.

MORATO, E.M. *Linguagem e cognição*: as reflexões de L.S. Vygotsky sobre a ação reguladora da linguagem. São Paulo: Plexus, 1996.

MORIN, E. Articular os saberes. In: ALVES, N. (org.). *O sentido da escola*. Rio de Janeiro: DP&A, 2000, p. 65-80.

MUKERIEE, M. Um enigma transparente. *Scientific American*, jun./2004 [Disponível em http://www.sciam.com – Acesso em 18/10/2004] [Trad. de Roberto Bech para a Comunidade Virtual Autismo no Brasil].

MUKHOPADHYAY, T.R. *I'm Not a Poet But I Write Poetry*: Poems from My Autistic Mind. Bloomington: Xlibris, 2012.

_____. *The Mind Tree*. [EUA]: Arcade, 2003.

_____. *Beyond the Silence*: my life, the world and autism. Londres: The National Autistic Society, 2000.

_____. *Tito's Story*, a video documentary by the BBC, abr./2000 [Disponível em http://www.halo-soma.org/about_writings.php].

MUOTRI, A. *Progresso em autismo* [Disponível em http://g1.globo.com/platb/espiral/2013/01/08/progresso-em-autismo/ – Acesso em 08/01/2013].

OBVIOUS. *Stephen Wiltshire*. São Paulo, 2003 [Disponível em http://obviousmag.org/archives/2012/07/stephen_wiltshire_desenhar_paisagens_de_memoria.html].

OCKELFORD, A. *In the key of Genius: the extraordinary life of Derek Paravicini*. Londres: Randon House, 2007.

OLIVEIRA EVANGELHO, V. G.; DA MOTA RAMALHO COSTA, F.; CASTRO, H. C.; LAMIM BELLO, M.; RODRIGUES AMORIM , M. Autismo no Brasil: uma revisão sobre estudos em neurogenética . Revista Neurociências, [S. l.], v. 29, p. 1–20, 2021. DOI: 10.34024/rnc.2021.v29.12440. Disponível em: https://periodicos.unifesp.br/index.php/neurociencias/article/view/12440. Acesso em: 13 dez. 2022.

OLIVEIRA, M.K. *Lev Seminovich Vygotsky*. Vol. 2. São Paulo: Segmento-Duetto, 2005.

_____. Vygostsky: alguns equívocos na interpretação de seu pensamento. *Caderno de Pesquisa*, n. 81, mai./1992, p. 67-74. São Paulo.

ORGANIZAÇÃO MUNDIAL DE SAÚDE. *Classificação de Transtornos Mentais e de Comportamentos*: Descrições Clínicas e Diretrizes Diagnósticas. 10. ed. Porto Alegre: Artes Médicas, 1993.

ORGANIZAÇÃO MUNDIAL DE SAÚDE. *Constituição da Organização Mundial da Saúde* (OMS/WHO). Nova York, 22/07/1946.

ORGANIZACIÓN MUNDIAL DE LA SALUD. Clasificación Internacional de Enfermedades. 11ª revisión. Ginebra: OMS, 2022. Disponível em: https://icd.who.int/es

ORRÚ, S.E. *O Re-inventar da inclusão*: os desafios da diferença no processo de ensinar e aprender. Rio de Janeiro: Vozes, 2017.

_____. O perigo da supervalorização do diagnóstico: rótulos introdutórios ao fracasso escolar de crianças com autismo. *Revista Eletrônica Gestão & Saúde*, vol. 04, n. 01, 2013, p. 1.699-1.709. Brasília.

_____. *Autismo*: o que os pais devem saber. Rio de Janeiro: WAK, 2009.

_____. *Autismo, linguagem e educação*: interação social no cotidiano escolar. Rio de Janeiro: WAK, 2007.

_____. A formação de professores e a educação de autistas. *Revista Iberoamericana de Educación*, vol. 31, 2003, p. 1-15.

PAIM, I. *Curso de Psicopatologia*. São Paulo: EPU, 2000.

PEDERIVA, P.L.M. & TUNES, E. *Da atividade musical e sua expressão psicológica*. Curitiba: Prismas, 2013.

PETER, M. & BARNES, R. *Signs, Symbols and Schools*. 1982.

PIAGET, J. & INHELDER, B. *Gênese das estruturas lógicas elementares*. Rio de Janeiro: Zahar, 1971.

PINO, A. O conceito de mediação semiótica em Vygotsky e seu papel na explicação do psiquismo humano. *Caderno Cedes*, n. 24, 2000, p. 32-43. São Paulo.

_____. O social e o cultural na obra de Vygotsky. *Educação & Sociedade*, ano XXI, n. 71, jul./2000, p. 45-78.

_____. *Afetividade e vida de relação*. Campinas: Unicamp, [s.d.] [mimeo.].

PLoS ONE. Animais poderão ajudar crianças autistas na interação social. *Alert Life Sciences Computing*, 04/03/2013 [Portugal].

POSSENTI, S. O que significa "o sentido depende da enunciação"? In: BRAIT, B. *Estudos enunciativos no Brasil*: histórias e perspectivas. Campinas/São Paulo: Pontes/Fapesp, 2001, p. 187-199.

RANCIÈRE, J. *O mestre ignorante*. Belo Horizonte: Autêntica, 2004.

RAPIN, I. Autistic children: diagnosis and clinical features. *Pediatrics*, 87 (supl.), 1991, p. 751-760.

RASSIAL, J.J. Da mudança esperada do tratamento psicanalítico da criança. In: BERNARDINO, L.M.F. (org.). *Neurose infantil x neurose da criança*. Salvador: Ágalma, 1997.

RATEY, J.J. *Síndromes silenciosas*. São Paulo: Objetiva, 2002 [Trad. Shadow Syndromes].

RATIO STUDIORUM – Organização e plano de estudos da Companhia de Jesus. In: FRANCA, L. *O método pedagógico dos jesuítas*: o Ratio Studiorum. Rio de Janeiro: Agir, 1952, p. 119-230.

RATTO, A.B. et al. What About the Girls? Sex-Based Differences in Autistic Traits and Adaptive Skills. Autism Dev Disord, 48, 2018. 1698–1711. Disponível em: <https://doi.org/10.1007/s10803-017-3413-9>

REGO, T.C. *Vygotsky*: uma perspectiva histórico-cultural da educação. Petrópolis: Vozes, 1995.

REILY, L. *Escola inclusiva*: linguagem e mediação. Campinas: Papirus, 2004.

RIBAS, C. *Extraordinárias habilidades humanas*: sinestesia. Hype Science, 2008.

RIMLAND, B. Savant capabilities of autistic children and their cognitive implications. In: *Cognitive defects in the development of Mental Illnes*. Nova York: Brunner/Mazel, 1978.

RITVO, E.R. *Autism*: diagnosis, current research and management. Nova York: Spectrum, 1976.

RIVIÈRE, A. Modificacion de Conducta em el Autismo Infantil. *Revista Espanõla de Pedagogia*, vol. XLII, 1984, p. 164-165.

RIZZOLATTI, G.; CAMARDA, R.; FOGASSI, L.; GENTILUCCI, M.; LUPPINO, G. & MATELLI, M. Functional organization of inferior area 6 in the Macaque monkey. II. Area F5 and the control of distal movements. *Exp. Brain. Res.*, 71, 1988, p. 491-507.

ROCHA, P.S. *Autismos*. São Paulo: Escuta, 1997.

RUSSO, F.B. et al. Modeling the Interplay Between Neurons and Astrocytes in Autism Using Human Induced Pluripotent Stem Cells. *Biological Psychiatry*, [s.l.], v. 83, n. 7, p.569-578, abr. 2018. Elsevier BV. http://dx.doi.org/10.1016/j.biopsych.2017.09.021.

RUTTER, M. Cognitive deficitis in the pathogenesis of autism. *J. Child Psychol. Psychiat.*, 1983.

_____. Languagem disorder and infantile autism. In: RUTTER, M. & SCHOPLER, E. *Autism*: a reappraisal of concepts and treatment. Nova York: Plenum, 1979, p. 85-103.

_____. Diagnosis and definitions of childhood autism. *J. Autism Dev. Disord.*, 8 (2), 1978, p. 139-161.

RUTTER, M. & SCHOPLER, E. Classification of pervasive developmental disorders: some concepts and practical considerations. *J. Autism Dev. Disord.*, 22, 1992, p. 459-482.

SACKS, O.W. *Tempo de despertar*. São Paulo: Companhia das Letras, 1997.

_____. *Um antropólogo em Marte*. São Paulo: Companhia das Letras, 1995.

SAMPAIO, T.M.M. *O não verbal na comunicação pedagógica*. Rio de Janeiro: Tempo Brasileiro, 1991.

SÁNCHEZ, C.C. Vacunas y timerosal: no hay evidencias científicas que muestren riesgo de autismo y desórdenes neurológicos. *An. Fac. Med. Lima*, 67 (4), 2006

[Disponível em http://revistasinvestigacion.unmsm.edu.pe/index.php/anales/article/view/1318/1115].

SANDERS, A.P.; HENN, B.C.; WRIGHT, R.O. Perinatal and Childhood Exposure to Cadmium, Manganese, and Metal Mixtures and Effects on Cognition and Behavior: A Review of Recent Literature. *Current Environmental Health Reports*, [s.l.], v. 2, n. 3, p.284-294, 5 Jul. 2015. Springer Nature. http://dx.doi.org/10.1007/s40572-015-0058-8.

SCHMIDT, C. Temple Grandin e o autismo: uma análise do filme. *Rev. Bras. Educ. Espec.*, vol. 18, n. 2, abr.-jun./2012. Marília.

SCHWARTZMAN, J.S. *Autismo infantil*. São Paulo: Memnon, 1995.

SÉGUIN, E. *Idiocy and its treatment by the physiological method*, 1866 [Reimpr., Nova York: Kelley, 1971].

SELLIN, B. *Quiero dejar de ser un dentrodemi*: mensajes desde una carcel autista. Barcelona: Galaxia Gutenberg, 1994.

_____. *Une âme prisonnière*. Paris: Réponses/Robert Laffont, 1993.

SENADO FEDERAL. *Projeto de Lei da Câmara n. 101*. Publicado no DCN, Seção II, 28/05/1993. Brasília: Centro Gráfico do Senado Federal, 1993.

SETH, F.H. *Autizmussal önmagamba Zarva*. Budapest: Kapocs/Autizmus Alapítvány, 2005.

SILVEIRA, J. Tablets transformam a vida de autistas e de seus familiares. *UOL Notícias*, 02/04/2013. São Paulo [Disponível em http://noticias.uol.com.br/saude/ultimas-noticias/redacao/2013/04/02/tablets-tem-transformado-o-modo-das--criancas-autistas-se-comunicarem.htm].

SIMCOE, S.M. et al. Are there gender-based variations in the presentation of Autism amongst female and male children? J Autism Dev Disord, 13 jul. 2022. 1-9. Disponível em: <https://doi.org/10.1007/s10803-022-05552-9>

SKINNER, B.F. *Ciência e comportamento humano*. 9. ed. Trad. de João Carlos Todorov e Rodolfo Azzi. São Paulo: Martins Fontes, 1994.

_____. Review of Hull's Principles of Behavior. *Journal of the Experimental Analysis of Behavior*, 51, 1989, p. 287-290.

_____. *Sobre o behaviorismo*. São Paulo: Cultrix, 1974.

SKLIAR, C. (org.). *Educação & exclusão*: abordagens socioantropológicas em educação especial. Porto Alegre: Mediação, 1997.

SMOLKA, A.L.B. Esboço de uma perspectiva teórico-metodológica no estudo de processos de construção de conhecimento. In: GÓES, M.C.R. & SMOLKA, A.L.B. (orgs.). *A significação nos espaços educacionais* – Interação social e subjetivação. Campinas: Papirus, 1997.

SORO, E. *Nuevas tecnologias y evaluación.* 1990.

_____ *El proceso de evaluación de candidatos para la comunicación aumentativa.* Barcelona: Centro Nadis, [s.d.].

_____. *Sistemas de símbolos pictográficos para la comunicación.* Barcelona: Centro Nadis, [s.d.].

_____. *Sistemática de introducción de los sistemas de comunicación aumentativa a candidatos.* Barcelona: Centro Nadis, [s.d.].

SOUZA, S.J. *Infância e linguagem:* Bakhtin, Vygotsky e Benjamin. Campinas: Papirus, 1994.

SPRINGER, S.P. & DEUTSCH, G. *Cérebro esquerdo, cérebro direito.* São Paulo: Summus, 1998 [Trad. de Thomaz Yoshiura].

STAFF-WRITTER, C.J. 13-year-old Matt Savage has autism and a genius for jazz – IsideBayArea. [EUA], 21/09/2005 [Disponível em http://www.insidebayarea.com/bayarealiving/ci_3049622 Traduzido/transcrito por Argemiro Garcia em http://www.cronicaautista.blogger.com.br/2005_09_01_archive.html].

STAINBACK, S. *Inclusão:* um guia para educadores. Porto Alegre: Artes Médicas Sul, 1999 [Trad. de Magda F. Lopes].

STEINER, C.E. *Transtornos globais do desenvolvimento: caracterização genético-clínica e neurológica de uma amostra de indivíduos da região de Campinas, SP.* Campinas: Unicamp, 2002 [Tese de doutorado].

STESSMAN, H.A.F. et al. Targeted sequencing identifies 91 neurodevelopmental--disorder risk genes with autism and developmental-disability biases. *Nature Genetics,* [s.l.], v. 49, n. 4, p. 515-526, 13 fev. 2017. Springer Nature. http://dx.doi.org/10.1038/ng.3792.

_____. *Aspectos genéticos e neurológicos do autismo:* proposta de abordagem interdisciplinar na avaliação diagnóstica do autismo e distúrbios correlatos. Campinas: Unicamp, 1998 [Dissertação de mestrado].

TAMMET, D. *Embracing the wide sky:* A tour accross the horizons of mind. Londres: Hodder & Stoughton, 2009.

_____. *Nascido em um dia azul.* Rio de Janeiro: Intrínseca, 2007.

TEIXEIRA, M.C.T.V.; MECCA, T.P.; VELLOSO, R.I.; BRAVO, R.B.; MERCADANTE, M.T. & PAULA, C.S. Literatura científica brasileira sobre transtornos do espectro autista. *Rev Assoc. Med. Bras.*, 56 (5), 2010, p. 607-614.

TISDALE, S. Voice of the Voiceless "The Reason I Jump", by Naoki Higashida. *The New York Times*, 23/08/2013.

TREDGOLD, A.F. *A text-book of mental deficiency*, 1908 [Reimpr., Londres: Bailliere, Tindall & Cox, 1952].

TREFFERT, D.A. *Islands of Genius*: The Bountiful Mind of the Autistic, Acquired, and Sudden Savant. [Inglaterra]: Jessica Kingsley, 2010.

_____. *Henriett Seth F.*: rain girl. Madson: Wisconsin Medical Society, 2007.

_____. *Richard Wawro*: an amazing artist. Madson: Wisconsin Medical Society, 2006.

_____. *Extraordinary people: an exploration of the savant syndrome*. Nova York: Harper and Row, 1989 [Londres: Bantam, 1989].

TRÉHIN, G. *Urville*. Londres: Carnot, 2004.

TUPY, T.M. & PRAVETTONI, D.G. *E se falta a palavra, qual comunicação, qual linguagem*. São Paulo: Memnon, 1999.

TUSTIN, F. *Estados autísticos em crianças*. Rio de Janeiro: Imago, 1984.

UNITED NATIONS ORGANIZATION. UN calls for recognizing the rights of people with autism to make their own decisions. *United Nations Organization*. Usa, p. 1-2. 31 mar. 2017. Disponível em https://news.un.org/en/story/2017/03/554532-un--calls-recognizing-rights-people-autism-make-their-own-decisions Acesso em: 17 maio 2018.

VANDERHEIDEN, G.C. & YODER, D.E. Resumen. In: BLACKSTONE, S.W. (ed.). *Comunicación aumentativa*: Una introducción. Rockville, MD: Asociación Americana del Habla-Lenguaje-Audición, 1986, p. 1-28.

VENDRYES, J. *Le caractère social du langage et la doctrine de F. De Saussure em Journal de Psychologie*. T. XVII (1941), p. 624 [= *Choix d'études linguistiques et celtiques*. Paris, 1952, p. 25].

VYGOTSKY, L.S. Kvoprocy o psikhologii tvorchestva aktera [Sobre as questões da psicologia do ator criativo]. *Sobranye Sochinenya*. Vol. 6. Moscou: Izdatelstva Pedago-gika, 1984, p. 320-346. In: GONZÁLEZ REY, F. As categorias de sentido, sentido pessoal e sentido subjetivo: sua evolução e diferenciação na teoria histórico-cultural. *Psicologia da Educação*, n. 24, 2007, p. 155-179.

_____. *A construção do pensamento e da linguagem*. São Paulo: Martins Fontes, 2000.

_____. *Psicologia da arte*. São Paulo: Martins Fontes, 1999.

_____. Diagnóstico del desarollo y clínica paidológica de la infancia difícil. In: _____. *Obras escogidas* – Tomo 5: Fundamentos de defectología. Madri: Visor/ Ministério de Educación y Ciencia, 1997, p. 275-338.

_____. *Teoria e método em Psicologia*. São Paulo: Martins Fontes, 1996.

_____. *A formação social da mente*. São Paulo: Martins Fontes, 1994/1998.

_____. *Obras completas* – Fundamentos de defectologia. La Habana, Cuba: Pueblo Y Educación, 1989.

_____. *Pensamento e linguagem*. São Paulo: Martins Fontes, 1987.

VYGOTSKY, L.S.; LURIA, A.R. & LEONTIEV, A.N. *Linguagem, desenvolvimento e aprendizagem*. São Paulo: Ícone, 1988/1994.

_____. *Historia del desarrollo de las funciones psíquicas superiores*. Havana, Cuba: Científi-co-Técnica, 1987.

WAKEFIEL, A. MMR vaccination and autism. *The Lancet*, vol. 354, n. 9.182, 11/09/1999, p. 949-950 [Disponível em http://www.thelancet.com/journals/lancet/article/PIIS0140-6736%2805%2975696-8/fulltext].

WARRICK, A. *Los símbolos bliss en pré-escolar*. Madri: Ministerio de Educación y Ciencia, 1985.

WATER, J. Anticorpos maternos são nova pista para autismo. *Info*, 18/06/2013 [Disponível em http://info.abril.com.br/noticias/ciencia/2013/07/anticorpos-maternos-sao-nova-pista-para-autismo.shtml].

WATSON, J.B. *Behaviorism*. Nova York: People's Institute, 1925.

WEIHS, T.J. *Crianças que necessitam de cuidados especiais*. 2. ed. São Paulo: Antroposófica, 1991.

WERNER JR., J. A medicalização da vida do deficiente como barreira para a inclusão social. In: TUNES, E. & BARTHOLO, R. *Nos limites da ação: preconceito, inclusão e deficiência*. São Carlos: Edufscar, 2010, p. 69-78.

WILLIAMS, D. *Meu mundo misterioso*: testemunho excepcional de uma jovem autista. Brasília: Thesaurus, 2012.

WILLIAMS, J. & BRAYNE, C. (2006). Screening for autism spectrum disorders: What is the evidence? *Autism*, 10, p. 11-35.

WINDHOLZ, M.H. Treino de comunicação formal ou informal com crianças autistas? Testando a eficácia de procedimentos. *Anais da 48ª Reunião Anual da SBPC*, vol. I, jul./1996, p. 117-118.

WING, L. Study of linguage impairments in severely retarded children. In: O'CONNOR, M. *Linguage, cognitive deficits, and retardation*. Londres: Butterworth, 1975, p. 87-112.

WONG, V. & WONG, S.M. Brainstem auditory evoked potencial study in children with autistic disorders. J. *Autism Dev. Disord.*, vol. 21, 1991, p. 329-340.

WOOD, C.; STORR, J. & REICH, P.A. *Blissymbol, Reference Guide, Bissymbolics Communication International*. 2. ed., Canadá, 1995.

WOOD, E.; HALDER, N. Gender disorders in learning disability – a systematic review. Tizard Learning Disability Review, 19, n. 4, 2014. 158-165. Disponível em: <https://doi.org/10.1108/TLDR-01-2013-0004>

Índice

Conecte-se conosco:

f facebook.com/editoravozes

 @editoravozes

X @editora_vozes

▶ youtube.com/editoravozes

☏ +55 24 2233-9033

www.vozes.com.br

Conheça nossas lojas:

www.livrariavozes.com.br

Belo Horizonte – Brasília – Campinas – Cuiabá – Curitiba
Fortaleza – Juiz de Fora – Petrópolis – Recife – São Paulo

 EDITORA VOZES

VOZES NOBILIS

 Vozes de Bolso

 Vozes Acadêmica

EDITORA VOZES LTDA.
Rua Frei Luís, 100 – Centro – Cep 25689-900 – Petrópolis, RJ
Tel.: (24) 2233-9000 – E-mail: vendas@vozes.com.br